U0772913

隐秘的战国真史

YINMI DE
ZHANGUO
ZHEN SHI

张远山 ◎ 著

山西出版传媒集团 北岳文艺出版社

·太原·

图书在版编目（CIP）数据

隐秘的战国真史 / 张远山著. —太原：北岳文艺出版社，
2023.1

ISBN 978-7-5378-6644-6

Ⅰ.①隐… Ⅱ.①张… Ⅲ.①中国历史－研究－战国时代
Ⅳ. ①K231.07

中国版本图书馆CIP数据核字(2022)第230559号

隐秘的战国真史

张远山 / 著

出品人 郭文礼	出版发行：山西出版传媒集团·北岳文艺出版社 地址：山西省太原市并州南路57号　邮编：030012
选题策划 韩玉峰	电话：0351-5628696（发行部）　　0351-5628688（总编室） 传真：0351-5628680
	经销商：新华书店
责任编辑 韩玉峰	印刷装订：山西人民印刷有限责任公司
书籍设计 张永文	开本：787mm×1092mm　1/16 字数：305千字 印张：20.75
印装监制 郭勇	版次：2023年1月第1版 印次：2023年1月山西第1次印刷 书号：ISBN 978-7-5378-6644-6 定价：98.00元

本书版权为本社独家所有，未经本社同意不得转载、摘编或复制

战国史为何错讹无穷（代序）

　　战国两百余年，贯穿着缠绕纠结、难解难分的两条主线：一是天下诸侯的战场决胜，结果是野蛮的秦国战胜了文明的中原，决定了此后两千年的中国政治走向；一是诸子百家的思想博弈，结果是周秦的否术遮蔽了夏商的泰道，决定了此后两千年的中国思想走向。

　　后人欲知野蛮如何战胜文明，否术如何遮蔽泰道，困难之大，甚于登天，因为秦始皇焚烧了六国史书，汉武帝罢黜了诸子百家。

　　商鞅变法以后，六世秦君凭借野蛮残忍的斩首计功，厚颜无耻的无信无义，屠杀了战国两千万人口的十分之一以上，费时一百多年，伐灭中原各国。同时代中原各国的官方史书，以及中原民间的百家著作，详尽记录秦军野蛮残忍，愤怒控诉秦君厚颜无耻。因此秦始皇统一天下之后，尽烧六国史书和百家著作。

　　中原各国的官方史书均为孤本，秦火之后，彻底消失。中原民间的百家著作，多有弟子传承，秦灭之后，汉初重出。然而躲过秦火的百家著作好景不长，不久汉武帝采纳儒生董仲舒献策，"罢黜百家，独尊儒术"，百家著作遭遇灭顶之灾。

　　秦火汉黜之后，秦国史基本完整，六国史缺失殆尽，儒家书基本完整，百家书非亡即残。辉煌灿烂的先秦文明，被秦汉否术一统天下，飞流直下三千尺，持续衰退两千年，百代皆行秦政制，万民均诵儒家经。国人难以诊断中华政治的病灶，难以探明中华思想的源头。

　　秦始皇尽烧六国史书之后百年，西汉早期的司马迁撰著《史记》，其战国史部分，除了依据《秦记》的秦国史事基本完整，其他各国史事大量残缺，所记少量史事不仅错讹无穷，而且拆散分记于各国编年史。因而《史记》的各国历史，仅有残缺断裂的历时性纵向罗列，缺乏天下互动的共时性横向关联，沦为秦汉僭主破坏犯罪现场之后残存的断烂朝报。

秦始皇尽烧六国史书之后两百年，西汉晚期的刘向编纂《战国策》，可以略补《史记》战国史的严重残缺，然而这些战国史残片均无系年。后世学者凭借《史记》的错讹纪年，对《战国策》史料予以系年，仍然错讹无穷。因而《战国策》的史事残片，仅有天下互动的共时性横向关联，缺乏定位精准的历时性纵向逻辑，沦为秦汉僭主谋杀先秦巨人之后残存的零余尸块。

战国史之残缺错讹，除了秦火汉黜两大浩劫，尚有诸多其他原因，姑举九例：

其一，君主多妻制度，导致各国君主时常废立太子，众多同父异母的嫡庶兄弟激烈争位，频繁篡弑。由于胜者为王，败者为寇，因此争位胜利者和篡弑成功者，常常抹去争位失败者和被篡弑之君。比如田齐太公田和死后，嫡长子田剡继位，庶幼子田午（田齐桓公）弑兄篡位，于是抹去田侯剡。又如秦武王嬴荡死后无子，同母弟嬴壮（秦季君）继位，异母弟嬴稷（秦昭王）弑兄篡位，于是抹去秦季君。各国官方史书，原本讳言丑史秽史，自隐其恶，文过饰非，不尽真实。

其二，官方史书失真，加上秦火汉黜，导致后世史家常常误少误多君主，误减误增君主在位年数。比如秦国误少秦季君，田齐误少田悼子、田侯剡，姜齐误少齐幽公，晋国误少晋悼公，卫国误少卫孝襄侯；秦国误多秦敬公，赵国误多赵武公，魏国误多魏哀侯。又如魏文侯在位五十年，误减至三十八年；魏武侯在位二十六年，误减至十六年；魏惠王在位五十一年，误减至三十六年；魏襄王在位二十三年，误减至十六年。韩哀侯在位三年，误增至六年；韩昭侯在位三十年，误减至二十六年。燕献公在位二十二年，误增至二十八年；燕闵公在位二十四年，误增至三十一年；燕简公在位四十三年，误减至三十年。田齐太公在位二十二年，误增至二十六年；田侯剡在位四年，误增至九年、十年；田齐桓公在位十八年，误减至六年；齐威王在位三十九年，误减至三十六年；齐湣王在位十七年，误增至四十年。晋出公、晋哀公、晋烈公均在位二十三年，晋出公误减至十七年、十八年，晋哀公误减至十八年、十九年，晋烈公误增至二十七年。姜齐宣公在位五十五年，误减至五十一年。宋景公在位四十八年，误增至六十四年、六十六年；宋悼公在位十八年，误减至八年；宋桓侯在位四十一年，宋剔成君在位三年，误将年数互换；宋康王在位五十二年，误减至四十七年、四十三年。

易君治丧，既是一国重大史事，又是影响各国战局变动的重要原因。君主在位年数一误，丧期随之而误，天下战局变动的原因随之不明。君主在位年数的基础性讹误，不仅导致一国一君一事有误，前君之事误为后君之事，后君之事误为前君之事，进而导致史家增减别君而强合年数，牵连别事而整体搬移，波及别国而强求一致，于是不误之国之君之事也随之而误。战国史终于真伪杂陈，因果难明。

其三，战国时代的中原，魏国变法先强，稍后齐国变法继起，最后赵国变法崛起。中原以外，楚国在战国中期之前为天下最强，秦国在战国中期之前弱于六国。战国中期商鞅变法之后，秦国逐渐由弱变强，因此东进中原长达百余年，并非直线推进，而是反复拉锯，时进时退，攻占之地常被收复，乃至被迫归还或主动归还。尤其是孟尝君发动的第二次合纵伐秦，一举收复四世秦君东侵之地，把秦国打回函谷关以西。因此秦军常对同一城池一拔再拔，甚至三拔四拔。由于史料残缺不全，史家不明某地曾被收复或归还，尤其不明孟尝君曾把秦国打回原形，于是看见秦军二攻三攻已拔之地，即把真史视为讹史，进而妄改真史。

史家的有意妄改，加上传抄的无意错讹，导致残存史料的错讹程度雪上加霜，难以厘正复原。

其四，秦灭六国之前一百四十六年（前367），东周王朝分裂为西周、东周二公国。由于秦昭王在秦灭六国之前三十五年（前256）伐灭了东周朝、西周国，秦庄襄王又在秦灭六国之前二十六年（前247）伐灭了东周国，因此秦始皇尽烧六国史书之前，西周国史、东周国史早已亡佚殆尽。

战国诸侯为了代周为王而混战两百年，周分为二是极其关键的重大事变，然而《史记》失记这一重大史实，导致《战国策》之"东周（国）与西周（国）战"，如同"关公战秦琼"的笑谈，进而导致后世学者混淆东周朝之王、东周国之君，难以明白秦昭王"灭东周（朝）"之后，秦庄襄王为何又"灭东周（国）"。

其五，秦灭六国之前七十五年（前296），赵武灵王伐灭魏属中山。因此秦始皇尽烧六国史书之前，魏属中山史早已亡佚殆尽，所以《史记》没有《中山世家》。《战国策》虽有《中山策》，然而后世学者多把赵武灵王伐灭的魏属中山，误视为魏文侯伐灭以后复国的白狄中山，因而难以明白魏、赵敌对百年的真实原因，难以明白魏惠王两次伐赵大败而由盛转衰的重大转折，难以明白魏文侯变法而启动两百年混战的最初动因。

1974年，河北平山（即魏属中山国都灵寿）魏属中山王墓出土了青铜钺、青铜圆鼎、青铜方壶、青铜圆壶。四器铭文，足以证明白狄中山（国都顾邑，即河北定县）被魏文侯伐灭之后从未复国，中山文公即魏文侯魏斯，中山武公即魏文侯长子魏击（后为魏武侯），中山桓公即魏文侯幼子魏挚；足以解释中山成公（魏挚之子）为何任命乐池（乐羊后裔）为中山相，魏惠王为何任命中山成公（魏惠王堂弟）为魏相，魏惠王为何邀请中山先王（魏惠王族侄）参加五国相王，中山公子魏牟（中山先王之子）为何姓魏；足以正确解读《战国策·中山策》等一切残存的中山史料。然而众多学者囿于成见，仍把魏属中山王墓误视为白狄中山王墓，致使重大考古发掘长期不能显现重大价值。

其六，秦灭六国之前六十五年（前286），齐湣王伐灭宋国。因此秦始皇尽烧六国史书之前，宋国史早已亡佚殆尽。《史记》虽有《宋世家》，但其春秋阶段可以参考儒书《春秋》《左传》而基本完整，其战国阶段由于史料不足而残缺错讹。《战国策》虽有《宋卫策》，然而后世学者大多凭借《史记》的错讹纪年，予以错误系年。六国史的残缺错讹尚且乏人厘正复原，不属七雄的宋国史更加无人厘正复原。

其实宋国是七雄之外的最大千乘之国，宋康王拓地三百里，号称"五千乘劲宋"，又是居于天下之中的前朝遗邦。东之强齐，南之强楚，西之强秦，北之强魏和强赵，为了代周为王而分从四方问鼎中原，无法绕开宋国。只要深入梳理残存史料，宋国史就能大致厘正复原。

其七，战国中期的合纵连横，导致反间之事频繁。比如楚怀王派遣昭滑使越反间而相越，最终灭越。赵武灵王派遣楼缓使秦反间而相秦，最终破秦。秦昭王派遣吕礼奔齐反间，导致孟尝君罢免齐相而转任魏相，放弃合纵伐秦而转为合纵伐齐。燕昭王派遣苏秦使齐反间而相齐，最终灭宋破齐。反间之事，原本极端隐秘，当时已经知者极少，秦火汉黜之后更加鲜为人知。苏秦为燕使齐反间，则是最为隐秘又最为重大的战国秘史，司马迁、刘向全然不知，因此《史记》《战国策》误将苏秦移前三十年，变成张仪师弟，共同师从子虚乌有的鬼谷子。

1973年，长沙马王堆汉墓出土了《战国纵横家书》。全书二十七篇，除了九篇附录，十八篇是苏秦遗稿，均为苏秦游说陈轸、燕昭王、齐湣王、魏昭王、秦昭王、赵惠文王、孟尝君、李兑、魏冉的对话记录和信件底稿。第四篇是齐伐宋第二年（前287），苏秦在齐致燕昭王的密信，详尽回顾了为燕反间至此十五年（前301—前287）的过程细节，力辩自己从未叛燕忠齐。苏秦遗稿足以纠正《史记》《战国策》关于苏代、苏秦、苏厉三兄弟的种种谬误（误以苏秦为兄，苏代为弟），足以揭破苏秦为燕反间十八年（前301—前284）的惊人秘史。然而整理者囿于《史记》的错讹纪年，未能对《战国纵横家书》做出正确排序、精确系年和合理解读。至今近五十年，其他学者也未深入研究，致使重大考古发掘长期不能显现重大价值。

其八，汉武帝"罢黜百家，独尊儒术"，导致百家著作亡佚残缺，道家著作也不例外。因此《关尹子》《列子》《子华子》亡佚（或许包括杨朱之书），《文子》真伪杂陈。儒家官学仅对《老子》《庄子》难以剿灭，只能先篡改到面目全非，再反注到反转宗旨。传承泰道、反对权谋的真《老子》，于是变成了鼓吹否术、宣扬权谋的伪《老子》。拒绝臣服、反对混世的真《庄子》，于是变成了鼓吹臣服、宣扬混世的伪《庄子》。

1973年，湖南长沙马王堆汉墓出土了《老子》帛书。1993年，湖北荆门郭店战国墓出土了《老子》竹简。足以证明今本《老子》的关键字句，多被后儒篡改。然而众多学者囿于窃据权威两千年的伪老学成心，未能深入研究马王堆、郭店《老子》，致使重大考古发掘长期不能显现重大价值。伪老学、伪庄学至今窃据权威，毒害天下。

其九，伏羲画卦，并予命名，乃是中华文明黎明时期的初始史实，中华民族"开天辟地"（认知天地本质，确立天地之道）的根本史实。夏代《连山》、商代《归藏》、周代《周易》，均有六十四卦及其卦名。由于周之灭商、孔子从周、独尊儒术等等一系列重大历史事变，无不导致《周易》取代《连山》《归藏》，因此秦火汉黜之后《连山》《归藏》亡佚。西晋咸宁五年（279），汲郡魏襄王墓出土了《归藏》（孔子得之于宋，子夏携之至魏，魏襄王葬之入墓），包括六十四卦及其卦名，因其危及《周易》《易传》权威，唐宋以后再次亡佚（同时出土的魏史《竹书纪年》，因其危及《史记》权威，也在唐宋以后亡佚。仅有价值最小的小说《穆天子传》，因其不会危及官学权威，独存至今）。此后国人仍然盲信积非成是的权威谎言，以为编纂《周易》的周文王始叠八卦为六十四卦，始定六十四卦卦名；不知中华第一圣山泰山之名，取自伏羲泰卦；不知儒家官学以《周易》《易传》为权威根据而鼓吹的庙堂否术"天尊地卑，君尊臣卑"，违背《连山》

《归藏》《老子》《庄子》一脉相承的伏羲泰道"天柔地刚，君柔臣刚"。

1993年，湖北王家台秦墓出土了《归藏》竹简，包括六十四卦及其卦名。至今近三十年，仍未整理出版，遑论深入研究，致使重大考古发掘长期不能显现重大价值。国人仍把《周易》视为中华真道的至高宝典，不知《周易》实为中华伪道的终极根据，不知《周易》打开了两千年庙堂黑暗的潘多拉之盒。正如鼓吹《周易》伪道的《易传》所言，"形而上者谓之道，形而下者谓之器"，形而上的两千年悖道"道统"，导致了形而下的两千年悖道"政统"。中华民族失典忘祖两千年，无法认祖归宗，只能认贼作父，盲信"孔子登泰山而小天下"，盲信"皇帝封泰山而得天下"，有眼不识泰山。

独一无二的战国时代，奠定了此后两千年中国文化的一切独特性，催生了作为中国思想根源的诸子百家，造就了高居先秦绝顶的庄子，所以我把研究战国视为研究百家的前提，又把研究百家视为研究庄子的前提。由于战国史残缺错讹，疑难重重，因此我研究战国史的时间精力，超过研究百家书和《老子》《庄子》。潜心战国四十年，反复研究了无数历史疑案，只要新见不能验于所有战国史残片、百家书残片，立刻推倒重来。积累多年而不敢轻率发表的大量笔记，成为撰写本书的重要准备。

秦灭六国之后，尽焚六国史书。司马迁著《史记》时，战国史仅有依据《秦纪》的秦国纪年基本无误，六国纪年只能据《秦纪》推断。除了周室纪年、楚国纪年也基本无误外，其余五国纪年纪事错讹无穷。司马迁排比魏、齐、赵、韩、燕五国纪年纪事时，有时改了《魏世家》，却忘了与《赵世家》《韩世家》统一，导致五国《世家》互相冲突。有时统一了《齐世家》《燕世家》，却忘了与《六国年表》统一，导致五国《世家》与《六国年表》成为错进错出、难以兼容的两个系统。由于牵一发必动全局，司马迁甚至会根据错误排定的五国纪年，把周、秦、楚的正确纪年纪事改为错误纪年纪事。

这一巧妇难为无米之炊的窘况，本该在西晋太康年间汲冢出土魏国编年史《竹书纪年》之后迎刃而解，可惜此书又于两宋间亡佚。尽管亡佚前唐人司马贞的《史记索隐》，已依据《竹书纪年》对《史记》的战国纪年稍加厘正，但一来厘正极不完备，二来《竹书纪年》止于"今王（魏襄王）二十年（前299）"，因此战国史至今一团乱麻。虽经诸多学者殚精竭虑地考订勘误，如陈梦家《六国纪年》、钱穆《先秦诸子系年》、方诗铭《中国历史纪年表》等，至今仍多异说。《辞海》所附《战国纪年表》，既代表学界主流观点，又进一步影响学界主流观点；参考综合了差别极大、均有错讹的各家系统，遂成错讹之集成。《辞海》1999版的《战国纪年表》，对1979版做了一些改动，然而有时纠正了前者之错，有时反将原本不错者改错，有时两者相同而皆错，有时两者相异而皆错。

我在充分借鉴前人研究成果的基础上，理顺了十九个主要诸侯国的战国纪年，即周室、秦国、楚国、晋国、魏国、韩国、赵国、姜齐、田齐、燕国、宋国、郑国、鲁国、卫国、越国、白狄中山、魏属中山、西周国、东周国的战国纪年。我考定的《战国纪年厘正表》，与学界主流观点差别极大。本书即以《战国纪年厘正表》为基础，梳理战国三大秘史。

目　录

西周国、东周国秘史
——事关战国兴废、秦灭六国的重大公案

以"王"僭"帝"的秦汉秘史
——辛亥革命百年祭

白狄中山、魏属中山秘史

——兼驳《史记》"中山复国"谬说

弁言 中山真史，沉入忘川

刘向编纂的《战国策》，分为三十三卷。战国七雄是万乘大国，所以按其战国末年的强弱，依次排列为：《秦策》五卷、《齐策》六卷、《楚策》四卷、《赵策》四卷、《魏策》四卷、《韩策》三卷、《燕策》三卷，合计二十九卷。另有四卷，包括五国：战国时代仍属周朝，三代周王先后寄居的东周国、西周国，遂成最重要的两个百乘小国，所以《东周策》一卷、《西周策》一卷，列于全书最前。宋国、卫国、中山是重要性仅次于七雄、二周的三个千乘之国，所以《宋卫策》一卷、《中山策》一卷，附于全书最后。郑、鲁、邹、滕等不重要的其他百乘小国，不设专卷。

宋、卫合占一卷，中山却独占一卷，可见刘向认为，中山在战国时代的重要性超过宋、卫。然而《史记》的处理方式与之相反：只有《宋世家》《卫世家》，没有《中山世家》。这是何故？因为司马迁把战国魏属中山误视为春秋白狄中山之"复国"，于是遵循《春秋》《左传》的"尊王攘夷"传统，不为中山专撰《世家》。

白狄中山在春秋时代的重要性，其实不亚于魏属中山在战国时代的重要性，然而基于"尊王攘夷"的政治立场，《春秋》不言"中山"，《左传》晚言"中山"。姑且不论为了"尊王攘夷"而遮蔽历史真相是否正当，至少《春秋》《左传》贬抑的春秋白狄中山，确是"夷狄"。然而司马迁误视为"夷狄"的战国魏属中山，实属"诸夏"。

概而言之，春秋白狄中山，由于《春秋》《左传》"尊王攘夷"而沉入历史忘川。战国魏属中山，由于《史记》误以为"（白狄）中山复国"而继续"尊王攘夷",也沉入历史忘川。

两千年来的学者多被《史记》误导,以为白狄中山被魏文侯伐灭之后复国,后来又被赵武灵王伐灭。

1935年,钱穆《先秦诸子系年》出版,其《魏牟考》明断白狄中山从未复国,魏文侯之后的中山乃是魏属中山,"魏与中山本属一家"。钱穆之外,清代学者程恩泽《国策地名考》、雷学淇《竹书纪年义证》、沈钦韩《汉书疏证》、苏时学《墨子刊误》等,当代学者杨伯峻《春秋左传注》等,均持此论。然而众多战国史、民族史、中山史、赵国史专著,仍然沿袭《史记》的"中山复国"谬说。①

1974年,河北平山魏属中山王墓出土了众多铸有铭文的青铜器,白狄中山从未复国已有坚实史证,《史记》谬说已可得到纠正。然而大量学者仍然沿袭《史记》的"中山复国"谬说,把魏属中山王墓误判为白狄中山王墓。

2008年拙著《庄子奥义》出版,2010年拙著《庄子复原本注译》出版,一再言及庄子再传弟子、中山公子魏牟是魏属中山的王子,均被沿袭《史记》谬说者质疑。2013年拙著《庄子传》出版,详言魏属中山史,因其体例不是学术著作,没有详注史料原文,或将再被沿袭《史记》谬说者质疑。因此本文列举前人未尽之文献旧证,辅以前人未见之考古新证,详述春秋白狄中山变成战国魏属中山之过程,梳理族别不同的两个中山国之全史。

为使史事脉络清晰,本文所引史料,均已经我校勘订正:单独的[ ]表示脱文;连续的( )[ ]订正讹文,( )为讹字,[ ]为正字。单独的( )则是我的补释。校勘证据不入正文,欲深究者请看注释。

---

① 参看蒙文通:《中国古代民族史讲义》,天津古籍出版社,2008;杨宽:《战国史》,上海人民出版社,1998;吴荣曾:《先秦两汉史研究》,《中山国史试探》,中华书局,1995;段连勤:《北狄族与中山国》,河北人民出版社,1982;李学勤:《新出青铜器研究》,《平山三器与中山国史的若干问题》,文物出版社,1990;何艳杰:《中山国社会生活研究》,中国社会科学出版社,2009;沈长云等:《赵国史稿》,中华书局,2000。

上　篇
白狄中山秘史

一　春秋中期，白狄中山灭邢开国

犬戎伐灭西周（前771）之后，周平王东迁洛邑（前770）。东周王室衰弱，春秋五霸、战国七雄继起，中原诸侯混战五百五十年（前770—前221），直到秦始皇一统天下。

先秦史籍所见之最早"鲜虞"，见于《国语·郑语》西周史伯答郑桓公（前806—前771在位）语：

> 王室将卑，戎狄必昌，不可逼也。当成周者，南有荆蛮、申、吕、应、邓、陈、蔡、随、唐；北有卫、燕、狄、鲜虞、潞、洛、泉、徐、蒲；西有虞、虢、晋、隗、霍、杨、魏、芮；东有齐、鲁、曹、宋、滕、薛、邹、莒。

吕苏生认为，事在"郑桓公为周司徒时，当周幽王八年，即公元前774年"。

吕苏生又认为："鲜虞之得名，盖即本于古鲜于水，所谓因地而得氏者也。据谭其骧《山经河水下游及其支流考》（载《中华文史论丛》第七辑）考证：'鲜于水以地望推之，当即源出五台山西南流注于滹沱河之清水河。'此地恰与春秋战国之鲜虞中山毗邻。"[①]

---

① ［清］王先谦撰，吕苏生补释《鲜虞中山国事表、疆域图说补释》，上海古籍出版社，1993，第7页。

学界一般认为，"鲜虞"为"猃狁"之异译，后称"匈奴"，是中原以北的游牧民族，商周以降不断南侵中原西部、北部、东北部，中原各国鄙视之，称其在西者为"西戎"，简称"戎"（后为姓氏）；称其在北（含东北）者为"北狄"，简称"狄""翟"（后皆为姓氏），合称"戎狄"。同一部族，时而称之为"戎"，时而称之为"狄""翟"，混淆不分。居于正北、东北的鲜虞部落，分为白狄、赤狄、长狄等支族，《左传》称为"众狄""群狄"。鲜虞各支长期侵扰秦、晋北部边疆，不断深入中原，辟地开国。赤狄曾经建立骊氏、廧咎如、潞氏、甲氏、留吁、铎辰、东山皋落氏等等，长狄曾经建立肥国、代国等等，均被晋国迅速伐灭，染指中原均极短暂。唯有白狄建立的中山国最为成功，齐、晋两霸长期无法伐灭，立国中原两百余年之久。

白狄之所以远比赤狄、长狄成功，源于一位雄才大略、深谋远虑的白狄酋长。先看其深谋远虑的背景——

《史记·晋世家》：

> 昭侯元年（前745），封文侯弟成师于曲沃。曲沃邑大于翼。翼，晋君都邑也。成师封曲沃，号为桓叔。……桓叔是时年五十八矣，好德，晋国之众皆附焉。君子曰："晋之乱其在曲沃矣。末大于本而得民心，不乱何待！"七年（前739），晋大臣潘父弑其君昭侯，而迎曲沃桓叔。桓叔欲入晋，晋人发兵攻桓叔。桓叔败，还归曲沃。晋人共立昭侯子平为君，是为孝侯。诛潘父。
>
> 孝侯八年（前732），曲沃桓叔卒，子鳝代桓叔，是为曲沃庄伯。孝侯十五年（前725），曲沃庄伯弑其君晋孝侯于翼。晋人攻曲沃庄伯，庄伯复入曲沃。晋人复立孝侯子郄为君，是为鄂侯。
>
> ……
>
> 鄂侯六年（前718）卒，曲沃庄伯闻晋鄂侯卒，乃兴兵伐晋。周平王使虢公将兵伐曲沃庄伯，庄伯走保曲沃。晋人共立鄂侯子光，是为哀侯。

哀侯二年（前716），曲沃庄伯卒，子称代庄伯立，是为曲沃武公。……哀侯八年（前710），晋侵陉廷。陉廷与曲沃武公谋，九年（前709），伐晋于汾旁，虏哀侯。晋人乃立哀侯子小子为君，是为小子侯。

小子元年（前709），曲沃武公使韩万杀所虏晋哀侯。曲沃益强，晋无如之何。晋小子之四年（前706），曲沃武公诱召晋小子杀之。周桓王使虢仲伐曲沃武公，武公入于曲沃，乃立晋哀侯弟缗为晋侯。

……

晋（侯缗）二十八年（前679），齐桓公始霸。曲沃武公伐晋侯缗，灭之，尽以其宝器赂献于周釐王。釐王命曲沃武公为晋君，列为诸侯，于是尽并晋地而有之。曲沃武公已即位三十七年矣，更号曰晋武公。晋武公始都晋国，前即位曲沃，通年三十八年。

……自桓叔初封曲沃以至武公灭晋也，凡六十七岁（前745—前679），而卒代晋为诸侯。

武公代晋二岁（前678—前677），卒。与曲沃通年，即位凡三十九年（前715—前677）而卒。子献公诡诸立。

——东周初年，中原最强的晋国，翼都、曲沃两系相争。曲沃一系的桓叔、庄伯、武公三世，六十年间（前739—前679）连弑五世晋君（昭侯、孝侯、哀侯、小子侯、侯缗，仅有鄂侯早夭幸免），最终取代翼都一系。周平王、周桓王、周釐王无力阻止，被迫册封曲沃武公为晋君。晋君从此不再称"侯"，僭号称"公"。

再看这位白狄酋长如何利用中原乱局，实施深谋远虑。

史料1，《左传》鲁庄公二十八年（前666，追述旧事）：

晋献公……娶二女于戎，大戎狐姬生重耳，小戎子生夷吾。……（晋）文公（重耳），狐季姬之子也，有宠于献（公）。

008

史料2，《史记·晋世家》：

> （晋）献公即位（前676），重耳年二十一（生于前697）。……重耳母，翟之狐氏女也。夷吾母，重耳母女弟也。

——早在曲沃武公篡晋之前二十年，即曲沃武公十八年、晋侯缗九年（前698），这位白狄酋长为了利用中原乱局而开国中原，已向曲沃武公的太子诡诸进献了白狄狐氏姐妹。《史记·晋世家》先称"戎"女，乃谓其族尚居中原北部之西；后称"翟"女，乃谓其族已经移至中原北部之东。次年（前697），白狄狐氏姐妹分别生下公子重耳、公子夷吾。又十九年后（前679），曲沃武公篡晋。又两年后（前677），太子诡诸继位为晋献公，成为白狄开国中原的重要外援。晋献公宠爱白狄狐氏姐妹及其所生重耳、夷吾；重耳的外公狐突，也仕晋成为重臣。

再看这位白狄酋长异于众狄的雄才大略。

众狄南侵中原，有两种相反策略（南宋末年蒙古族南侵中原亦然）：一是鄙弃中原文明及其农耕方式，像赤狄、长狄那样侵占平原，开辟牧区，用于游牧；由于所占平原易攻难守，因而晋国最终将其全部驱逐北归。二是慕效中原文明及其农耕方式，像白狄那样侵占山地，放弃游牧，称君开国；由于所占山地易守难攻，因而齐、晋两霸难以将之驱逐北归，白狄中山得以立国中原两百余年。

这位深谋远虑、雄才大略的白狄酋长姮某，正是白狄中山开国之君。

史料3，《春秋》鲁庄公三十二年（前662）：

> 狄伐邢。

——这位白狄酋长在与晋成功联姻之后，按照既定方略，征伐晋国东邻、位于太行山区的邢国（今河北邢台周边）。[①]

史料4，《春秋》鲁闵公元年（前661）：

> 齐人救邢。

史料5，《左传》鲁闵公元年（前661）：

> 狄人伐邢。管敬仲言于齐侯曰："戎狄豺狼，不可厌也；诸夏亲昵，不可弃也。宴安鸩毒，不可怀也。《诗》云：'岂不怀归，畏此简书。'简书，同恶相恤之谓也。请救邢以从简书。"齐人救邢。

史料6，《国语·齐语》：

> （齐）桓公……西征攘白狄之地（邢）。

——事在齐桓公（前685—前643在位）二十五年（前661）。齐桓公采纳管仲之策，救邢国，击白狄，失败。

周惠王十六年（前661），周成王（前1042—前1026在位）在三百多年前册封周公旦第四子的邢国，亡于鲜虞族白狄支族。白狄盘踞邢地，开国中原。白狄酋长姮某，成为白狄中山的开国之君，不以邢国旧都邢丘（今河北邢台）为都，迁都顾邑（今河北定县）。因其盘踞山地，定国号为"中山"。

晋室曲沃一系，为了篡晋，既不"尊王"，也不"攘夷"，引发两

[①] 邢国为周成王所封周公第四子的封国，为西周姬姓诸侯国之一。国都邢丘（今河北邢台），疆域主要为太行山以东，滹沱河以南，漳河以北，旧黄河以西，包含今邢台全部，兼及石家庄、衡水、邯郸、临清一隅，面积约为二万平方公里。

大后果：一是白狄南侵中原，灭邢开国。二是齐桓公、管仲"尊王攘夷"，西征白狄（中山）失败。

史料7，《春秋》鲁僖公元年（前659）：

> 元年春，王正月，齐师、宋师、曹师次于聂北，救邢。夏六月，邢迁于夷仪。

史料8，《左传》鲁僖公元年（前659）：

> 元年春……诸侯救邢。邢人溃，出奔师。师遂逐狄人，具邢器用而迁之。……夏，邢迁于夷仪。

史料9，《管子·大匡》：

> 狄人攻邢，邢君出，致于齐。（齐）桓公筑夷仪以封之，予车百乘，卒千人。

史料10，《国语·齐语》：

> 狄人攻邢，（齐）桓公筑夷仪以封之。

史料11，《吕氏春秋·简选》：

> 中山亡邢，狄人灭卫，（齐）桓公更立邢于夷仪。（高诱注：中山，狄国也，一名鲜虞）

——齐桓公前年（前661）单独救邢击狄失败，去年（前660）联络其他中原诸侯筹备再伐；今年（前659）齐、宋、曹联军再次救邢击狄，征战半年，又告失败。于是被迫采纳管仲"尊王攘夷"的配套政策"兴灭国，继绝世，举逸民"（《论语·尧曰》），把邢国遗民安置于齐国边邑夷仪（今山东聊城西南）。

《左传》"诸侯之师逐狄人"，乃是掩饰齐桓公击狄失败的不实之言。如果白狄果真被逐，那么《春秋》不会不书，齐桓公也无须迁邢于夷仪。

周成王所封的邢丘之旧邢，亡于白狄（前661）。齐桓公所迁的夷仪之新邢，亡于卫国（前635）①。二事相隔二十六年，由于《春秋》《左传》讳言前者，旧多误将后者视为邢灭之年，其误一如把南明灭亡之年（1683）视为明朝灭亡之年（1644）。

《吕氏春秋》"中山亡邢"的指涉时间（前661），早于《左传》首言"中山"的指涉时间（前506）一百五十五年（详见史料77）；证明旧邢灭亡与白狄中山开国不仅同时，而且事在孔子出生（前551）之前一百十年。由于《吕氏春秋》不是正史，盲从《春秋》《左传》的学者两千多年对其视而不见。

孔子晚年撰著《春秋》，白狄中山开国已近两百年。然而孔子基于"尊王攘夷"的政治立场，运用《春秋》笔法，遮蔽了白狄中山的多重史实：一是"为尊者讳"（尊王攘夷为其核心），从不言其国号"中山"，偶尔称其总族名"鲜虞"或支族名"白狄"，大多简称"戎""狄"。二是"为贤者讳"，讳言齐桓公、管仲两度救邢击狄均告失败。三是"为亲者讳"（邢、鲁同为周公之子的封国），讳言邢丘之旧邢亡于白狄中山。

孔子明褒"尊王攘夷"的管仲："管仲相桓公，霸诸侯，一匡天下，民到于今受其赐。微管仲，吾其被发左衽矣。"（《论语·宪问》）又明褒"兴灭国，继绝世，举逸民"的齐桓公："齐桓公正而不谲。"（《论语·宪问》）又隐斥灭邢开国、由酋称君的白狄中山：

---

① 《春秋》《左传》鲁僖公二十五年（前635）："卫侯灭邢。"

"夷狄之有君，不如诸夏之亡也。"（《论语·八佾》）

　　《春秋》尊王攘夷而不言"中山"，《左传》传不破经而晚言"中山"，共同遮蔽了白狄中山的开国时间。

二　重耳奔狄，即奔白狄中山

公子重耳不仅是晋献公与白狄女所生，而且与白狄中山关系甚深。

史料12，《春秋》鲁僖公五年（前655）：

晋（献）侯杀其世子申生。

史料13，《左传》鲁僖公五年（前655）：

晋（献）侯杀太子申生。……重耳出奔翟。

史料14，《史记·晋世家》晋献公二十二年（前655）：

献公使宦者履鞮趣杀重耳。……重耳遂奔狄。狄，其母国也。（按：晋侯僭称"公"，《春秋》《左传》不予承认，《史记》予以承认）

史料15，《国语·晋语二》：

（晋献公）二十二年（前655），公子重耳出亡，及柏谷，卜适齐、楚。狐偃曰："无卜焉。夫齐、楚道远而望大，不可以困往。道远难通，望大难走，困往多悔。困且多悔，不可以走望。若以偃之虑，其狄乎！夫狄近晋而不通，愚陋而多怨，走之易达。不通可以窜恶，多怨可与共忧。今若休忧于狄，以观晋国，且以监诸侯之为，其无不成。"乃遂之狄。

——晋献公原本爱幸白狄狐氏姐妹，所以白狄中山灭邢开国，并非中原最强的齐桓公二伐，中原最强的晋献公不伐。然而后来晋献公伐灭赤狄之骊戎，得到赤狄女骊姬，爱幸甚于白狄女狐氏姐妹，于是欲立骊姬之子奚齐为太子，迫使太子申生（生母为齐桓公之女齐姜）自杀，迫使最有资格继立为新太子的重耳出奔白狄中山（前655）。

《春秋》仅言太子申生之死，讳言公子重耳出奔白狄中山。《左传》虽言重耳奔狄，却又讳言狄为重耳"母国"。《史记·晋世家》虽言狄为重耳"母国"，司马迁却又知而不言狄即白狄中山（详见史料31之辨析）。

《国语》详言重耳出奔的路线、方向、过程：重耳从其封地蒲坂（今山西永济）出奔，由于秦、晋敌对，所以不愿西行出奔与蒲坂相邻的秦国，而是东行出奔与蒲坂相远的齐、楚。到达柏谷（今河南灵宝）之时，又犹豫于继续东行往齐，还是改道南行往楚。

首席谋士狐偃，反对出奔齐、楚，力主出奔狄国（白狄中山），理由有四：一是"狄近晋"而道路"不通"，处于太行山区。二是"走之易达"，不易被晋献公追到。三是"不通可以窜恶"，晋献公不易征伐。四是"多怨可与共忧"，白狄中山遭到诸夏普遍敌视，白狄中山之君必将受宠若惊而善待"外孙"重耳。

《国语》尽管确证了重耳所奔之"狄"，只能是晋国东邻、开国已有七年的白狄中山，但是仍持"夷夏大防"，所以讳言至关重要的两点：其一，追随重耳出奔的狐偃、狐毛兄弟，都是仕晋的白狄中山人，更是重耳外公狐突之子、重耳生母狐季姬之弟、重耳之舅①。其二，白狄中山乃是重耳生母之国，即"外婆家"。

史料16，《左传》鲁僖公六年（前654）：

> 夷吾不能守，盟而行。将奔狄，郤芮曰："后出同走，罪也，不如之梁。梁近秦而幸焉。"乃之梁。

史料17，《史记·晋世家》晋献公二十三年（前654）：

> 夷吾将奔翟。冀芮曰："不可，重耳已在矣，今往，晋必移兵伐翟，翟畏晋，祸且及。不如走梁，梁近于秦，秦强，吾君百岁后可以求入焉。"遂奔梁。

——公子重耳奔狄次年（前654），同样危及奚齐之新太子地位的公子夷吾，也被迫准备出奔"外婆家"。谋士冀芮认为，夷吾如果追随异母兄重耳，同奔"外婆家"白狄中山，晋献公必将东征白狄中山。于是夷吾放弃东奔白狄中山，转而西奔梁邑。

史料18，《左传》鲁僖公二十三年（前637，追述旧事）：

> 晋公子重耳之及于难也……遂奔狄。从者狐偃、赵衰、颠颉、魏武子、司空季子。狄人（白狄中山）伐廧咎如（赤狄），获其二女叔隗、季隗。纳诸公子取季隗，生伯儵、叔刘，以叔隗妻赵衰，生盾。（按：此为鲁僖公二十三年，即重耳返晋继位之

---

① 《左传》鲁僖公二十三年（前637）："狐突之子毛及偃，从重耳在秦。"（《史记·晋世家》全同）《史记·晋世家》："晋文公重耳……有贤士五人：曰赵衰；狐偃咎犯，文公舅也；贾佗；先轸；魏武子。"（按：狐偃，字咎犯。《国语》书为"舅犯"）五贤士之排序，原以狐偃居首；三家分晋以后，赵、魏自雄其祖，抬举赵衰、魏武子居前，贬抑狐偃居后。

016

年追述；白狄中山伐赤狄之廧咎如，当在重耳居狄十二年间）

史料19，《潜夫论·志氏姓》：

> 隗姓，赤狄。

——白狄中山开国中原，从游牧变成定居，仿效中原君臣制度，从"夷狄之无君"变成"夷狄之有君"，已成"众狄"之异类。于是白狄中山太公姬某亲善晋国，征伐赤狄之廧咎如，获胜以后把两个赤狄女赐给"外孙"重耳，一如当年把两个白狄女献给重耳之父晋献公。

重耳自纳赤狄女季隗，生伯鯈、叔刘。又把赤狄女叔隗，转赐次席谋士赵衰（不宜转赐与白狄同族的首席谋士狐偃），生赵盾。

史料20，《左传》鲁僖公八年（前652）：

> 八年春，晋里克……以败狄于采桑。夏，狄伐晋，报采桑之役也。

史料21，《史记·晋世家》晋献公二十五年（前652）：

> 晋伐翟，翟以重耳故，亦击晋于啮桑，晋兵解而去。（按："啮桑"当从《左传》作"采桑"。啮桑在今江苏沛县，非白狄中山之地）

——重耳奔狄后三年（前652），晋献公仍因重耳贤名闻于天下，担心自己死后重耳返晋与太子奚齐争位，于是东征白狄中山。白狄中山太公怒于晋献公不立重耳为太子，在采桑（今地不详）击退晋军。

次年（前651），晋献公（前676—前651在位）死去。晋卿里克诛杀赤狄女骊姬所生太子奚齐，先迎东奔白狄中山的白狄女狐氏所生公子重耳返晋继位，遭到拒绝；再迎西奔梁邑的白狄女狐氏所生公子夷吾返晋继位，即晋惠公（前650—前637在位）。

史料22，《史记·晋世家》晋惠公七年（前644）：

> 惠公七年，畏重耳，乃使宦者履鞮与壮士欲杀重耳。重耳闻之，乃谋赵衰等曰："始吾奔狄，非以为可用与，以近易通，故且休足。休足久矣，固愿徙之大国。……"……重耳居狄凡十二年而去。

史料23，《左传》鲁僖公十六年（前644）：

> 狄侵晋，取狐、厨、受铎、涉汾及昆都，因晋败也。

史料24，《左传》鲁僖公二十三年（前637，追述七年前旧事）：

> （重耳）将适齐，谓季隗曰："待我二十五年，不来而后嫁。"
> （季隗）对曰："我二十五年矣，又如是而嫁，则就木焉。请待子。"
> 处狄十二年而行。（按：此为鲁僖公二十三年，即重耳返晋继位之年追述；事在鲁僖公十六年、晋惠公七年）

史料25，清华大学藏战国楚简《系年》：

> 文公十又二年居狄，狄甚善之，而弗能纳（于晋），乃适齐。[1]

---

① 《清华大学藏战国竹简 2》，中西书局，2011，第150页。

——晋惠公在位第七年（前644），仍然担心贤名著于天下的异母兄重耳返国与己争位，于是派遣履鞮东往白狄中山刺杀重耳，未果。白狄中山怒于"小外孙"晋惠公容不下"大外孙"重耳，于是西伐晋国。

重耳"休足"生母之国白狄中山十二年（前655—前644），由于异母弟晋惠公之追杀，被迫离开白狄中山，继续东行往齐，途经卫国。

史料26，《左传》鲁僖公二十三年（前637，追述旧事）：

（前644年重耳离狄往齐）过卫，卫文公不礼焉。（按：此为鲁僖公二十三年，即重耳返晋继位之年追述。《史记·晋世家》全同，此略）

史料27，《国语·晋语四》：

（前644年重耳离狄往齐）过卫，卫文公有邢狄之虞，不能礼焉。

——事在鲁僖公十六年（前644），即晋惠公七年、卫文公十六年、齐桓公四十二年。

《春秋》不言重耳奔狄，自然也不言重耳离狄。《左传》《史记·晋世家》及清华大学藏战国楚简《系年》均言重耳居狄十二年，因而均言重耳离狄过卫往齐，卫文公不予礼遇，但都讳言卫文公不礼重耳的原因。

《国语·晋语》言其原因：重耳不顾"夷夏大防"而久居白狄中山，所以"卫文公有邢狄之虞"而不予礼遇。"邢狄"二字，必须连读，意为"居邢之狄"；"邢"指旧邢故地，"狄"指灭邢开国的白狄中山。《国语·晋语》出于"夷夏大防",仍像《春秋》一样不言"中山"国号,仅言"邢狄"地望。

由于《春秋》《国语》不言"中山",而《左传》首言"中山"(前506)晚于重耳居狄(前655—前644)百余年,加上司马迁知而不言重耳"母国"即白狄中山,因此后人一直不知重耳"休足"十二年之"狄",实为白狄中山。

以上十六条史料(12—27)可证:重耳"母国"之"狄",方位在晋国之东、卫国之西,地望是旧邢故地、太行山区,特点是道路难通、不易征伐,邦交是亲善晋国、征伐赤狄、诸夏敌视,均非白狄中山莫属。

晋惠公七年(前644),重耳离开白狄中山东行,经卫至齐,受到齐桓公礼遇,又娶齐女。次年(前643)齐桓公在位四十三年(前685—前643)而死,重耳继续留齐。居齐五年(前644—前640)[1],被敦促重耳返晋继位的狐偃、赵衰等人胁迫离齐,在晋国南面自东向西绕行半周,途经曹、宋、郑、楚;一年后(前639)至秦,受到秦穆公(前659—前621在位)礼遇,又娶秦女怀嬴。两年后(前637)晋惠公在位十四年(前650—前637)而死,太子姬圉继位为晋怀公,仍然担心伯父重耳返晋争位,于是诛杀重耳外公狐突(重耳生母狐季姬、重耳大舅狐偃、重耳小舅狐毛之父),三月被废(未入纪年表)。重耳出奔十九年(前655—前637),在晋国外围顺时针绕行一周,最终被秦穆公护送返晋继位,即齐桓公之后的春秋第二霸晋文公(前636—前628在位)[2]。重耳出奔之时四十三岁,返晋之时六十二岁。

---

[1] 《史记·晋世家》:"重耳留齐凡五岁。"

[2] 《史记·晋世家》:"子圉之立,畏秦之伐也。乃令国中诸从重耳亡者与期,期尽不到者尽灭其家。狐突之子毛及偃从重耳在秦,弗肯召。怀公怒,囚狐突……卒杀狐突。秦缪公乃发兵送内重耳,使人告栾、郤之党为内应,杀怀公于高梁,入重耳。重耳立,是为文公。……重耳出亡凡十九岁而得入。"

三 重耳继位，结盟白狄中山

重耳继位为晋文公，晋国与"外婆家"白狄中山进入蜜月期。
史料28，《说苑·政理》：

> 晋文公时，翟人有献封狐、文豹之皮者，文公喟然叹曰：
> "封狐、文豹何罪哉？以其皮为罪也。"

附史料29，《庄子·山木》：

> 夫丰狐文豹，栖于山林，伏于岩穴，静也；夜行昼居，戒
> 也；虽饥渴隐约，犹且胥疏于江湖之上而求食焉，定也；然且不
> 免于网罗机辟之患。是何罪之有哉？其皮为之灾也！

——白狄中山之君善待重耳十二年，为了重耳不惜与两位晋君
（晋献公、晋惠公）反目动兵，如今重耳终于返晋继位，喜于种因得
果，立刻遣使进献封狐、文豹之皮以贺。

晋文公深知，白狄中山之君所献封狐之皮，隐喻其生母、白狄中
山人狐季姬。因而以狐自喻，感叹自己当年无罪，仅因贤名大著而被
迫出奔，一如封狐、文豹无罪，仅因皮毛美丽而被人捕杀。于是睹物
思人（封狐、文豹之皮可能是白狄中山之君当年与重耳共猎所获，详
见史料32），不忘自己落难时"母国"之厚恩，遂与白狄中山结盟。

史料30，《左传》鲁僖公二十四年（前636）：

　　吕、郤畏逼，将焚公宫而弑晋侯（晋文公）。寺人披请见。公使让之，且辞焉，曰："蒲城之役，君命一宿，女即至。其后余从狄君以田渭滨，女为惠公来求杀余，命女三宿，女中宿至。虽有君命，何其速也？夫袪犹在。女其行乎！"

史料31，《史记·晋世家》晋文公元年（前636）：

　　怀公故大臣吕省、郤芮本不附文公，文公立，恐诛，乃欲与其徒谋烧公宫，杀文公。文公不知。始尝欲杀文公宦者履鞮知其谋，欲以告文公，解前罪，求见文公。文公不见，使人让曰："蒲城之事，女斩予袪。其后我从狄君猎，女为惠公来求杀我。惠公与女期三日至，而女一日至，何速也？女其念之。"

　　——《左传》此条，追述重耳当年"从狄君以田渭滨"。由于"渭滨"位于晋国西部的秦、晋之交，因此蒙文通认为，狄人从中原北部之西，移向中原北部之东，正与重耳居狄十二年同时，重耳追随狄人由西至东奔波了十二年。[①]

　　狄人从中原北部之西（晋西），移向中原北部之东（晋东），确为史实，然而时间远远早于重耳奔狄。蒙说不合重耳奔狄之前白狄中山已经灭邢开国，也不合重耳奔狄的路线、方向、地望，又不合重耳居狄十二年"休足久矣"，更不合重耳出奔期间的心态。重耳出奔十九年，先居白狄中山十二年，后居齐国五年，无不娶妻生子，只求安居

---

①　《蒙文通中国古代民族史讲义》（天津古籍出版社，2008年，第91页）："重耳奔狄，从狄君以田渭滨，此奔狄时之从狄于晋西也。处狄十二年，过卫及齐，而曹、宋、而郑、楚、而秦，此去狄时之从狄于晋东也。"

乐业，甚至在其父晋献公死后拒绝返晋继位，被迫离开白狄中山是因为异母弟晋惠公追杀，被迫离开齐国是因为众多随从胁迫他返国继位，所以重耳不可能追随白狄在中原以北的广阔草原，从西（赤狄之地）至东（白狄中山）奔波十二年。

司马迁可能比较了《左传》《国语》关于重耳所居之狄的两种记述，认为《左传》"渭滨"二字与诸多史料抵牾，于是采信《国语》而不从《左传》，《史记·晋世家》转述《左传》此段，不录"渭滨"二字；兼证司马迁知而不言重耳"母国"即白狄中山。

史料32，《国语·晋语四》：

文公立四年（前633），楚成王伐宋，公率齐、秦伐曹、卫，以救宋。……先轸曰："使宋舍我而赂齐、秦，藉之告楚；我分曹、卫之地，以赐宋人。楚爱曹、卫，必不许齐、秦。齐、秦不得其请，必属怨焉，然后用之，蔑不欲矣。"公说，是故以曹田、卫田赐宋人。……至于城濮，果战，楚众大败（前632）。

史料33，《春秋》鲁僖公二十八年（前632）：

夏四月己巳，晋侯、齐师、宋师、秦师及楚人战于城濮，楚师败绩。……冬，公会晋侯、齐侯、宋公、蔡侯、郑伯、陈子、莒子、邾子、秦人于温。天王狩于河阳。

史料34，《左传》鲁僖公二十八年（前632）：

晋侯、宋公、齐国归父、崔夭、秦小子憖次于城濮。……楚右师溃，狐毛设二旆而退之。……狐毛、狐偃以上军夹攻于西，楚左师溃。楚师败绩。……冬，会于温，讨不服也。……是会也，晋侯召王。……仲尼曰："以臣召君，不可以训。"故书曰：

"天王狩于河阳。"

史料35，《史记·晋世家》晋文公五年（前632）：

> 四月戊辰，宋公、齐将、秦将与晋侯次城濮。己巳，与楚兵合战，楚兵败。

史料36，清华大学藏战国楚简《系年》：

> （晋）文公率秦、齐、宋及群戎之师，以败楚师于城濮。遂朝周襄王于衡雍，献楚俘馘，盟诸侯于践土。①

史料37，《战国策·秦策五》九（姚贾对秦王嬴政语）：

> （晋）文公用中山盗，而胜于城濮。

附史料38，《荀子·富国》：

> 处女婴宝珠，佩宝玉，负戴黄金，而遇中山之盗也。

——晋文公返晋继位之后，开始快意恩仇，征伐当年冷遇自己的曹、卫，把曹、卫之地赐给礼遇自己的宋国，引起楚国不满，于是爆发了晋、楚城濮之战（前632），众多诸侯分助晋、楚。

《春秋》《左传》《国语》《史记》口径一致，均言晋、楚城濮之战，齐、宋、秦助晋伐楚。留下颇为反常的两大疑问：

其一，当年短暂礼遇重耳的齐、宋、秦，无不助晋伐楚。当年善

---

① 《清华大学藏战国竹简 2》，中西书局，2011，第153页。

待重耳最久的白狄中山，曾经为助重耳返晋继位而不惜与晋献公、晋惠公反目动兵，又曾在重耳返晋继位之后遣使献礼与晋结盟，为何竟不助晋伐楚？

其二，晋文公为何仅仅报答短暂礼遇自己的宋国，却不报答善待自己最久的白狄中山？

考古新证和文献旧证，可以解答两大疑问。

首先是清华大学2008年入藏的战国楚简《系年》，言及城濮之战助晋伐楚者，除了齐、宋、秦之师，另有"群戎之师"，见于楚史《系年》，一来楚为此战的战败国，二来楚为南蛮，与西戎、北狄、东夷一样被诸夏歧视，所以不避"夷夏大防"记之。然而"群戎之师"究属何戎，依然不明。

幸而《秦策五》九所记姚贾之言，明言"文公用中山盗，而胜于城濮"，证明楚史《系年》所言"群戎之师"，实为姚贾所言"中山盗"，亦即白狄中山。所以反常的并非历史事实，而是迫于"政治正确"而扭曲的历史书写。《春秋》《左传》《国语》《史记》出于"夷夏大防"，共同遮蔽了白狄中山助晋伐楚的历史真相。

与李斯联手害死韩非的秦国大夫姚贾，贬称白狄中山为"中山盗"，一如李斯、韩非之师荀况贬称白狄中山为"中山之盗"。二人同为战国士人，熟读《春秋》《左传》，严守"夷夏大防"，拒绝承认白狄中山是合法国家，仅仅视为占山为王的盗寇。明代士人马中锡，尽管晚于姚贾、荀况一千七百年，但是熟读《春秋》《左传》，同样严守"夷夏大防"，仍然贬斥白狄中山为"中山狼"。

《左传》讳言白狄中山助晋伐楚，但其宗旨是补充《春秋》省略的历史细节，因而也为其所遮蔽的史实提供了重要旁证：在城濮之战中率领晋国上军的两位主将狐毛、狐偃，不仅是仕晋的白狄中山人，而且是晋文公外公狐突之子，晋文公生母狐季姬之弟，均曾追随外甥重耳出奔十九年。所以晋文公伐楚，任命白狄舅父狐毛、狐偃为上军主将，并与盟国白狄中山组成了联军。可见除非一字不书，否则不可能彻底遮蔽历史真相。

晋文公既是白狄中山女之子①，又娶白狄中山所赐赤狄女为妻，久居白狄中山十二年，与白狄中山之君结盟，以白狄中山之人为重臣，与白狄中山组成联军伐楚，是为不"攘夷"；又在城濮之战以后举行"践土之盟"称霸，"讨不服"，甚至"以臣召君"，是为不"尊王"。因而孔子对晋文公深恶痛绝，《春秋》不言重耳奔狄居狄，也不言城濮之战晋文公联狄伐楚，更讳言周襄王被晋文公召去开会，而是运用《春秋》笔法，书为"天王狩于河阳"。

明白了齐桓公"尊王攘夷"，晋文公"不尊王不攘夷"，也就不难明白孔子评价二人为何会有天壤之别："晋文公谲而不正，齐桓公正而不谲。"（《论语·宪问》）也不难明白孟子为何信口雌黄："仲尼之徒，无道桓、文之事者。"（《孟子·梁惠王上》）对于晋文公与白狄中山的特殊关系，孔、孟心知肚明，私议之时或有贬斥，著述之时决不表露。

中国独有的阴阳合历，用闰月调整太阴（月亮）运行一月、太阳运行一年的两大天文周期，十九年七闰而相合，天道循环。因此古代盛产"十九年得道"的虚构传奇，最为著名的是庄子寓言"庖丁解牛"，"十九年而刀刃若新发于硎"，技进于道。晋文公出奔十九年而返晋继位，却非虚构传奇，而是真实经历。这就使他本人、追随者，乃至周王、诸侯、天下人，无不坚信他是"天命所归"。晋文公能够取代齐桓公而成春秋第二霸，与此深入集体无意识的共同信念大有关系。

晋文公死后，"天命所归"又扩展到追随其出奔十九年的赵衰、魏武子及其后裔身上。赵氏、魏氏后来跻身晋国六卿，最后与韩氏"三家分晋"，均与这一信念大有关系。

---

① 《左传》鲁宣公二年（前607）："赵盾曰：臣狄人也。"按：赵盾为赵衰与赤狄女叔隗所生，自视"狄人"，以此为耻。重耳为晋献公与白狄女狐季姬所生，亦必自视"狄人"，但不以此为耻。

四 晋文公后，白狄中山争立晋君

晋文公死后，晋国仍与白狄中山结盟，但是蜜月期已过，进入摩擦期。三次主要摩擦，是三位晋君死后，白狄中山不断送归晋文公与白狄女所生子孙，争立晋君。

史料39，《春秋》鲁僖公三十三年（前627）：

> 晋人败狄于箕。

史料40，《左传》鲁僖公三十三年（前627）：

> 狄伐晋，及箕。八月戊子，晋侯败狄于箕。郤缺获白狄子。先轸曰："匹夫逞志于君，而无讨，敢不自讨乎？"免胄入狄师，死焉。狄人归其元，面如生。

——城濮之战（前632）以后四年，晋文公在位九年（前636—前628）而死，太子晋襄公（生母齐女）继位。

晋文公之子公子乐（生母为白狄女，见下史料42—44），此时随母居于白狄中山。晋襄公元年（前627），白狄中山之君准备送归公子乐争位，到达箕地被阻。晋将先轸战死。

《春秋》《左传》虽言这一战事，却讳言这一战事意在争位。《左传》此年（前627），首言"白狄"，仍然讳言已经开国三十五年的

"中山"。

顺便一说,《史记·匈奴列传》《汉书·匈奴传》均言:"晋文公攘戎翟,居于河西圁、洛之间,号曰赤翟、白翟。"《史记索隐》和《汉书》颜师古注,均引《左传》"晋师灭赤狄潞氏""晋侯败狄于箕。郤缺获白狄子"为证。其实"晋侯败狄于箕。郤缺获白狄子",事在晋文公死后一年的晋襄公元年(前627),即《春秋》《左传》鲁僖公三十三年所记。而"晋师灭赤狄潞氏",事在晋文公死后三十四年的晋景公六年(前594,见下史料53—54)。可见《史记》《汉书》所谓"晋文公攘翟"的真实史证为零,仅有移花接木的伪证,然而两千年来盲信者众。蒙文通甚至认为:"晋(文公)之攘狄,功过于齐(桓公)。"①此言倘若属实,那么孔子之言"晋文公谲而不正,齐桓公正而不谲",必将沦为无据妄言。摁倒葫芦起来瓢,不实之言必难妥帖。

史料41,《春秋》鲁文公六年(前621):

> 葬晋襄公。晋杀其大夫阳处父,晋狐射姑出奔狄。

史料42,《左传》鲁文公六年(前621):

> 晋襄公卒。灵公少,晋人以难故,欲立长君。赵孟(赵盾)曰:"立公子雍。……"贾季(狐射姑)曰:"不如立公子乐。"……(赵孟)使先蔑、士会如秦,逆公子雍。贾季(狐射姑)亦使召公子乐于陈,赵孟使杀诸郫。……贾季(狐射姑)奔狄。

史料43,《史记·晋世家》晋襄公七年(前621):

> 八月,襄公卒。太子夷皋少。晋人以难故,欲立长君。赵盾

---

① 《蒙文通中国古代民族史讲义》,天津古籍出版社,2008年,第93页。

曰：“立襄公弟雍。……”贾季曰：“不如其弟乐。”……（赵盾）使士会如秦迎公子雍。贾季（狐射姑）亦使人召公子乐于陈。赵盾废贾季，以其杀阳处父。……贾季（狐射姑）奔翟。……太子母缪嬴日夜抱太子以号泣于朝……赵盾与诸大夫皆患缪嬴，且畏诛，乃背所迎（公子雍），而立太子夷皋，是为灵公。

史料44，《说苑·建本》：

晋襄公薨，嗣君少。赵宣子（赵盾）相，谓大夫曰：“立少君，惧多难，请立雍。雍长，出在秦。秦大，足以为援。”贾季（狐射姑）曰：“不若公子乐，乐有宠于国，先君（晋文公）爱而仕之翟，翟是以为援。”穆嬴抱太子以呼于庭曰：“先君（晋襄公）奚罪？其嗣亦奚罪？舍嫡嗣不立，而外求君子！”出朝抱以见宣子曰：“恶难也，故欲立长君，长君立而少君壮，难乃至矣。”宣子患之，遂立太子也。

——晋襄公（晋文公与齐女之子）在位七年（前627—前621），短命早夭。太子夷皋（生母秦女缪嬴）尚在襁褓，晋臣欲立长君，打算在晋文公诸子之中选择其一。赵盾力主迎立在秦的晋文公之子公子雍（生母秦女怀嬴），狐射姑（狐偃之子、狐季姬之甥）力主迎立在白狄中山的晋文公之子公子乐（生母白狄女）。公子乐从白狄中山往晋，被赵盾派人在陈国杀死。迎接公子乐的狐射姑惧诛，逃回母邦白狄中山。白狄中山怒而伐晋。最后赵盾又被缪嬴哭诉感动，仍立晋襄公太子夷皋为晋灵公，拒绝秦国送归的公子雍，秦君也怒而伐晋。

由于这一史事涉“狄”，因此《春秋》讳言狄人来争晋君之位，书为“晋杀其大夫阳处父，晋狐射姑出奔狄”。

《左传》补充细节，却讳言狐射姑召公子乐于狄，书为“贾季召公子乐于陈”。狄为公子乐所居之母邦，陈为公子乐往晋途中被杀之异邦，怎能混淆？《春秋》"狐射姑奔狄"，则被《左传》改书为"贾季奔狄"。晋国封给狐射姑的采邑为贾，故其又称"贾季"，改书不可谓无据，但是如此避讳改书，一如《史记·晋世家》常称"狐偃"之字"咎犯"（又称"舅犯"），使人难以明白"咎犯"实为白狄中山人。《史记·晋世家》照抄《左传》，于是公子乐的真实身份是晋文公、白狄女所生之子，所居母邦是白狄中山；狐射姑的真实身份是仕晋的白狄中山人，是晋文公之舅狐偃之子，是晋文公之母狐季姬之甥，与公子乐是姑表甥舅，均被遮蔽。

幸而《说苑·建本》又透露了晋国与白狄中山的隐秘纠葛：晋文公深爱的、与白狄女所生之子公子乐，久居白狄中山而出仕，如今因其仕晋的表舅狐射姑迎立，从白狄中山前往晋国，途经陈国，被晋卿赵盾派人杀害。公子乐的子孙，此后以名为姓，成为白狄中山的乐氏之祖，亦即中山人乐羊、乐毅的远祖（见下相关史料）。

晋灵公时期，晋国与白狄中山相安无事。白狄中山开国已有半个世纪，凭借与晋之盟，国基日益稳固。

史料45，《春秋》鲁宣公八年（前601）：

晋师、白狄伐秦。

史料46，《左传》鲁宣公八年（前601）：

八年春，白狄及晋平。夏，（白狄）会晋伐秦。晋人获秦谍，杀诸绛市。

史料47，《史记·晋世家》晋成公六年（前601）：

伐秦，虏秦将赤。

——晋灵公（晋文公之孙）昏庸无道，在位十四年（前620—前

607），被赵盾的堂弟赵穿弑杀。赵盾另立晋文公少子黑臀（生母周女），即晋成公。晋成公颇有父风，不仅与白狄中山结盟，甚至联合白狄中山伐秦（前601）。

《春秋》《左传》仍称"白狄"助晋伐秦，继续讳言"中山"。司马迁"攘夷"之志更坚，《史记·晋世家》不言晋成公伐秦得到"白狄（中山）"之助，一如不言晋文公伐楚得到"白狄（中山）"之助。

史料48，《春秋》鲁宣公十一年（前598）：

> 秋，晋侯会狄于攒函。

史料49，《左传》鲁宣公十一年（前598）：

> 晋郤成子求成于众狄。众狄疾赤狄之役，遂服于晋。秋，会于攒函，众狄服也。是行也，诸大夫欲召狄。郤成子曰："吾闻之，非德，莫如勤；非勤，何以求人？能勤，有继。其从之也。《诗》曰：'文王既勤止。'文王犹勤，况寡德乎？"

——晋成公在位七年（前606—前600）而死，太子晋景公继位。晋景公二年（前598），延续父（晋成公）、祖（晋文公）传统，亲往中山之地攒函（今地不详），与白狄中山之君会盟。

晋国既是诸夏，又是大国。中山既是戎狄，又是小国。晋侯与狄君结盟，已经违背"夷夏大防"。狄君不来而晋君前往，更是突破底线的"以夏事夷"。《左传》出于政治立场，强调晋景公屈尊与白狄结盟的原因是"众狄疾赤狄之役，遂服于晋"（白狄担心像赤狄那样被晋国伐灭，于是臣服于晋），完全不合史实。

晋献公娶白狄女以降，晋国与白狄中山长期结盟，赤狄是其共同敌人，所以晋献公伐赤狄之骊戎，白狄中山伐赤狄之廧咎如。晋文公与其子（晋襄公、晋成公）、孙（晋灵公、晋景公），不断延续并强化与白狄中山的盟约，所以白狄中山先助晋文公伐楚，后助晋成公伐秦。如今晋景公亲往白狄中山，仍是延续、强化与白狄中山的数世盟约。

司马迁或许意识到《左传》所言"众狄（白狄）疾赤狄之役，遂服于晋"难以成立，于是《史记·晋世家》晋景公二年"顾左右而言他"，仅言与晋无关的"楚庄王伐陈"。

史料50，《春秋》鲁宣公十三年（前596）：

> 晋杀其大夫先縠。

史料51，《左传》鲁宣公十三年（前596）：

> 秋，赤狄伐晋，及清，先縠召之也。冬，晋人讨邲之败与清之师，归罪于先縠而杀之，尽灭其族。

史料52，《史记·晋世家》晋景公四年（前596）：

> 先縠以首计而败晋军河上，恐诛，乃奔翟，与翟谋伐晋。晋觉，乃族縠。縠，先轸子也。

——晋景公之父晋成公，不仅与白狄中山续盟，而且又与赤狄联姻，嫁长女（晋景公姐，见下史料54）于赤狄潞氏。

晋景公四年（前596），先縠未经晋景公同意而擅伐赤狄，攻至邲邑而败；赤狄乘胜伐晋，攻至清邑。晋景公欲治先縠之罪，先縠惧诛，出奔白狄中山。晋景公不能诛其身，于是灭其族。

孔子大概认为，先轸被白狄中山杀死（见上史料40），其子先縠出奔白狄中山，乃是轻忘父仇、以夏事夷的奇耻大辱，因而《春秋》不言史事过程，也不书"晋大夫先縠奔狄"，仅书"晋杀其大夫先縠"。这是修改不尽理想的史实，使之合于理想的不实之言。不能诛其身，至少诛其心，此即《春秋》"诛心之论"。

《左传》先补言部分史实："秋，赤狄伐晋，及清，先縠（伐邲而败）召之也。冬，晋人讨（先縠伐）邲之败与（赤狄及）清之师，归罪于先縠"，同时不愿纠正《春秋》诛心之论，于是照抄"杀之"。最后再补言部分史实："尽灭其族。"于是"灭族"之真，"被诛"之伪，混淆难辨。

《史记·晋世家》先补言《春秋》《左传》共同讳言的重要史实：先縠"恐诛，乃奔翟（白狄中山），与翟谋伐晋"。但也不愿纠正《春秋》诛心、《左传》坐实的"晋杀先縠"，于是仅言"晋族縠"；对晋灭先縠宗族予以明确化，对晋是否诛杀先縠本人予以模糊化。最后点明先縠是"先轸子"；对《春秋》《左传》违背史实之言，予以同情之理解，做出隐晦之辩护。

先縠擅伐晋成公嫁女联姻的赤狄，晋景公才会欲诛先縠，因其逃往白狄中山而不能诛其身，只好灭其族。此举实为向赤狄谢罪，意在"三年无改于父之道"（《论语·学而》），与赤狄修复邦交。中原史家对于此意，只能诛心于内心，不愿表露于著述。

史料53，《春秋》鲁宣公十五年（前594）：

> 晋师灭赤狄潞氏，以潞子婴儿归。

史料54，《左传》鲁宣公十五年（前594）：

> 潞子婴儿之夫人，晋景公之姊也。酆舒为政而杀之，又伤潞子之目。……六月癸卯，晋荀林父（中行桓子）败赤狄于曲梁；辛亥，灭潞。酆舒奔卫，卫人归诸晋，晋人杀之。

——《春秋》讳言晋成公嫁女于赤狄潞氏，因为嫁女于狄，甚于娶女于狄，乃是中原一向视为奇耻大辱的"和亲"；仅言晋景公六年

（前594）"晋灭赤狄潞氏"（今山西潞县），可以使人误以为晋君"尊王攘夷"。

《左传》补充细节，始明史实：晋景公伐灭赤狄潞氏，并非"尊王攘夷"，而是嫁于赤狄潞氏之姐，死于赤狄潞氏内乱，于是为姐报仇而伐灭之。

司马迁不愿追随《左传》而言晋与赤狄联姻，也不愿追随《春秋》而言"晋灭赤狄潞氏"，于是对此大快人心之事，竟然忍痛割爱，《史记·晋世家》晋景公六年，仅言与晋无关的"楚伐宋"。

史料55，《春秋》鲁宣公十六年（前593）：

晋人灭赤狄甲氏及留吁。

史料56，《左传》鲁宣公十六年（前593）：

晋士会帅师灭赤狄甲氏及留吁、铎辰。

史料57，《史记·晋世家》晋景公七年（前593）：

晋使随会灭赤狄。

——晋景公去年（前594）为姐报仇，伐灭了赤狄之潞氏，与赤狄从联姻转为恶化。今年（前593）一不作，二不休，又伐灭了赤狄之甲氏（今河北鸡泽）、留吁（今山西屯留）、铎辰（今山西长治）。至此，南侵中原的赤狄诸部落，均被晋国伐灭，或是逐归漠北。中原史家对此大为痛快，《春秋》《左传》《史记》均录此事。

史料58，《春秋》鲁成公九年（前582）：

秦人、白狄伐晋。

史料59，《左传》鲁成公九年（前582）：

秦人、白狄伐晋，诸侯贰故也。

史料60，《史记·晋世家》晋厉公元年（前580）：

厉公元年，初立，欲和诸侯，与秦桓公夹河而盟。归而秦倍
盟，与翟谋伐晋。

——晋景公在位十九年（前599—前581）而死，太子寿曼继位，
即晋厉公。晋厉公元年（前580），白狄中山助秦伐晋。《春秋》《左
传》《史记》均书，一是中原诸侯长期视秦为夷，中原史家竭力捆
绑秦、狄同为"夷狄"，二是中原史家竭力虚构晋国与白狄中山长
期敌对。

上文已述，晋文公返国继位至今，晋国与白狄中山长期结盟，仅
有的两次短暂摩擦，无不源于白狄中山欲立晋文公、白狄女所生之子
公子乐为晋君（见上史料39—44）。因而此次白狄中山联秦伐晋，发
生于晋景公死年、晋厉公立年，决非偶然，当为白狄中山欲立公子乐
之子为晋君。

中原史家不言晋文公为白狄中山女所生，继位之前久居白狄中山
长达十二年，继位之后与白狄中山结盟，借助白狄中山伐楚，其与白
狄中山女所生之子孙居于白狄中山；不言其子晋成公与白狄中山续盟
而联合伐秦，不言其孙晋景公与白狄中山续盟，不言白狄中山人狐
突、狐偃、狐毛、狐射姑数代仕晋均为重臣；仅言晋文公、晋襄公、
晋景公死后狄伐晋，选择史实且修改史实，凭空虚构了"晋文公攘
狄"及其子孙数代晋君与白狄中山敌对之伪史。

五　六卿专权，始伐白狄中山

晋文公及其子孙与白狄中山结盟百年之后，晋室衰弱，六卿专权。六卿终结了晋国与白狄中山结盟百年的长期邦交，与白狄中山进入了恩怨纠葛期。

史料61，《潜夫论·志氏姓》：

> 妘姓，白狄。

史料62，《史记·赵世家·索隐》：

> 中山，古鲜虞国，姬姓也。（《吕氏春秋·先识》高诱注："中山，狄国也，一名鲜虞。"《谷梁传·昭公十二年》杨士勋疏引《世本》："鲜虞，姬姓，白狄也。"杜预注："鲜虞，白狄别种。"杜预《春秋释例》："鲜虞中山，白狄。"）

——白狄中山立国已有百余年，既成事实已久，国基日益稳固。又与中原最强的晋国长期联姻、结盟，助晋伐楚、伐秦、伐赤狄，使晋成为中原霸主（仅在晋国易君之时有过三次争位摩擦），因此中原诸侯尽管不愿承认其为合法国家，却不得不接受其为事实国家。

白狄中山又在百余年间逐渐中原化，于是迎合中原主流意识形态"尊王攘夷"，把姓妘改为姓姬（一如北魏孝文帝把姓拓拔改为姓元），自称与周同宗，以此消除中原诸侯的普遍敌意。

史料63，《左传》鲁襄公十八年（前555）：

白狄朝于鲁（襄公）。

史料64，《左传》鲁襄公廿八年（前545）：

白狄朝于晋（平公）。

——白狄中山改姓而自称与周同宗，效果良好。最重周礼的鲁襄公，也不得不接受既成事实，接受皈化中原的白狄中山之君"来朝"（当为"结盟"的美饰之辞）。晋平公延续百年传统，又与白狄中山续盟。

尽管政治家重利害而轻名分，但是理论家重名分而轻利害，因此《春秋》《左传》仍然称其族名"白狄"，拒绝称其国号"中山"。

史料65，《春秋》鲁昭公十二年（前530）：

晋伐鲜虞。

史料66，《左传》鲁昭公十二年（前530）：

晋荀吴伪会齐师者，假道于鲜虞，遂入昔阳。秋八月壬午，灭肥，以肥子绵皋归。

——晋景公之后，经过晋厉公（前580—前573）、晋悼公（前573—前558）、晋平公（前558—532）、晋昭公（前532—前526）四世五十五年，晋国公室渐弱，六卿（范氏、中行氏、知氏、魏氏、韩氏、赵氏）渐强①，六卿轮流执政。执政的晋卿，为了凭借"尊王攘夷"的政治正确，赢得晋国以外的诸侯拥戴，帮助自己固位专权，逐渐改变了晋国亲狄的百年传统，先是征伐长狄，后又征伐长期结盟的白狄（中山）。

晋昭公二年（前530），晋卿荀吴（中行穆子）执政，借道于鲜虞（白狄中山），征伐昔阳（今河北晋县），攻灭长狄之肥国（今河北肥乡）。

《春秋》反书为"晋伐鲜虞"。《左传》补充细节，史实方明：晋军假装与齐会师，于是借道于晋、齐之间的鲜虞，伐灭了以昔阳为都的长狄之肥国，并非征伐白狄之鲜虞（中山）。②

《左传》的补充细节，揭破了《春秋》修改史实。司马迁左右为难，于是对此大快人心的"攘夷"之事，再次忍痛割爱，《史记·晋世家》晋昭公二年对此一字不书。

史料67，《左传》鲁昭公十三年（前529）：

> 鲜虞人闻晋师之悉起也，而不警边，且不修备。晋荀吴自著雍以上军侵鲜虞，及中人，驱冲竞，大获而归。

——荀吴去年（前530）借道白狄中山而伐长狄之肥国，今年（前529）偷袭白狄中山。白狄中山与晋结盟百年，毫不设防，"不警边，不修备"。即使如此，荀吴仍然未能攻克其边邑中人（今河北唐县西北）。

未能攻克的证据是，后来赵襄子征伐白狄中山，赵敬侯征伐魏属中山，无不战于中人（见下篇），因此《左传》"驱冲竞，大获而归"

---

① 《史记·晋世家》："（晋）昭公六年卒。六卿强，公室卑。"《史记·魏世家》："（晋）昭公卒而六卿强，公室卑。"

② 《史记·赵世家·正义》引《春秋释地名》："昔阳，肥国所都也。"旧多因《春秋》反书而误以昔阳、肥国为鲜虞（白狄中山）之地。

仍是不实之言，否则《春秋》鲁昭公十三年、《史记·晋世家》晋昭公三年，不可能全都一字不书。

史料68，《春秋》鲁昭公十五年（前527）：

晋荀吴伐鲜虞，围鼓，克之，虏鼓子鸢鞮。（又见《国语·晋语》《淮南子·人间训》）

史料69，《左传》鲁昭公十五年（前527）：

晋荀吴帅师伐鲜虞……克鼓而反。（参看《国语·晋语》："狄之鼓。"）

史料70，《左传》鲁昭公廿一年（前521）：

鼓叛晋，晋将伐鲜虞。

史料71，《左传》鲁昭公廿二年（前520）：

晋之取鼓也，既献而反鼓子焉。（鼓子）又叛于鲜虞。①

——荀吴偷袭不防晋师的白狄中山之边邑中人失败（前530），于是三年后（前527）改伐白狄中山的另一边邑鼓邑（今河北晋县西），终于攻下。次年晋昭公在位六年（前531—前526）而死，太子晋顷公继位，六卿陷入激烈争权。因此八年（前527—前520）之间，鼓邑在白狄中山、晋国之间叛来叛去。加上白狄中山盘踞山地，易守难攻，晋师难有进展。

---

① 《国语·晋语九》详言中行穆子(荀吴)伐狄围鼓。

史料72，清华大学藏战国楚简《系年》：

> （楚）景平王即逝，（楚）昭王即位（前515）。……晋与吴会为一，以伐楚，閟方城。（晋）遂盟诸侯于召陵，伐中山；晋师大疫且饥，食人。①

——事在晋顷公十一年（前515），即楚昭王（前515—前489在位）元年、吴王僚（前526—前515在位）末年。

晋卿荀吴，先联合吴王僚，趁着楚国为楚平王治丧而伐楚；由于公子光（吴王阖闾）派遣刺客专诸弑杀了吴王僚，晋、吴伐楚草草收场。②

晋卿荀吴随即联合中原诸侯，征伐白狄中山，然而久战无功，疫病传染，粮草断绝，以人为食。

以晋为首的中原诸侯联合征伐白狄，遭遇前所未有之惨败，唯有清华大学藏战国楚简《系年》记之。《春秋》《左传》鲁昭公二十七年，《史记·晋世家》晋顷公十一年，全都一字不书，因为中原史家不愿长夷狄志气，灭诸夏威风。

史料73：《战国策·中山策》八：

> 中山君飨都士大夫，司马子期在焉。羊羹不遍，司马子期怒而走于楚，说楚王伐中山。
>
> 中山君亡，有二人挈戈而随其后者。
>
> 中山君顾谓二人："子奚为者也？"

---

① 《清华大学藏战国竹简 2》，中西书局，2011，第180页。

② 《史记·吴太伯世家》："王僚十二年冬，楚平王卒。十三年春，吴欲因楚丧而伐之，使公子盖余、烛庸以兵围楚之六、灊。使季札于晋，以观诸侯之变。楚发兵绝吴兵后，吴兵不得还。于是吴公子光……遂弑王僚。公子光竟代立为王，是为吴王阖庐。"

二人对曰："臣有父，尝饿且死，君下壶飧饵之。臣父且死，曰：'中山有事，汝必死之。'故来死君也。"

中山君喟然而仰叹曰："与不期众少，其于当厄；怨不期深浅，其于伤心。吾以一杯羊羹亡国，以一壶飧得士二人。"

——《战国策》南宋鲍彪注："司马子期，中山人，后为楚昭卿。"清人王先谦认为："楚昭初立（前515），更六年为鲁定元年（前509）。据注，以子期为楚昭卿，伐中山亦楚昭，宜在此数年中。过此至定三年（前507），中山败晋；四年，吴入郢（前506），则中山势强，楚方奔命，不应有远略之师也。但子期乃昭王兄公子结，非中山人，是走楚者别一子期，而鲍注误证。"[1]

晋定公六年，楚昭王（前515—前489在位）伐白狄中山，远因是晋文公时的晋楚城濮之战，白狄中山助晋伐楚（见上史料32—38）。事在战国早期魏文侯伐灭白狄中山（前408—前406，见下史料94）之前百年，是春秋中晚期晋楚争霸之余波。当时的白狄中山之君，或因楚昭王之伐而一度去国流亡。稍后楚臣伍子胥为报楚平王杀其父兄之仇，叛楚仕吴，率领吴兵伐楚，攻入郢都，对楚平王掘墓鞭尸（前506），楚昭王出奔随国、郑国，白狄中山之君趁机复国。楚臣申包胥哭于秦廷，借得秦兵救楚击吴，楚昭王返回郢都复国（参看《庄子·让王》之楚昭王失国，屠羊说拒赏）。春秋晚期白狄中山这次复国，可能也是司马迁《史记》误书战国早期白狄中山被魏文侯伐灭之后复国的远因之一。

史料74，《左传》鲁定公三年（前507）：

鲜虞人败晋师于平中，获晋观虎，恃其勇也。

---

[1] ［清］王先谦撰，吕苏生补释《鲜虞中山国事表、疆域图说补释》，上海古籍出版社，1993，第13页。

史料75，《春秋》鲁定公四年（前506）：

晋士鞅、卫孔圉帅师伐鲜虞。

史料76，《左传》鲁定公四年（前506）：

四年春三月，刘文公合诸侯于召陵，谋伐楚也。晋荀寅求货于蔡侯，弗得，言于范献子曰："国家方危，诸侯方贰，将以袭敌，不亦难乎？水潦方降，疾疟方起，中山不服，弃盟取怨，无损于楚，而失中山，不如辞蔡侯。吾自方城以来，楚未可以得志，只取勤焉。"乃辞蔡侯。（杜预《春秋左传集解》："中山，鲜虞。"）

史料77，《左传》鲁定公五年（前505）：

晋士鞅围鲜虞，报观虎之败也。

——晋顷公在位十四年（前525—前512）而死，太子午继位，即晋定公。晋卿士鞅（范献子），取代晋卿荀吴（中行穆子），成为晋国执政。

晋定公三年（前509），白狄中山因被晋国连伐，施以报复，主动伐晋，在平中（今河北唐县附近）击败晋师，俘获晋将观虎。次年（前508），晋卿士鞅与卫卿孔圉夹攻白狄中山，晋师从西向东攻，卫师从东向西攻。三年（前507—前505）之间，互有胜负。其时孔子四十五岁至四十七岁，在鲁尚未出仕。

荀吴之子荀寅（中行文子）所言"中山不服，弃盟取怨"，乃是晋与白狄中山长期结盟之铁证。正因白狄中山"不服"荀吴"弃盟"

连伐，才会伐晋报复。

《左传》三见"中山"（此二，另见史料79），此处首次二见"中山"，乃是出于不得已，因为引用荀寅之言，不便改其原话，否则不合口吻。若非残存微弱的史家良知，《左传》或许会像《春秋》一样彻底不言"中山"。

《左传》首见"中山"的指涉时间（前506），比清华大学藏战国楚简《系年》"晋伐中山"的指涉时间（前515）晚九年（见上史料72），比《吕氏春秋》"中山亡邢"的指涉时间（前661）晚一百五十五年（见上史料11）。五分之三的白狄中山史，因此沉入历史忘川。

史料78，《左传》鲁哀公元年（前494）：

> 齐侯（景公）、卫侯（灵公）会于乾侯，救范氏也。（鲁）师及齐师、卫孔圉、鲜虞人伐晋，取棘蒲。

史料79，《左传》鲁哀公三年（前492）：

> 春，齐、卫围戚，求援于中山。
> <u>　　　</u>

——晋卿范氏、中行氏征伐白狄中山多年，进展有限，却与晋卿赵氏发生冲突。晋卿知氏、魏氏、韩氏，支持赵氏。晋国六卿之间，爆发全面内战。

齐景公为了与晋争霸，介入晋国内战，邀约鲁、卫、白狄中山，共同支持范氏、中行氏。其时孔子五十八岁至六十岁，已经在鲁出仕受挫，离鲁周游列国。

《左传》客观叙述直言"中山"，仅此一次。原因有二：一是前引荀寅之言不得已两次言及，如果客观叙述一次不言，荀寅所言"中山"必将难以落地，变成《山海经》之"贯胸国"，甚至变成神话传说的海外仙山"蓬莱国"，或《庄子》寓言之"蛮触国"。二是齐、卫求援于夷狄色彩模糊的"中山"，比求援于夷狄色彩分明的"鲜虞"较为"政治正确"，不太违背"尊王攘夷"的诸夏共识。

史料80，《左传》鲁哀公四年（前491）：

苟寅奔鲜虞。

史料81，《史记·晋世家》晋定公二十二年（前490）：

晋败范、中行氏，二子奔齐。

——赵鞅击败范氏、中行氏，苟寅（中行文子）出奔鲜虞（白狄中山）。

当年苟吴（中行穆子）征伐白狄中山，如今其子苟寅竟然出奔白狄中山，类似于先縠轻忘父仇而出奔白狄中山，也是违背"夷夏大防"的奇耻大辱，于是《春秋》不书。幸而《左传》记之。

司马迁不从《左传》，而从《春秋》，于是《史记·晋世家》不言晋定公二十一年（前491）"苟寅奔鲜虞"，仅言次年（前490）"范、中行氏二子奔齐"。选择史实，似是而非。

史料82，《春秋》鲁哀公六年（前489）：

晋赵鞅帅师伐鲜虞。

史料83，《左传》鲁哀公六年（前489）：

晋伐鲜虞，治范氏之乱也。

——晋卿赵鞅（赵简子）取代范氏、中行氏，成为晋国执政，于是征伐曾经支持并收留范氏、中行氏的白狄中山（前489），仍无进展。

此年孔子六十三岁。《春秋》不书前年"荀寅奔鲜虞",仅书今年"赵鞅伐鲜虞",选择史实,失其因果。

《左传》既书前年"荀寅奔鲜虞",又书今年"晋伐鲜虞,治范氏之乱也",因果甚明。然而为与《春秋》保持一致,再也不言"中山"国号,退回"鲜虞"族名。

以上五节的83条史料(1—83),可知春秋时期的白狄中山史大略。

六　战国初期，魏灭白狄中山

历史转入战国，白狄中山仍在延续。

晋卿赵简子无法伐灭白狄中山，于是嫁女于代国之君，希望与代国夹击白狄中山。代国乃是长狄，代君虽娶赵简子之女，仍然不愿与赵氏夹攻白狄中山。赵简子欲猎"中山狼"而无果，正是明人马中锡《中山狼传》所本。

晋定公在位三十七年（前511—前475）而死，太子晋出公（前474—前452在位）继位；同年赵简子在位四十三年（前517—前475在位）而死，世子赵襄子（前474—前425在位）继位。二事同年，均在孔子（前551—前479）死后四年。

史料84，《史记·赵世家》：

> 赵襄子元年（前474），越围吴。……
> 襄子姊前为代王夫人。
> 简子既葬，（襄子）未除服，北登夏屋，请代王。使厨人操铜枓以食代王及从者，行斟，阴令宰人各以枓击杀代王及从官，遂兴兵平代地。

——赵襄子伐灭代国，导致其姐自杀。此后赵国南部本土（河北邯郸周边）与北部代地（河北蔚县周边），对白狄中山（河北定县周边）形成南北夹攻之势。白狄中山也从原本处于赵地之东，变为处于赵地南北之间，嵌于赵地腹心。

赵襄子决意伐灭白狄中山，根除心腹之患。

史料85，《史记·赵世家》：

> （赵）简子曰："帝赐我二笥，皆有副，何也？"
>
> 当道者曰："主君之子，将克二国于翟。"

史料86，《吕氏春秋·慎大》：

> 赵襄子攻翟，胜左人、中人，使使者来谒之。
>
> 襄子方食抟饭，有忧色。
>
> 左右曰："一朝而两城下，此人之所以喜也，今君有忧色何？"
>
> 襄子曰："江河之大也，不过三日。飘风暴雨，日中不须臾。今赵氏之德行，无所于积，一朝而两城下，亡其及我乎？"（又见《国语·晋语九》《淮南子·道应训》《列子·说符》）

附史料87：《列子·黄帝》：

> 赵襄子率徒十万，狩于中山。

——事在赵襄子二年（前474）之后，赵襄子十七年（前458）之前，确年难定。

赵襄子仅仅攻取了两座边邑左人（今河北唐县西）、中人（今河北唐县西北）①，立刻惊疑不定，足证白狄中山之难攻，遑论伐灭。

赵襄子之所以担忧"亡其及我"，乃是因为赵简子死后，继任晋国执政的知伯瑶日益专权，咄咄逼人。

晋出公十七年、赵襄子十七年（前458），知伯瑶与赵襄子、韩康子、魏桓子瓜分了范氏、中行氏的采邑②。次年（前457），知伯瑶转而征伐曾经支持范氏、中行氏的白狄中山。

史料88，《竹书纪年》晋出公十八年（前457）：

> 荀瑶伐中山，取穷鱼之丘。③

史料89，《吕氏春秋·权勋》：

> 中山之国有厹繇者，智伯欲攻之而无道也，为铸大钟，方车二轨以遗之。
>
> 厹繇之君将斩岸、堙溪以迎钟。
>
> 赤章蔓枝谏曰："《诗》云：'唯则定国。'我胡以得是于智伯？夫智伯之为人也，贪而无信，必欲攻我而无道也，故为大钟，方车二轨以遗君。君因斩岸、堙溪以迎钟，师必随之。"
>
> 弗听，有顷，谏之。

---

① 徐元诰《国语集解》（中华书局，2002，第453页）："元诰按：狄为白狄鲜虞也。《后汉·郡国志》：中山国唐有中人亭、左人乡。中人在今直隶唐县西四十里，左人在其西北四十里。"

② 晋定公二十二年（前490），范氏、中行氏被赵鞅伐灭之后（见上史料81），采邑归于晋君，此即《史记·赵世家》所言"范、中行余邑入于晋"。晋出公十七年（前458），知伯与赵、韩、魏四卿瓜分范氏、中行氏采邑，此即《史记·晋世家》所言"出公十七年，知伯与赵、韩、魏共分范、中行地以为邑"。两事相隔三十二年，旧多混淆。

③ 分见《水经·巨马水注》《初学记》八、《太平御览》卷六四、《太平寰宇记》卷六七所引，未言何年。今从雷学淇《考订竹书纪年》（见方诗铭、王修龄：《古本竹书纪年辑证》，上海古籍出版社，1981，第82页），系于晋出公十八年（前457）。

君曰："大国为欢，而子逆之，不祥。子释之。"

赤章蔓枝曰："为人臣，不忠贞，罪也。忠贞不用，远身可也。"

断毂而行，至卫七日，而厹繇亡。

史料90，《韩非子·说林下》：

知伯将伐仇由，而道难不通，乃铸大钟遗仇由之君。

仇由之君大说，除道将内之。

赤章曼枝曰："不可。此小之所以事大也，而今也大以来，卒必随之，不可内也。"

仇由之君不听，遂内之。

赤章曼枝因断毂而驱，至于齐七月，而仇由亡矣。

史料91，《战国策·西周策》三：

智伯欲伐仇由，遗之大钟，载以广车，因随入以兵，仇由卒亡。

史料92，《史记·秦本纪》：

知伯之伐仇犹，遗之广车，因随之以兵，仇犹遂亡。（又见《史记·樗里子甘茂传》《淮南子·精神训》）

——以上五条史料，所言实为一事。穷鱼、厹（qiú）繇（yóu）、仇由、仇犹，乃是白狄语同一地名之异译①，地在今山西盂县东北。②

旧多根据《韩非子·说林下》《战国策·西周策》《史记·秦本纪》，以为仇由是国名。《竹书纪年》"荀瑶伐中山，取穷鱼之丘"，《吕氏春秋·权勋》"中山之国有厹繇者"，证明仇由乃是白狄中山之邑名。

白狄中山慕效中原文明，立国中原百余年，仍无能力铸造青铜礼器③。知伯欲伐盘踞山地的白狄中山，苦于没有进军通道，于是投其所好，赠送一座青铜大钟。仇由城主上当受骗，主动开道迎钟，导致白狄中山失去一座边邑。

此后白狄中山吸取了教训，知伯无法继续进军，于是转向魏、韩、赵索地。魏桓子、韩康子被迫献地，赵襄子拒绝献地，知伯于是胁迫魏氏、韩氏随其伐赵，围晋阳（今山西太原）。

晋出公二十二年（前453）④，追随知伯伐赵的魏桓子、韩康子阵前倒戈，与赵襄子共灭知氏，三分其地，史称"三家分晋"⑤。次年

---

① 段连勤：《北狄族与中山国》（河北人民出版社，1982，第91—92页）："早期鲜虞中山国的疆域，由于史书记载疏括而无法确指，但它显然包括鲜虞氏、仇由氏居地的全部和鼓氏居地的一部分。"

② [清]王先谦撰，吕苏生补释《鲜虞中山国事表、疆域图说补释》，上海古籍出版社，1993，第21页。

③ 参看史料8所引《左传》"具邢器用而迁之"。灭人之国，必取其青铜重器。后来齐宣王破燕，燕昭王破齐，皆然。

④ 《史记·周本纪》："（周贞）定王十六年（前453），三晋灭智伯，分有其地。"《史记·秦本纪》："（秦厉共公）二十四年（前453），晋乱，杀智伯，分其国与赵、韩、魏。"《史记·郑世家》："（郑）共公三年（前453），三晋灭知伯。"《史记·刺客列传·集解》引徐广曰："阖闾元年（前514），至三晋灭知伯（前453），六十二年。"《史记·晋世家·索隐》引《竹书纪年》："晋出公二十二年（前453），赵襄子、韩康子、魏桓子共杀知伯，尽并其地。"《史记·晋世家》晋出公年有误，《史记·赵世家》赵简子年亦误，误书三晋灭知伯于"晋哀公四年""赵襄子四年"。

⑤ 晋静公二年（前347），晋室绝祀。三家分晋（前453），即三晋灭智伯而分其地，在于其前106年。三晋封侯（前403），在于其前56年。三事不可混淆，旧多混淆。

（前452），在位二十三年（前474—前452）的晋出公被迫出奔楚国，魏、韩、赵三卿共立晋哀公（晋昭公重孙），即《竹书纪年》之"晋敬公"。

赵氏幸免灭亡，然而实力大损。赵襄子（前474—前425）、赵桓子（前424）、赵献子（前423—前409）三世六十余年，无力伐灭心腹大患白狄中山。

春秋中期至战国早期，白狄中山立国中原两百余年，与晋争霸的楚、秦二强吃其大亏。雄霸天下的齐桓公，中原最强的晋国执政五卿（中行穆子荀吴、范献子士鞅、赵简子赵鞅、赵襄子赵毋恤、知伯荀瑶），全都无力伐灭白狄中山。因为白狄中山拥有四大法宝：

一是白狄中山的地理位置特殊，处于太行山区。中原诸侯的车兵步卒，缺乏进军通道。

二是白狄中山的军队形制特殊，乃是胡服骑射，对中原诸侯的车兵步卒具有速度、高度等多重优势。

三是中原列强忙于争霸，春秋五霸轮流坐庄，无暇顾及只求龟缩山地的白狄中山。

四是中原最强的晋国，前期与白狄中山联姻结盟百年，后期公室衰弱而深陷六卿内战，无暇全力征伐白狄中山。

晋国六卿内乱，以三家分晋（前453）告终。此后魏氏取代知氏，长期成为晋国执政。

伐灭知氏、三家分晋的魏桓子，担任魏氏宗长十年（前455—前446）而死，其孙魏斯继任魏氏宗长、晋国执政。魏斯继任魏氏宗长和晋国执政二十二年之后，僭号称"侯"，并在僭号称"侯"的第二十一年（前403），被周威烈王正式册封为"侯"。所以魏斯在位五十年（前445—前396），分为旧元二十二年（前445—前424）和新元二十八年（前423—前396）。旧元时期是魏氏宗长兼晋国执政，新元前期二十年是僭号称"侯"的晋卿，新元后期八年是周王册封的合法诸侯。①

三家分晋（前453）之后四十七年（前406），僭号称"侯"的晋卿魏斯伐灭了白狄中山，建立了"尊王攘夷"的重大功勋，赢得了中原诸侯的广泛拥戴，成为中原盟主。因为魏斯也有四大法宝：

一是以孔子弟子子夏为师，以子夏弟子李悝（又称李克）为相，在战国初期率先变法（前412），实现富国强兵。

二是晋室继续衰落，晋出公、晋哀公之后的五世晋君（幽、烈、孝、悼、静）②，都是魏、韩、赵三卿的傀儡。

三是白狄中山在两百余年的中原化、文明化之后，也像中原诸侯一样逐渐腐化。

四是任命白狄中山人乐羊（晋文公与白狄女所生之子公子乐后裔）为大将，以狄制狄。

魏斯万事俱备，只欠东风：魏氏采邑与白狄中山不接壤，必须借道于赵氏采邑，才能进攻白狄中山。

史料93，《战国策·赵策一》五：

> 魏文侯借道于赵，攻中山。
>
> 赵（烈）侯将不许。
>
> 赵利曰："过矣。魏攻中山而不能取，则魏必罢，罢则赵重。魏拔中山，必不能越赵而有中山矣。是用兵者，魏也；而得地者，赵也。君不如许之！许之大劝，彼将知赵利之也，必辍。君不如借之道，而示之不得已。"（《韩非子·说林上》略同）

---

① 《史记》以魏斯僭号称"侯"之年为其元年,当为二十八年(前423—前396);却误割魏武侯十年(在位二十六年变成在位十六年)归于魏斯,变成三十八年(前423—前386);又误将其元年、末年均提前一年(源于魏惠王前元三十五年变成三十六年而多出一年,参看第72页注释②),于是误为周威烈王二年至周安王十五年(前424—前387)。

② 《史记·晋世家》脱漏晋悼公。

——策文所称"魏文侯""赵（烈）侯"，是以死后之谥追述。魏斯（魏文侯）和赵籍（赵烈侯），当时仅是晋卿，尚未得到周王封侯，尽管三晋采邑已经大于晋君之地。

赵烈侯原本不愿借道给魏，经过赵利劝谏，同意借道给魏。

史料94，《战国策·魏策一》三：

乐羊为魏将而攻中山，其子在中山。中山之君烹其子而遗之羹，乐羊坐于幕下而啜之，尽一杯。

文侯谓睹师赞曰："乐羊以我之故，食其子之肉。"

赞对曰："其子之肉尚食之，其谁不食！"

乐羊既罢中山，文侯赏其功而疑其心。

史料95，《史记·樗里子甘茂列传》：

魏文侯令乐羊将而攻中山，三年而拔之。

史料96，《战国策·秦策二》六：

魏文侯令乐羊将，攻中山，三年而拔之。

史料97，《说苑·尊贤》：

魏文侯从中山奔命安邑，田子方从。太子击（魏击此时尚非太子）遇之，下车而趋。子方坐乘如故，告太子曰："为我请君，待我朝歌。"……太子及文侯，道田子方之语，文侯叹曰："……我欲伐中山，吾以武下乐羊，三年而中山为献于我。……"（又见《韩非子·说林上》、《战国策·中山策》九、《说苑·贵德》、

《说苑·复恩》）

——晋卿魏斯借道于赵，征伐白狄中山，任命仕魏的白狄中山人乐羊为主将。乐羊家人，仍在白狄中山。白狄中山之君烹死乐羊长子，送其肉羹给乐羊。乐羊食子肉羹，用了三年（前408—前406），伐灭母邦白狄中山。①

晋卿魏斯亲往巡视，然后返回安邑（今山西夏县）。朝歌（今河南淇县）原为卫都，久为白狄中山所侵（卫都迁至帝丘，即今河南濮阳）②，此时亦归魏属中山。

史料98，《史记·赵世家》赵献侯十年（前414）：

（白狄）中山武公初立。

——由于白狄中山是夷狄，从未得到周王册封，所以中原史家和中原士人全都不视其为合法国家，仅仅视为占山为王的盗寇，连其国号"中山"也拒绝提及，遑论记其君主名号。甚至记载晋景公、白狄中山之君会盟（前598），记载白狄中山之君朝鲁（前555）、朝晋（前545），仍然不记其君名号。唯有视其为心腹大患的赵国，记其亡国之君名号。白狄中山武公姬某（本姓为妲），在位九年（前414—前406）；第七年（前408）魏始伐，第九年（前406）魏灭之。

史料99，《吕氏春秋·先识》：

晋太史屠黍见晋之乱也，见晋（幽）公之骄而无德义也，以其图法归周（前414）。

---

① 《史记·魏世家》："（魏文侯）十七年（当作十六年，前408），伐中山，使子击守之，赵仓唐傅之。"《史记·魏世家》之魏文侯、魏武侯、魏惠王元年均误早一年。魏文侯新元十六年（前408）始伐中山，魏文侯新元十八年（前406）伐灭中山。
② 《春秋》鲁僖公三十一年（前629）："卫迁于帝丘。"

（西）周威公见而问焉，曰："天下之国孰先亡？"

对曰："晋先亡。"

（西周）威公问其故。

对曰："臣比在晋也，不敢直言，示晋（幽）公以天妖，日月星辰之行多以不当。（晋幽公）曰：'是何能为？'又示以人事多不义，百姓皆郁怨。（晋幽公）曰：'是何能伤？'又示以邻国不服，贤良不举。（晋幽公）曰：'是何能害？'如是，是不知所以亡也，故臣曰晋先亡也。"

居三年（前411），晋果亡。

（西周）威公又见屠黍而问焉，曰："孰次之？"

对曰："（白狄）中山次之。"

（西周）威公问其故。

对曰："天生民而令有别。有别，人之义也，所异于禽兽麋鹿也，君臣上下之所以立也。中山之俗，以昼为夜，以夜继日。男女切倚，固无休息。康乐，歌谣好悲，其主弗知恶，此亡国之风也。臣故曰中山次之。"

居二年（前409），中山果亡。（《说苑·权谋》略同）

——魏文侯新元十年、白狄中山武公元年、晋幽公十五年（前414），晋太史屠黍离晋，出奔西周国，对西周威公预言晋国将亡。三年后（前411），晋幽公半夜出宫，淫于妇人，被其秦国夫人嬴氏弑杀，在位十八年（前428—前411）。僭号称"侯"十三年的晋卿魏斯平定晋乱，另立傀儡之君晋烈公，当年改元。屠黍是把晋幽公被弑之年，视为晋国亡年。

魏文侯新元十三年、白狄中山武公四年（前411），屠黍又对西周威公预言白狄中山将亡。三年后，即魏文侯新元十六年、白狄中山武公七年（前408），魏文侯始伐白狄中山，于魏文侯新元十八年、白狄中山武公九年（前406）伐灭。屠黍是把魏文侯始伐白狄中山之年，视为白狄中山亡年（参看《西周国、东周国秘史》）。

白狄中山于春秋中期灭邢开国，于战国早期被魏伐灭，国祚256年（前661—前406）。181年（前661—前481）属于春秋，75年（前480—前406）属于战国。

本文择要连缀史料109条（为便叙述，99条列于上篇，10条列于下篇），梳理白狄中山史大要。《春秋》《左传》《国语》《史记》和其他先秦古籍，还有很多涉及"狄""翟"的史料，不易判断究属赤狄、长狄、白狄（中山），未予尽录。

下 篇
魏属中山秘史

七　三晋封侯之前，白狄中山变成魏属中山

晋卿魏斯尽管伐灭了白狄中山，但是"不能越赵而有中山"（《战国策·赵策一》五，见上史料93），只能派遣长子魏击驻守远离本土的新地，乐羊仍然镇守魏属中山，晚年李悝则成为魏属中山的首任相国。

史料100，《韩非子·外储说左下》：

> 田子方从齐之魏，望翟黄乘轩骑驾出，方以为文侯也，移车异路而避之，则徒翟黄也。
>
> 方问曰："子奚乘是车也？"
>
> 曰："君谋欲伐中山，臣荐翟角而谋得；果且伐之，臣荐乐羊而中山拔；得中山，忧欲治之，臣荐李克（按：即李悝）而中山治。是以君赐此车。"
>
> 方曰："宠之称功，尚薄。"（又见《韩诗外传》卷三、《说苑·臣述/尊贤》）

——这一史料，涉及魏灭白狄中山的四位重要人物。翟黄、翟角、乐羊，原本都是白狄中山人。翟即狄，当时中原"攘夷"，皈化中原之狄人，其姓少写为"狄"，多写为"翟"；后世不再"攘夷"，遂有恢复姓狄者，如唐代名相狄仁杰。

晋卿魏斯欲灭白狄中山，于是谋于时任魏相的白狄中山人翟黄。

翟黄先荐仕魏的白狄中山人翟角。谋定而伐，翟黄又荐仕魏的白狄中山人乐羊为将。伐灭之后，白狄中山残部仍在抵抗，翟黄又荐晚年李悝为中山相。

旧或以为李悝先任魏属中山相，后任魏相，于时不合，因为魏文侯死于伐灭白狄中山之后十年，任用李悝变法必在伐灭中山之前。李悝必是先相魏而变法强魏，然后年老辞相。李悝辞去魏相之时，魏斯请李悝选择魏成子、翟黄之一继任魏相，并且采纳李悝之言，任命魏成子继任魏相①。翟黄于魏成子死后继任魏相，正是魏文侯晚年欲灭白狄中山之时，于是先向魏文侯举荐翟角谋中山，又向魏文侯举荐乐羊灭中山，再向魏文侯举荐晚年李悝相中山。

李悝运用文治肃清了白狄中山遗风，导致了"中山治"。乐羊运用武力，剿灭了白狄中山残部，导致了"中山平"。

史料101，《韩非子·难二》：

> 李（兑）［克］治中山，苦陉令上计而入多。
> 李（兑）［克］曰："语言辨，听之说，不度于义，谓之窕言。无山林泽谷之利而入多者，谓之窕货。君子不听窕言，不受窕货，子姑免矣！"

史料102，《太平御览》一六一引《史记》佚文（不见今本）：

---

① 《韩诗外传》卷三："魏文侯欲置相，召李克问曰：'寡人欲置相，非翟黄则魏成子。愿卜之于先生。'李克避席而辞曰：'臣闻之："卑不谋尊，疏不间亲。"臣外居者也，不敢当命。'文侯曰：'先生临事勿让。'李克曰：'夫观士也，居则视其所亲，富则视其所与，达则视其所举，穷则视其所不为，贫则视其所不取。此五者足以观矣。'文侯曰：'请先生就舍，寡人之相定矣。'李克出，遇翟黄，翟黄曰：'今日闻君召先生而卜相，果谁为之？'李克曰：'魏成子为之。'"李克即李悝，魏文侯称其"先生"，可证事在其相魏之后的晚年，而非其相魏之前的早年。

李克（李悝）为中山相，苦陉之吏上计，入多于前。

克曰："苦陉上无山林之饶，下无薮泽牛马之息，而入多于前，是扰乱吾民也。"于是免之。

——《韩非子·难三》之"李兑"，"兑"为"克"之形讹，李克即李悝。李兑是赵惠文王（前298—前266在位）时之赵相，封为奉阳君（见下史证58），与李悝相距一百多年。韩非原文或许不误，而是后人传抄致误。

李悝相中山，罢免了搜刮民脂民膏显示政绩的苦陉县令，是"中山治"的重要事件。

李悝先为魏国首位君主魏文侯之魏相，后为魏属中山首位君主中山武公（后为魏武侯）之中山相，是证明魏文侯以后的中山实为魏属中山之重要旁证。

史料103，《吕氏春秋·适威》：

魏武侯之居中山也，问于李克（李悝）。

——晋卿魏斯长子魏击所居中山，即魏属中山。此时魏击尚非魏武侯，而是魏属中山之君，魏属中山称为"中山武公"（见下史料105）。《吕氏春秋》称为"魏武侯"，乃是以其死后之谥追述。

晋卿魏斯伐灭白狄中山，亲往巡视之后，命其长子魏击为魏属中山的首位君主。三位魏臣跟随魏击前往魏属中山，即赵苍唐、李悝、乐羊。

赵苍唐原为魏击的太傅，随其前往魏属中山，并非贬黜。

李悝原为魏斯的相国，主持魏国变法大成，然后告老辞相。如今又任中山相，亦非贬黜，而是发挥余热，为君（魏文侯）分忧。

乐羊原为魏斯的大将，伐灭白狄中山而有大功，本应重赏，却被罢免魏国大将，改任中山大将，实属贬黜，原因是自食其子而伐灭母邦，导致魏斯"赏其功而疑其心"（见上史料94）。正因中山人乐羊被免魏国大将，卫人吴起才有机会继任魏国大将，伐秦攻取河西七百里地，直到魏文侯死后被魏武侯疑忌，离魏往楚，被楚悼王拜为楚相，主持楚国变法。

魏斯把魏臣赵苍唐、李悝、乐羊任命为魏属中山之傅、相、将，均属"合法"，唯有把长子魏击册封为魏属中山之君，却不"合法"，因为魏斯自己的魏国国君身份，尚不"合法"。

上文已言，白狄中山之所以不被中原诸侯视为合法国家，而被视为盗寇，一是属于夷狄，二是未受周王册封。但是最初三年的魏属中山也不是合法国家，因为宗主国魏国尚非合法国家。魏斯自己的合法身份，仅是僭号称"侯"专擅晋政的晋卿，而非合法的魏国国君，所以没有资格册封长子魏击为魏属中山之君。好在短短三年之后，"合法性危机"即已消除。

三家分晋（前453）之后五十年①，亦即周威烈王二十三年、晋烈公九年（前403），周威烈王册封三晋为诸侯。晋卿魏斯、晋卿韩虔、晋卿赵籍，成了合法的周封诸侯：魏文侯、韩景侯、赵烈侯。

僭号称"侯"的晋卿魏斯，在伐灭白狄中山（前406）之后三年（前403），成为周王正式册封的合法魏国国君，有了册立太子、册封

---

① 《史记·周本纪》："（周）威烈王二十三年(前403)……命韩、魏、赵为诸侯。"《史记·赵世家》："（赵烈侯)六年(前403)，魏、韩、赵皆相立为诸侯。"《史记·韩世家》："（韩景侯)六年(前403)，与赵、魏俱得列为诸侯。"《史记·郑世家》："（郑繻公)二十年(前403)，韩、赵、魏列为诸侯。"《竹书纪年》："燕简公十三年(前403)而三晋命邑为诸侯。"《资治通鉴》："周威烈王二十三年(前403)，初命晋大夫魏斯、赵籍、韩虔为诸侯。"《史记·晋世家》："（晋)烈公十九年(当作九年，前403)，周威烈王赐赵、韩、魏皆命为诸侯。"《史记·魏世家》："（魏文侯)二十二年(当作二十一年，前403)，魏、赵、韩列为诸侯。"《史记·晋世家》之晋出公、晋哀公年皆误，合计少十年，导致晋烈公元年误前十年。《史记·魏世家》不记魏文侯之前元二十一年(前445—前424)，仅记其称侯(非封侯)以后之后元二十八年(前423—前396)，又皆误前一年。又三晋封侯之后，晋室又历烈公、桓公、悼公、静公四世，至晋静公二年(前347)死而绝祀。

封君的资格，于是册立幼子魏挚为魏国太子，册封长子魏击为魏属中山的封君，然而随即发生变故。

史料104，《韩诗外传》卷八：

魏文侯有子曰击，次曰（诉）［挚］，（诉）［挚］少而立之以为嗣。封击于中山，三年莫往来。

其傅赵苍唐谏曰："父忘子，子不可忘父。何不遣使乎？"

击曰："愿之，而未有所使也。"

苍唐曰："臣请使。"

击曰："诺。"

于是（苍唐）乃问君之所好与所嗜。

（击）曰："君好北犬，嗜晨雁。"

（苍唐）遂求北犬、晨雁赍行。

苍唐至（魏都安邑），曰："北蕃中山之君，有北犬、晨雁，使苍唐再拜献之。"

文侯曰："嘻！击知吾好北犬，嗜晨雁也。"则见使者。

文侯曰："击无恙乎？"

苍唐唯唯而不对。三问而三不对。

文侯曰："不对何也？"

苍唐曰："臣闻诸侯不名君。既已赐弊邑，使得小国侯，君问以名，不敢对也。"

文侯曰："中山之君，无恙乎？"

苍唐曰："今者臣之来，拜送于郊。"

文侯曰："中山之君，长短若何矣？"

苍唐曰："问诸侯，比诸侯。诸侯之朝，则侧者皆人臣，无所比之。然则所赐衣裘几能胜之矣。"

文侯曰："中山之君，亦何好乎？"

对曰："好《诗》。"

文侯曰："于《诗》何好？"

曰："好《黍离》与《晨风》。"

文侯曰："《黍离》何哉？"

对曰："'彼黍离离，彼稷之苗。行迈靡靡，中心摇摇。知我者谓我心忧，不知我者谓我何求。悠悠苍天，此何人哉！'"

文侯曰："怨乎？"（怨父不立为储。）

曰："非敢怨也，时思也。"

文侯曰："《晨风》谓何？"

对曰："'鴥彼晨风，郁彼北林。未见君子，忧心钦钦。如何如何，忘我实多。'此自以忘我者也。"

于是文侯大悦，曰："欲知其子视其母，欲知其人视其友，欲知其君视其所使。中山君不贤，恶能得贤？"遂废太子（诉）[挚]，召中山君以为嗣。（《说苑·奉使》略同。）①

——《韩诗外传》仅言魏文侯召回魏击立为魏太子，未言改封少子魏挚为中山君。《说苑》仅言魏文侯召回魏击立为魏太子及封少子魏挚为中山君，未言魏挚先封为魏太子。《史记·魏世家》更为简陋，仅言赵苍唐为魏击之太傅而随其前往魏属中山。均因赵武灵王伐灭魏属中山之后，魏属中山史籍亡佚已久。必须综合辨析，方能探明真相。

得到周王册封，对于魏斯、魏击、魏挚父子，都是重大喜事。

魏击身为长子，不甘心仅因三年前被父派驻魏属中山而降为魏之封君，失去继任魏君之资格，于是派遣太傅赵苍唐返魏（李悝、乐羊均为其父重臣，非其心腹）。魏文侯被赵苍唐说服，于是召回并册立

---

① 《说苑·奉使》："魏文侯封太子击于中山，三年，使不往来……乃出少子挚，封中山，而复太子击。"《韩诗外传》之少子名"诉"，为"挚"之讹。长子名"击（擊）"，少子名"挚"，均从手。

长子魏击为魏太子（后为魏武侯），改封此前立为魏太子的幼子魏挚为魏属中山之君。

史料105，《中山侯挚钺铭》：

> 天子建邦，中山侯谨作兹军钺，以警厥众。[①]

——魏挚一到魏属中山（前403），即铸铜钺纪念（白狄中山不能铸造青铜礼器，见上史料88—92）。九十七年后（前310），铜钺葬入魏挚之孙、中山先王魏𧊒之墓。两千三百多年后（1973），铜钺出土于河北平山（即魏属中山国都灵寿）魏属中山王墓。

魏挚所铸铜钺之铭文，言及魏国和魏属中山的同年二事。

一是"天子建邦"，这是纪念其父魏斯被周威烈王册封为侯，而非纪念周威烈王册封魏挚为侯。周王从未册封魏属中山之君为侯，更未册封白狄中山之君为侯。如果周王曾经册封白狄中山之君为侯（不少当代学者均据铜钺"天子建邦"四字误持此论），那么从春秋齐桓公到战国魏文侯就不可能屡伐白狄中山，《春秋》《左传》《国语》《史记》也无须讳言白狄中山，更不可能把周王册封的诸侯斥为"中山盗"。

二是"中山侯"，这是纪念魏挚自己被刚得周威烈王册封的父君魏斯册封为魏属中山之君。魏挚自称为"侯"，乃是自我夸饰的僭号。在魏挚之孙于八十二年后（前323，见下史证23）称"王"之前，包括魏国在内的天下各国，均称魏属中山之君为"中山君"，从未称为"中山侯"。

史料106，《史记·赵世家·索隐》：

---

① 张守中：《中山王𧊒器文字编》，中华书局，1981，第130页。铭文第八字"𢼄"，即"谨"。第十四字"敬"，通"警"。第十五字"𠂤"，即"厥"。

《系本》云："中山武公居顾，（中山）桓公徙灵寿，为赵武灵王所灭。"不言谁之子孙。（按：《系本》即《世本》，唐避李世民讳改）

史料107，《史记·乐毅列传·索隐》：

《地理志》常山有灵寿县，中山桓公所都也。

——《世本》为战国末年赵人所著，故称赵王迁（前235—前228在位）为"今王"；正如《竹书纪年》为战国中期魏人所著，故称魏襄王（前319—前296在位）为"今王"。

赵人对两个中山最为清楚，赵人著作《世本》所言"中山武公"即魏文侯长子魏击，因其后为魏武侯而沿用其谥"武"；"中山桓公"即魏文侯幼子魏挚，其后四世魏属中山之君均为魏挚子孙。

中山武公魏击居于白狄中山之都顾邑（河北定县），乃因刚刚伐灭白狄中山，正在肃清残部，防其复国。

三年后魏文侯改封幼子魏挚于魏属中山，魏属中山将乐羊已经剿灭白狄中山残部，魏属中山相李悝已经做到了"中山治"。因此中山桓公魏挚把魏属中山之都迁至灵寿（今河北灵寿县西北）。

乐羊先随中山武公魏击驻守于白狄中山之都顾邑，后随中山桓公魏挚驻守于魏属中山之都灵寿，死后葬于魏属中山之都灵寿，后裔也定居魏属中山之都灵寿。

魏属中山就此开国，直到被赵武灵王伐灭。

八 战国中期，赵灭魏属中山

行文至此，进入了中山史的最大疑案：白狄中山被魏文侯伐灭之后，是否曾经复国？

史料108，《战国策·中山策》一：

> 魏文侯欲残中山。
>
> 常庄谈谓赵（襄子）[烈侯]曰："魏并中山，必无赵矣。公何不请公子倾以为正妻，因封之中山，是中山复立也。"（按：魏文侯与赵襄子不同时，而与赵烈侯同时，此误）

——当年赵简子嫁女于代君，赵襄子伐灭代国，都是为了伐灭白狄中山，而且征伐夷狄无须理由。如今白狄中山变成了魏属中山，已非夷狄，且与宗主国魏国，对赵国形成夹击之势，因此魏属中山是比白狄中山更为严重的赵国心腹大患。首先是赵、魏结盟，赵国没有理由征伐魏属中山。其次是赵弱于魏，赵国没有能力伐灭魏属中山。所以赵国从原本希望伐灭白狄中山，变成希望白狄中山复国。

"公子倾"当为白狄中山武公之子姬倾，被魏伐灭之后，曾率残部谋求复国。常庄谈献策赵烈侯，建议助其复国，并把女儿嫁给他做正妻，以便白狄中山一旦复国就能亲赵敌魏。但是综合其他史料可知，赵烈侯尽管认为魏属中山比白狄中山对赵威胁更大，却未采纳常庄谈的不明智策略，因为在赵武灵王胡服骑射之前，弱赵缺乏挑战强魏的实力，轻率支持白狄中山之残部复国，将从与魏结盟变成与魏为敌，而且弱赵与白狄中山残部之合力，仍难击败变法崛起的强魏，不仅白狄中山难以复国，弱赵还将以卵击石而引火烧身。所以虽有赵臣建议支持白狄中山复国，赵烈侯并未实施。

司马迁可能先被这一史料误导，产生了"白狄中山得到赵烈侯支持而复国"的念头，再被"赵敬侯二伐中山"误导（见下史证5、6），形成"白狄中山成功复国"的谬见，写入《史记》而误导后世两千年。其实赵敬侯二伐中山，已经说明其父赵烈侯不可能支持白狄中山复国。

至此，可以直面《史记》"中山复国"的出处——

史料109，《史记·乐毅列传》：

> 乐毅者，其先祖曰乐羊。乐羊为魏文侯将，伐取中山，魏文侯封乐羊以灵寿。乐羊死，葬于灵寿，其后子孙因家焉。中山复国，至赵武灵王时复灭中山，而乐氏后有乐毅。[1]

——"中山复国"四字，史证为零，反证无数，实为司马迁误读史料的妄言。其文自相矛盾，已含自我证伪的三条反证：

其一，假如白狄中山在灵寿复国，乐羊就不可能被魏文侯封于灵寿。

其二，假如白狄中山于乐羊死前在灵寿复国，乐羊就不可能葬于灵寿。

其三，假如白狄中山于乐羊死后在灵寿复国，乐羊子孙即使不被灭族，也不可能安居灵寿。如果乐羊子孙打算安居灵寿，至少必须改姓而隐瞒身世，那么与赵武灵王同时的乐毅，在赵武灵王伐灭中山之

---

[1] 《史记·乐毅列传·索隐》："中山，魏虽灭之，尚不绝祀，故后更复国，至赵武灵王又灭之也。"《索隐》"后更复国"，承于《史记·乐毅列传》"中山复国"谬说，不足为凭。

前就不可能公开姓乐，更不可能公开承认是乐羊后裔，数百年后的司马迁就不可能知道乐毅先祖是乐羊。

《史记·赵世家》赵武灵王之言"胡地中山，吾必有之"，"胡地"二字也是司马迁误认"中山复国"之后的妄言（《战国策·赵策二》抄之）。中山之地，处于河北省太行山区，西周初年即被周成王封给周公之子的邢国，久为中原之地，怎能因为春秋时期被白狄中山一度侵占而视为"胡地"？

赵敬侯、赵成侯、赵肃侯、赵武灵王四世赵君连伐直至伐灭中山，不能证明"（白狄）中山复国"，只能证明魏文侯伐灭白狄中山之后，魏属中山横亘赵国腹心，赵、魏从盟国转为敌国。

赵武灵王伐灭的并非魏文侯之后复国的白狄中山，而是魏文侯之后始终属魏的魏属中山。这一观点非我首创，程恩泽《国策地名考》、雷学淇《竹书纪年义证》、沈钦韩《汉书疏证》、苏时学《墨子刊误》、钱穆《先秦诸子系年》、杨伯峻《春秋左传注》等均已言之，仅因举证不全，论证不密，未能撼动《史记·乐毅列传》"（白狄）中山复国"谬说。

以下择要列举史证五十九条，逐一驳正旧谬。

史证1，《史记·赵世家》赵敬侯四年（前383，魏武侯十三年）：

> 魏败我兔台。（赵）筑刚平以侵卫。

史证2，《史记·赵世家》赵敬侯五年（前382，魏武侯十四年）：

> 齐、魏为卫攻赵，取我刚平。

史证3，《史记·赵世家》赵敬侯六年（前381，魏武侯十五年）：

> （赵）借兵于楚伐魏，取棘蒲。

史证4，《史记·赵世家》赵敬侯八年（前379，魏武侯十七年）：

> （赵）拔魏黄城。

——魏属中山横亘于赵国腹心，导致赵国南部本土与北部代郡之间，仅有羊肠小道相连。因此魏文侯死后，魏、赵之盟破裂。魏武侯（前395—前370在位）多次伐赵，赵敬侯（前386—前374在位）也多次伐魏报复。

史证5，《史记·赵世家》赵敬侯十年（前377，魏武侯十九年）：

> （赵）与中山战于房子。

史证6，《史记·赵世家》赵敬侯十一年（前376，魏武侯二十年）：

> （赵）伐中山，又战于中人。

——魏、赵之盟破裂之后，赵敬侯开始征伐魏属中山，连伐房子（今河北高邑）、中人（今河北唐县西南）。

史证7，《史记·魏世家》：

> 武侯卒也（前370），子罃与公中缓争为太子。
>
> 公孙颀自宋入赵，自赵入韩，谓韩懿侯曰："魏罃与公中缓争为太子，君亦闻之乎？今魏罃得王错，挟上党，固半国也。因而除之，破魏必矣，不可失也。"
>
> （韩）懿侯说，乃与赵成侯合军并兵以伐魏，战于浊泽，魏氏大败，魏君围。

赵（成侯）谓韩（懿侯）曰："除魏君，立公中缓，割地而退，我且利。"

韩（懿侯）曰："不可。杀魏君，人必曰暴；割地而退，人必曰贪。不如两分之。魏分为两，不强于宋、卫，则我终无魏之患矣。"

赵不听。韩不说，以其少卒夜去。惠王之所以身不死，国不分者，二家谋不和也。若从一家之谋，则魏必分矣。

史证8，《史记·赵世家》：

（赵成侯）（六）［五］年（前370），中山筑长城。伐魏，败（滦）［浊］泽，围魏惠王。

——魏武侯在位二十六年（前395—前370）而死，公中缓与魏惠王争位。赵成侯与韩懿侯出兵支持公中缓，在浊泽包围了魏惠王之军。赵成侯因为魏属中山之故，打算杀死魏惠王。韩懿侯与魏没有深仇，半夜撤兵。赵成侯此举激化了魏、赵矛盾，因此魏惠王平定公中缓之乱以后，两度围攻赵都邯郸。

魏属中山明白魏、赵矛盾激化以后，赵伐中山再无顾忌，立刻在中山邻赵的边境修筑防赵长城。

史证9，《史记·赵世家》：

（赵成侯）二十二年（前353），魏惠王拔我邯郸，齐亦败魏于桂陵。

史证10，《竹书纪年》（《史记·孙子吴起列传·索隐》引）：

梁惠王十七年（前353），齐田忌败我桂陵。

史证11，《史记·魏世家》：

（魏惠王）十（八）[七]年（前353），拔邯郸。赵请救于齐，齐使田忌、孙膑救赵，败魏桂陵。

史证12，《史记·田敬仲完世家》：

齐威王（二十六）[五]年（前353），魏惠王围邯郸，赵求救于齐。……十月，邯郸拔。齐因起兵击魏，大败之桂陵。

——赵、魏从盟国转为敌国的标志性事件，是魏惠王前元十七年（前353）第一次围攻赵都邯郸。赵国向齐国求救，齐威王派遣田忌、孙膑，用围魏救赵之计，桂陵之战击败魏军，生擒魏将庞涓。

赵、魏从盟国转为敌国的根本原因，正是魏属中山盘踞赵国腹心。魏属中山一日不灭，赵、魏之盟就难以修复。由于围绕魏属中山的赵、魏之争，是形成战国格局的核心问题，所以郭嵩焘认为："战国所以盛衰，中山若隐为之枢辖。"[①]

史证13，《史记·魏世家》：

（魏惠王）二十（八）[七]年（前343）[②]……中山君相魏。

---

① 郭嵩焘：《序》，[清]王先谦撰，吕苏生补释《鲜虞中山国事表、疆域图说补释》，上海古籍出版社，1993。

② 《竹书纪年》："（魏）惠成王三十六年，改元称一年。"魏惠王前元三十六年（前369—前334），后元十六年（前334—前319，称王改元）。由于前元三十六年称王而当年改元，因此前元三十六年计为三十五。《史记》不明当年改元而于前元三十六年之翌年为后元元年，多其一年。所多一年延后，则与后君之年不符，遂将前元元年（前369）上移一年（前370），导致魏文侯、魏武侯年均上移一年。参看上52页注①。

——假如白狄中山被魏文侯伐灭之后复国,魏惠王不再伐之尚有可能,礼聘白狄中山之君担任魏相却无可能。假如白狄中山被魏文侯伐灭之后复国,白狄中山之君不报魏仇尚有可能,忍辱负重地屈尊出任魏相却无可能。这是违背常情的双重不可能。

整部战国史,乃至整部中国史,一国之君屈尊担任异国之相,仅有这一孤例。为何会有这一孤例?因为相魏的"中山君"乃是魏挚之子、魏惠王堂弟,即中山成公魏某。[①]

中山成公魏某屈尊出任魏相,原因有二。

一是魏属中山乃是魏所分封的属国,亦即赵苍唐所言"北蕃"(见上史料104)。正如西周分封的诸侯国君,时常出任西周王室之卿相。

二是魏属中山唯有借助强魏,才能抵御赵国威胁。所以中山成公相魏第二年(前342),鼓动魏惠王第二次围攻赵都邯郸。齐威王再次派遣田忌、孙膑救赵击魏,马陵之战(前341)击败魏军,杀死魏将庞涓和魏太子申。于是魏惠王罢免中山成公,逐其返归魏属中山,改命宋人惠施为相。

魏惠王两次围攻赵都邯郸,齐威王均派田忌、孙膑救赵击魏,桂陵之战(前353)、马陵之战(前341)两度大败强魏。强齐从此取代强魏,成为中原霸主。

史证14,《韩非子·内储说上》:

---

① 《蒙文通文集》第2卷《古族甄微》之《周秦少数民族研究》,第142页,《中山称王与赵灭中山》认为:"此魏之宗亲自有中山君,故入为相。斯时中山桓公已复国,而魏之中山君挚,遂还相魏。"杨宽《战国史》驳之:"挚为魏惠王之叔父,未必此时尚健在,即使健在,必已高龄,未必能出任相职。此时之中山君当为挚之子,其名失传。"[清]王先谦撰,吕苏生补释《鲜虞中山国事表、疆域图说补释》,上海古籍出版社,1993,第42页。吕苏生认为,担任魏相的中山君正是魏挚之后。

中山之相乐池，以车百乘使赵。

——中山成公因为马陵惨败而得罪魏惠王，被免魏相而回到魏属中山，担心赵国一旦征伐中山，魏惠王未必援救中山，于是任命乐羊后裔乐池（当为乐羊之孙、乐毅之兄）为魏属中山之相，并且命其使赵，缓和与赵的敌对关系。

乐羊生前镇守魏属中山，死后葬于魏属中山之都灵寿，子孙后代继续定居魏属中山之都灵寿，乐池、乐毅正是乐羊后裔，一如《史记·乐毅列传》所言。当年乐羊身为白狄中山人，却担任魏将而征伐母邦。白狄中山之君烹其长子，仍被乐羊伐灭（见上史料94）。白狄中山若于乐羊死后在灵寿复国，即使极其反常地不对乐羊掘墓鞭尸，不对乐羊后裔屠戮灭族，甚至宽宏大量地允许乐羊后裔安居灵寿，也不可能反常到礼聘灭国大仇乐羊的后裔为白狄中山之相。

史证15，《史记·太史公自序》：

自司马氏去周适晋，分散，或在卫，或在赵，或在秦。其在卫者，相中山。①

史证16，《史记·鲁仲连邹阳列传》：

司马（喜）［熹］髌脚于宋，卒相中山。（又见《说苑》《新序》）

---

① 《太史公自序·集解》徐广曰："（相中山者）名喜也。"《战国策》作"熹"。相中山者，与司马迁八世祖司马错（在秦）同时。司马迁祖父名"喜"，故相中山者必名"熹"，"喜"为讹文。

史证17，《战国策·中山策》六：

阴姬与江姬争为后。司马憙谓阴姬公曰："事成则有土子民，不成则恐无身。欲其成之，何不见臣乎？"

阴姬公稽首曰："诚如君言，事何可豫道者？"

司马憙即奏书中山（先）王曰："臣闻弱赵强中山（之说）。"

中山（先）王悦而见之曰："愿闻弱赵强中山之说。"

司马憙曰："臣愿之赵，观其地形险阻，人民贫富，君臣贤不肖，商敌为资，未可豫陈也。"

中山（先）王遣之。

（司马憙）见赵王曰："臣闻赵，天下善为音，佳丽人之所出也。今者臣来，至境，入都邑，观人民谣俗，容貌颜色，殊无佳丽好美者。以臣所行多矣，周流无所不通，未尝见人如中山阴姬者也。不知者，特以为神力，言不能及也。其容貌颜色，固已绝人矣。若乃其眉目、准颊、权衡、犀角、偃月，彼乃帝王之后，非诸侯之姬也。"

赵王意移，大悦曰："吾愿请之，何如？"

司马憙曰："臣窃见其佳丽，口不能无道尔。即欲请之，是非臣所敢议，愿王无泄也。"

司马憙辞去，归报中山（先）王曰："赵王非贤王也，不好道德而好声色，不好仁义而好勇力。臣闻其乃欲请所谓阴姬者。"

中山（先）王作色不悦。

司马憙曰："赵强国也，其请之必矣。王如不与，即社稷危矣，与之即为诸侯笑。"

中山（先）王曰："为将奈何？"

司马憙曰："王立为后，以绝赵王之意。世无请后者。虽欲得请之，邻国不与也。"

中山（先）王遂立以为后，赵王亦无请言也。（按：此时赵

国、中山均未称王。"赵王"当作赵肃侯,赵之称王者亦非赵肃侯,而是赵武灵王)

——卫人司马熹,先仕宋国,助宋康王戴偃逐兄篡位,后被刖足弃用(详见拙著《庄子传》),遂于中山成公末年,转仕魏属中山,其时乐池为相,司马熹未获重用。不久中山成公死去,中山先王继位(五年后称王,见下史证9);司马熹为了谋取相位,利用阴姬、江姬争立为后,取代乐池而相魏属中山。

乐池被夺相位,怒而与弟乐毅离开魏属中山,转仕中山宿敌赵国,助赵伐灭魏属中山。

史证18,《战国策·齐策五》一:

中山悉起而迎燕、赵,南战于(长子)[房子],败赵氏;北战于中山,克燕军,杀其将。

史证19,《太平寰宇记》:

赵肃侯救燕,与中山公战于房子。

——事在赵肃侯二十三年、燕易王六年(前327),即魏属中山先王元年(其时尚未称王)。燕军征伐魏属中山,不利,赵肃侯发兵救燕。魏属中山两面作战,在中山南部的房子(今河北高邑)击败赵军,在中山北部击败燕军。

《战国策·齐策五》误书"房子"为"长子"。"房子"在今河北高邑,属中山之地。"长子"在今山西长治长子县,既非白狄中山之地,亦非魏属中山之地。

史证20,《史记·赵世家》赵武灵王十九年(胡服骑射之前对公子成追述):

先时中山负齐之强兵，侵暴吾地，系累吾民，引水围鄗，微社稷之神灵，则鄗几于不守也。先王丑之，而怨未能报也。今骑射之备，近可以便上党之形，而远可以报中山之怨。（又见《战国策·赵策二》四）

——事在赵肃侯二十四年（前326），即魏属中山先王二年（其时尚未称王）。魏属中山在齐、魏支持之下伐赵，引水灌鄗（今河北柏乡），鄗邑差点失守。赵肃侯去年征伐魏属中山失利，今年反被魏属中山伐征，抱恨而死，在位二十四年（前349—前326）。

史证21，《竹书纪年》（《水经·河水注》引）：

[魏惠王后元]十年（前325），齐田朌及邯郸韩举战于平邑，邯郸之师败逋，获韩举，取平邑、新城。

史证22，《史记·赵世家》：

（赵肃侯二十三年）[赵武灵王元年]（前325），韩举与齐、魏战，死于桑丘。

——事在赵武灵王元年（前325），即魏属中山先王三年（其时尚未称王）。

魏史《竹书纪年》记齐田朌伐赵，赵将韩举被俘于平邑，事在魏惠王后元十年（前325），即赵武灵王元年。这是信史。

《史记·赵世家》记齐、魏联合伐赵，赵将韩举战死于桑丘，误记于赵肃侯二十三年（前327），误前二年。

史证23，《战国策·中山策》二：

犀首立五王，而中山后持。（按："犀首"为魏将公孙衍之字）

——事在魏惠王后元十二年（前323），即韩宣王十年、赵武灵王三年、燕易王八年、魏属中山先王五年。

魏惠王不甘心被齐威王夺去中原霸主地位，于是采纳庞涓死后担任魏将的公孙衍之策，举行魏、韩、赵、燕、中山"五国相王"（前323）。魏、韩、赵、燕均为万乘之国，确有叛周称王的资格实力。魏属中山则是千乘之国，又非周王正封诸侯，缺乏叛周称王的资格实力。另外两个千乘之国宋、卫，既是周王正封诸侯，又都长期亲魏，远比中山更有资格实力。仅因中山是魏之属国，所以魏惠王举行"五国相王"，不邀宋、卫之君，破格邀请魏属中山之君。

魏惠王举行"五国相王"，意在组建中原诸侯联盟而自任盟主。当年其祖魏文侯凭借伐灭白狄中山、逼秦退入函谷关以西等"攘夷"功勋，成为中原盟主。如今魏惠王邀请"相王"的中山，如果不是魏属中山，而是被魏文侯伐灭之后复国的白狄中山，就会违背当时最大的政治正确"夷夏大防"，无法实现其复任中原盟主的意图。因为中原诸侯愿意拥戴的中原盟主，除了拥有形而下的强大实力，尚需具有形而上的政治正确。

史证24，《史记·赵世家》赵武灵王三年（前323）：

（赵）城鄗。

——赵肃侯二十四年（前326），魏属中山伐赵鄗邑，引水灌鄗，导致赵肃侯怨仇未报而愤死（见上史证20）。赵武灵王（前325—前299在位）继位三年，欲报父仇而无实力，于是韬光养晦地参加五国相王（前323），忍辱负重地与魏国和魏属中山结盟。参加五国相王归来，忍气吞声地修复被魏属中山引水浸坏的鄗邑城墙。

史证25，《战国策·中山策》三：

中山与燕、赵为王。

齐（威王）闭关不通中山之使，其言曰："我万乘之国也，中山千乘之国也，何偕名于我？"

欲割平邑以赂燕、赵，出兵以攻中山。

蓝诸君患之。（按：中山相司马憙，九年后伐燕大胜始封"蓝诸君"，见下史证27）

——策文仅言"中山、燕、赵为王"，乃因魏惠王、韩宣王在此之前已经称王。今年（前323）中山先王、燕易王、赵武灵王在魏都大梁称王，并与魏惠王、韩宣王互相承认，同时五国结盟。

五年前（前328）宋康王称王，齐威王也未如此愤怒，因为宋国既是商代遗邦，又是周封诸侯，较有资格。现在魏属中山称王，齐威王如此愤怒，乃因中山并非周封诸侯，仅是魏之属国，毫无资格。魏惠王如此乱来，坏了规矩法度。

齐威王深知，魏惠王举行"五国相王"，意在联合中原诸侯，重新与齐争霸，夺回中原霸主地位。齐威王不愿魏国重新崛起，尤其不满魏氏一宗二王，所以不怒燕、赵称王，独怒魏属中山称王，打算联合与魏属中山同时称王的燕、赵，征伐魏属中山。

中山先王畏惧强齐，被迫采纳司马憙之策，朝齐称臣。此后既亲附不相邻的宗主国强魏，又亲附相邻的强齐。

史证26，《吕氏春秋·应言》：

司马憙难墨者师于中山王前，以非攻，曰……今王兴兵而攻燕。

史证27，《中山王鼍》：

惟十四年（前314）中山王嚳作鼎，于铭曰：……昔者燕君子哙……迷惑于子之而亡其邦，为天下戮……今吾老赒（司马熹）亲率（参）［三］军之众，以征不（宜）［义］之邦，奋桴振铎，辟启封疆，方数百里，列城数十，克敌大邦。（按：1974年出土于河北平山魏属中山王墓）

——齐威王在位三十九年（前357—前319）而死，太子齐宣王（前319—前301在位）继位，派遣苏代使燕（前317），唆使燕王哙禅位燕相子之，导致燕国内乱，于是趁乱伐灭燕国（前315—前314）。中山先王采纳司马熹之策，助齐灭燕，伐取“列城数十”。

中山先王魏嚳为了纪念伐燕大胜（前314），铸造青铜圆鼎、青铜方壶纪功（白狄中山不能铸造青铜礼器），并封中山相司马熹为“蓝诸君”（旧多混淆于赵封乐毅的“望诸君”）。[①]

史证28，《战国策・赵策三》三：

齐破燕（前314），赵欲存之。乐毅谓赵（武灵）王曰：……请伐齐而存燕。

史证29，《史记・赵世家》：

（赵武灵王）十（一）［二］年（前314），王召公子职于韩，立以为燕（昭）王，使乐池送之。（按：《史记・六国年表》在“赵武灵王十二年”）

---

① 《战国策·燕策二》二：“望诸相中山也使赵，赵劫之求地，望诸攻关而出逃。”即为把乐毅之“望诸君”误为司马熹之“蓝诸君”一例。

——赵武灵王不愿魏属中山助齐灭燕而广地强国，于是积极帮助传统盟邦燕国复国。乐池多年前被司马熹夺去中山相，与弟乐毅离开魏属中山，转仕中山宿敌赵国。如今兄弟二人均得赵武灵王重用，于是乐毅献策"伐齐存燕"，乐池护送燕公子职（前314）。

三年后（前311），燕昭王（燕王哙幼子公子职）在赵武灵王帮助下成功复国，誓报齐仇。赵武灵王在伐灭魏属中山（前296）的次年（前295），因赵国内乱而饿死，于是乐毅离赵、经魏、往燕，后来帮助燕昭王破齐报仇（前284）。

史证30，1974年河北平山的考古发现：

> 参与"五国相王"（前323）的魏属中山先王魏䚅，在位十八年（前327—前310）而死，葬于魏属中山之都灵寿郊外，即今河北平山三汲乡。墓中葬入其祖父中山桓公魏挚所铸铜钺（见上史料105），又葬入其四年前（前314）伐燕大胜后自铸圆鼎、方壶，又葬入其太子（中山嗣王）所铸纪念父王之圆壶。

——魏属中山先王之墓青铜礼器的铭文证明：赵武灵王所灭乃是魏文侯之后的魏属中山，而非魏文侯之后复国的白狄中山。白狄中山被魏文侯伐灭之后，从未复国。魏属中山的君系，也因这些铜器铭文而大明（见下第十节）。

史证31，《韩非子·内储说下》：

> 司马熹，中山（嗣）君之臣也，而善于赵，尝以中山之谋，微告赵（武灵）王。

史证32，《战国策·中山策》四：

> 司马熹使赵，为己求相中山。公孙弘阴知之。

中山（嗣）君出，司马熹御，公孙弘参乘。

（公孙）弘曰："为人臣，招大国之威，以为己求相，于君何如？"

（嗣）君曰："吾食其肉，不以分人。"

司马熹顿首于轼曰："臣自知死至矣！"

（嗣）君曰："何也？"

[曰：]"臣抵罪。"

（嗣）君曰："行！吾知之矣。"

居顷之，赵使来，为司马熹求相。

中山（嗣）君大疑公孙弘，公孙弘走出。

——根据《战国策·中山策》五"司马熹三相中山"，司马熹连相魏属中山之三王（先王、嗣王、后王），此为司马熹二相中山。此策所言"为己求相中山"，乃是谋求连相中山，而非初相中山，事在中山嗣王元年（前309，赵武灵王十七年）。策文称中山嗣王为"中山君"，乃因列强多不承认魏属中山称王。

中山嗣王继位，仍然谋求与赵化敌为友，遂派司马熹使赵，希望与赵延续"五国相王"以来之盟约。

赵武灵王即位已经十七年，尚未胡服骑射，仍无实力挑战强魏，也无实力伐灭魏属中山，于是继续与魏属中山休兵，支持司马熹连相中山。

公孙弘是策动"五国相王"的魏将公孙衍之三弟（二弟公孙喜也任魏将），奉魏惠王、公孙衍之命，长驻魏属中山，防止其因血缘渐远、疆土不连而日渐疏远宗主国（周封诸侯均在数代之后渐与周室离心，汉封诸侯亦然）。如今中山嗣王不愿与赵为敌，司马熹为了固位专权而与赵亲善，所以公孙弘担心魏属中山继亲齐以后，进而亲赵，将与魏国更加疏远，于是进谏中山嗣王，失败以后返魏。

假如白狄中山被魏文侯伐灭之后复国，中山嗣王不可能任用魏国重臣公孙弘。

史证33，《韩非子·内储说下》：

> 白圭相魏。

史证34，《说苑·权谋》：

> 白圭之中山，中山（嗣）王欲留之，固辞而去。
> 又之齐，齐（宣）王亦欲留之，又辞而去。
> 人问其辞。
> 白圭曰："二国将亡矣。所学者，国有五尽：故莫之必忠，则言尽矣；莫之必誉，则名尽矣；莫之必爱，则亲尽矣；行者无粮，居者无食，则财尽矣；不能用人又不能自用，则功尽矣。国有此五者，毋幸，必亡。中山与齐皆当此。若使中山之与齐也，闻五尽而更之，则必不亡也。其患在不闻也，虽闻又不信也。然则人主之务，在乎善听而已矣。"（《吕氏春秋·先识》略同）

——魏人白圭，历仕魏武侯、魏惠王、魏襄王[①]。魏惠王在位五十一年（前369—前319），先后礼聘五位相国：公叔痤、白圭、中山成公、惠施、张仪。中山成公罢免魏相返回魏属中山以后，白圭未能复任魏相，宋人惠施继任魏相。因此惠施相魏以后，白圭一直与之作对。

假如白狄中山被魏文侯伐灭之后复国，不可能欲聘魏国三朝元老白圭为相。白圭政治经验丰富，预知魏属中山在五国相王之后，先亲

---

① 《史记·鲁仲连邹阳列传》："白圭战亡六城，为魏取中山。……白圭显于中山，中山人恶之魏文侯，文侯投之以夜光之璧。"此或为误传，或如某些学者所言，魏国确有先后两个白圭，则前白圭为魏文侯征伐白狄中山，后白圭为魏属中山所重。

齐，后友赵，已失魏国强援，必被赵国伐灭。

史证35，《史记·赵世家》：

（赵武灵王）十九年（前307）春正月……王北略中山之地，至于房子。……召楼缓谋曰："……吾欲胡服。"……二十年（前306），王略中山地，至宁葭……二十一年（前305），攻中山。赵诏为右军，许钧为左军，公子章为中军，王并将之。牛翦将车骑，赵希并将胡、代。赵与之陉，合军曲阳，攻取丹丘、华阳、鸱之塞。王军取鄗、石邑、封龙、东垣。中山献四邑和，王许之，罢兵。

——赵武灵王十九年（前307），终于撕破亲善魏属中山的假面，首次亲征魏属中山的边邑房子（今河北高邑西南），不利以后退兵，立刻实行胡服骑射。次年（前306）第二次亲征中山，攻取了宁葭（今河北获鹿）。又次年（前305）第三次亲征中山，派出五路大军，牛翦、赵希所领二路为骑兵新军，攻取了鄗邑（今河北柏乡）、石邑（今河北鹿泉南）、封龙（今河北石家庄西南）、东垣（今河北真定）。魏属中山愿割四邑求和，同时魏襄王出兵救援魏属中山（见下史证36），赵武灵王被迫罢兵。

史证36，《竹书纪年》：

魏救中山，塞宿胥口。[1]

——赵武灵王亲征魏属中山三年，前两年（前307、前306）小伐，魏属中山尚未告急，所以魏襄王未救魏属中山。第三年（前305）

---

[1] 见于《战国策》鲍彪注引徐广曰。参看《战国策·燕策二》一："决宿胥之口，魏无虚、顿丘。"

赵国胡服骑射已成而大伐，魏属中山告急，所以魏襄王救援魏属中山。魏军到达宿胥口（今河南滑县西南），赵武灵王被迫同意魏属中山割地求和。

战国中期魏人所著《竹书纪年》记载"魏救中山"，真实反映了魏属中山确为魏国的"北蕃"，远比别国史籍以及《史记》的记载更为可信。假如赵武灵王征伐的并非魏属中山，而是被魏文侯伐灭之后复国的白狄中山，魏襄王怎么可能不顾"夷夏大防"而救白狄中山？

史证37，《史记·赵世家》：

（赵武灵王）二十三年（前303），攻中山。

史证38，《史记·楚世家》：

（楚怀王）二十六年（前303），齐、韩、魏为楚负其从亲而合于秦，三国共伐楚。

——赵武灵王亲征魏属中山三年（前307—前305），刚有起色，受挫于"魏救中山"（见上史证36），去年（前304）被迫暂停一年，增练骑兵。今年（前303）第四次亲征魏属中山，乃因今年是齐相孟尝君发动齐、魏、韩三国合纵伐楚的第一年，魏属中山的宗主国魏国和盟国齐国，全都无暇援救魏属中山。

史证39，《史记·六国年表》：

（赵武灵王）二十五年（前301），赵攻中山，惠后卒。

史证40，《史记·赵世家》：

（赵武灵王）二十五年（前301），惠后卒。

史证41，《史记·秦本纪》：

（秦昭王）（八）［六］年（前301）……赵破中山，其君亡，竟死齐。（按：赵武灵王二十五年为秦昭王六年）

史证42，《资治通鉴》：

（周赧王）十四年（前301）……赵（武灵王）王伐中山，中山（嗣）君奔齐。

史证43，《战国策·中山策》五：

司马熹三相中山。

史证44，《史记·楚世家》：

（楚怀王）二十八年（前301），秦乃与齐、韩、魏共攻楚，杀楚将唐眛。

史证45，《战国策·赵策一》九：

楚人久伐而中山亡。

史证46，《战国纵横家书·二一 苏秦献书赵王章》：

楚久伐，中山亡。

史证47，《战国策·魏策四》二：

中山恃齐、魏以轻赵，齐、魏伐楚而赵亡中山。（按：史证45、46、47之"亡"，即史证41所言"赵破中山，其君亡，竟死齐"，乃谓其君逃亡至齐，非谓其国灭亡）

——赵武灵王第五次亲征魏属中山（前301），大破中山。中山嗣王出奔齐国而死。由于赵武灵王深爱的王后孟姚（即"惠后"）突然死去，被迫暂时休兵，中山获得喘息，国破而未灭。中山后王魏尚继位，司马熹三相中山。

此年是齐相孟尝君发动齐、韩、魏三国合纵伐楚的第三年（秦加入而变成四国伐楚），魏属中山的宗主国魏国和盟国齐国，仍然无暇援救魏属中山。

史证48，《史记·赵世家》：

（赵武灵王）二十六年（前300），复攻中山，攘地北至燕、代，西至云中、九原。

——赵武灵王第六次亲征魏属中山（前300），再次大胜。此年为孟尝君发动齐、魏、韩三国合纵伐楚的第四年。

史证49，《史记·赵世家》：

（赵武灵王）二十七年（前299）五月戊申，大朝于东宫，传国，立王子何以为王。……主父欲令子主治国，而身胡服，将士大夫西北略胡地。

——赵武灵王难以兼顾治理赵国和亲征中山，于是自号"主父"，禅位太子赵何（孟姚长子），即赵惠文王。今年（前299）忙于调整辅佐赵何的群臣格局，再次暂停征伐中山。

史证50，《战国策·赵策四》二：

> 三国攻秦（前298，赵惠文王元年），赵（主父）攻中山，取扶柳；（五）［三］年（前296）以擅呼沱。（按：三国攻秦第三年赵灭中山，迁其王于肤施）

史证51，《史记·赵世家》：

> 惠文王二年（前297），主父行新地，遂出代，西遇楼烦王于西河而致其兵。三年（前296），（主父）灭中山，迁其王于肤施。起灵寿，北地方从，代道大通。

史证52，《太平寰宇记》卷六一引《史记》佚文（不见今本）：

> 赵武灵王以惠文三年（前296）灭中山，迁其君尚肤施是也。

史证53，《战国策·秦策三》九：

> 中山之地，方五百里，赵独擅之。功成、名立、利附，则天下莫能害。

史证54，《墨子·所染》：

> 中山尚染于魏义、偃长……故国家残亡，身为刑戮，宗庙破灭，绝无后类，君臣离散，民人流亡。

史证55，《吕氏春秋·当染》：

中山尚染于魏义、偃长……故国皆残亡，身或死辱，宗庙不血食，绝其后类，君臣离散，民人流亡。

——齐相孟尝君在发动齐、魏、韩三国合纵伐楚五年（前303—前299）之后，随即又发动了齐、魏、韩三国合纵伐秦三年（前298—前296），赵武灵王趁机连伐中山。三国伐秦第一年（前298），赵武灵王第七次亲征中山，攻取了扶柳（今河北冀县西北）。三国伐秦第二年（前297），赵武灵王巡视历次亲征中山所得新地，并与楼烦王会盟，准备明年发动对中山最后一役。三国伐秦第三年（前296），赵武灵王第八次亲征中山，攻破其都灵寿（今河北灵寿县西北），终于伐灭魏属中山，把中山后王魏尚贬为庶民，迁至肤施（今陕西榆林东南）。魏与齐、韩全力伐楚、伐秦八年（前303—前296），一直无暇救援魏属中山。

《墨子》《吕氏春秋》"中山尚"，《史记》佚文"其君尚"，即魏属中山亡国之君魏尚。"中山尚"重用佞臣魏义，是其亡国原因之一。假如赵武灵王伐灭的不是魏属中山，而是被魏文侯伐灭之后复国的白狄中山，那么"中山尚"不可能重用魏人魏义。假如赵武灵王伐灭的不是魏属中山，而是被魏文侯伐灭之后复国的白狄中山，那么赵武灵王即使不杀"中山尚"，也必逐归漠北，不可能仅仅贬为庶民，迁至靠近魏国的肤施。

清人苏时学《墨子刊误》已言："中山为魏之别封，非春秋时之鲜虞也。魏文侯灭中山而封其少子挚，至赧王二十年，为赵武灵王所灭，其君有武公、桓公，见《世本》。此名尚者，当为最后之君。"[1]今人杨伯峻《春秋左传注》亦言："（鲜虞）中山于战国初已亡于魏，

---

① 转引自孙诒让《墨子闲诂》卷一。

而赵武灵王所灭之中山，则魏之中山也。"①均为卓见。可惜过于简略，未能动摇《史记·乐毅列传》"（白狄）中山复国"谬说。

赵武灵王伐灭魏属中山，仅求去除心腹大患，不愿得罪魏国太深，因为此时秦国才是中原诸侯的共同大敌。所以赵武灵王伐灭魏属中山之后，立刻带领赵、宋联军加入伐秦。齐相孟尝君策动的齐、魏、韩三国伐秦，于是变成了齐、魏、韩、赵、宋五国伐秦。齐、魏、韩联军已与秦军在函谷关外僵持三年，至此得到赵、宋联军强援，一举攻破函谷关（河南灵宝东北），攻至盐氏（山西运城），大破暴秦。②

史证56，《史记·田敬仲完世家》：

（齐湣王）（二十九）［六］年(前295)③，赵杀其主父。齐佐赵灭中山。

史证57，《史记·六国年表》：

赵惠文王四年（前295），围杀主父。与齐、燕共灭中山。

史证58，《战国策·齐策五》一：

齐、燕战而赵氏兼中山。

——赵灭中山次年，即赵惠文王四年（前295），赵国前太子赵章

① 杨伯峻：《春秋左传注》，中华书局，1981，第1330页。
② 《史记·秦本纪》："（昭襄王）十一年(前296)，齐、韩、魏、赵、宋、中山五国共攻秦，至盐氏而还。""中山"刚被赵灭，降军随赵助伐，故曰"五国共攻秦"。
③ 齐湣王在位仅十七年(前300—前284)，《史记》误为在位四十年(前323—前284)，误多二十三年。"二十九"当减二十三，作"六"。

（生母为赵武灵王首位王后韩氏）发动叛乱，李兑镇压叛乱，然后饿死赵武灵王，得封奉阳君，从此专擅赵政。中山后王魏尚趁机纠集残部叛赵，图谋复国。

此年也是齐湣王六年（前295），齐相孟尝君田文伐燕。由于赵、燕结盟，赵相奉阳君李兑打算救燕击齐，于是田文、李兑做了交易：齐国出兵助赵剿灭中山叛乱，赵国不再出兵救燕击齐。

赵灭魏属中山，是在赵武灵王生前的赵惠文王三年（前296），而非赵武灵王死后的赵惠文王四年（前295），所以《史记·赵世家》赵惠文王四年，不记中山残部叛赵。《史记·田敬仲完世家》"齐佐赵灭中山"，《史记·六国年表》"（赵）与齐、燕共灭中山"和《战国策·齐策五》"齐、燕战而赵氏兼中山"均不准确。旧或据之认为，赵灭魏属中山之年颇有异说，顺便于此澄清。

史证59，《庄子·让王》：

> 中山公子牟谓詹子曰："身在江海之上，心居乎魏阙之下，为之奈何？"
>
> 詹子曰："重生！重生则轻利。"
>
> 中山公子牟曰："虽知之，未能自胜也。"詹子曰："不能自胜，则从之。从之，神无恶乎？不能自胜而强不从者，此之谓重伤。重伤之人，无寿类矣。"
>
> 魏牟，万乘之公子也。其隐岩穴也，难为于布衣之士。虽未至乎道，可谓有其意矣。（《吕氏春秋·审为》略同）[1]

——魏属中山被赵伐灭之后，中山先王庶子魏牟（生母当为因司

---

[1] 拙著《庄子复原本》（江苏文艺出版社，2010；天地出版社，2021）之《魏牟论》，有魏牟史料十七条，本文仅引一条与魏属中山相关者。下文《庄子》引文皆出自拙著《庄子复原本》，不再作注。

马熹向中山先王进谗而未能封后的江姬）流落江湖，先师事楚人詹何，后师事庄子弟子蔺且，成为庄子再传弟子；编纂魏牟版《庄子》始初本，汉后亡佚（详见拙著《庄子复原本》）。《汉书·艺文志》著录其书《公子牟》，汉后亡佚。

假如被赵武灵王伐灭的不是魏属中山，而是被魏文侯伐灭之后复国的白狄中山，那么中山王子只可能姓"姮"（白狄中山之本姓）或姓"姬"（白狄中山为免诸夏敌视之改姓），或在亡国之后改姓"中山"甚至"公孙"，绝无可能姓"魏"。

"中山（国）君"竟然"相魏"，"中山公子"竟叫"魏牟"，乃是《史记·乐毅列传》"（白狄）中山复国"谬说绝无可能成立的两大反证。因而不少学者曲为之辩，妄言魏文侯伐灭中山之后所封的中山君魏挚，在白狄中山复国之后被迫回到魏国，虽已失去封地，却未取消封号，所以相魏的"中山君"并非复国的白狄中山国君，而是回到魏国的中山君魏挚之后裔，所以魏挚后裔魏牟仍称中山公子。此说之谬有四：

其一，全无史证。仅凭想当然而为《史记·乐毅列传》"（白狄）中山（被魏灭后）复国"谬说弥缝，却与诸多史证抵牾。

其二，极不合理。受地而封君，失地则应撤销封号，或是另封别地并改封号（史例甚多）。即使魏文侯酷爱幼子，魏武侯顾念幼弟，然而让已失封地的魏挚终身保留"中山君"封号，乃是延长失地之耻，仍不合理。魏挚子孙世袭封号，永固失地之耻，更不合理。

其三，与魏文侯以后的魏国聘相传统抵牾。魏文侯变法以后，礼贤下士，广纳贤才，极少礼聘宗室为相，所以李悝、翟黄等人长期为相，其弟魏成子短暂为相。魏武侯、魏惠王延续、强化这一传统，从未礼聘宗室为相。

其四，未明"万乘"指"王"。魏挚仅是受封"中山君"，自铸铜钺也仅僭称"中山侯"，从未僭称"中山王"（"桓王"为中山先王称"王"之后对"桓公"之追称，一如魏文帝曹丕称"帝"之后追封汉相曹操为"魏武帝"），因为其父魏文侯、其兄魏武侯也仅为"侯"。所以"万乘之公子"不能用于"失国"且未称"王"的中山君魏挚之子孙，只能用于"有国"且已称"王"的魏属中山王之子孙。

综上所论，唯有确定赵武灵王所灭中山是魏属中山，而非魏文侯之后复国的白狄中山，才能合理解释所有中山史料的一切细节。《史记·乐毅列传》"（白狄）中山复国"谬说，以及盲信者妄言白狄中山约于前380年（赵敬侯首伐魏属中山之前三年）复国，全都史证为零，反证无数。盲信《史记·乐毅列传》"（白狄）中山复国"者，既找不到一条确凿史证，却对大量反证视而不见或任意曲解。

九　两个中山，各有"武公"

　　民族史专家蒙文通，自以为找到了白狄中山复国的一条孤证，却被战国史专家杨宽、中山史专家段连勤否定[1]。然而杨氏、段氏否定蒙氏孤证之后，仍然盲信《史记·乐毅列传》"（白狄）中山复国"谬说[2]。因为杨、段二人与其他学者一样，把1974年河北平山（魏属中山之都灵寿）魏属中山王墓出土的铜器铭文，误读为"（白狄）中山复国"的考古新证。因此足以推翻"（白狄）中山复国"谬说的考古新证，反而加固了"（白狄）中山复国"谬说。三十年来的中山王墓研究，无不建立在《史记·乐毅列传》"（白狄）中山复国"谬说之上，均把魏属中山王墓误视为白狄中山王墓，甚至有人根据魏属中

---

① 杨宽：《战国史》（上海人民出版社，1998，第299页）："《史记·乐毅列传》只说'中山复国'，不言在何时。吕祖谦《大事记解题》卷一周威烈王十八年下说：'及文侯子武侯之世，《赵世家》书与中山战于房子，是时盖已复国。'王应麟《通鉴地理通释》也有相同的看法。蒙文通《周秦少数民族研究》以为《魏世家》《六国年表》所说魏武侯九年'翟败我于浍'，翟即中山，此即中山复国。此说不确。浍距中山在七百里以外，中山与魏之间隔有赵国，中山不可能越赵而攻至浍。中山复国当在周安王二十一年至二十四年间（公元前三八一至前三七九年），当时齐、魏助卫攻赵，楚救赵伐魏，攻至河内战于州西，赵又攻至魏的河北，于是魏不能越赵而控制中山，中山的白狄贵族得附近狄族助力，从而复国。"

② 段连勤：《北狄族与中山国》（河北人民出版社，1982，第105页）："关于中山国复国的记载，虽然仅此孤证，但它的真实性和可靠性是不容怀疑的。"段氏所言"孤证"，乃谓《史记·乐毅列传》"中山复国"；实为无据之"言证"，并非确凿之"史证"。

山王墓的出土文物，妄言白狄风俗。殊不知大前提既错，一切推论必错。

三十年来，学者们误将魏属中山王墓视为白狄中山王墓的关键谬误是：把魏属中山王墓铜器铭文所言"（魏属）中山武公"，误视为《史记·赵世家》所言"（白狄）中山武公"（见上史料98）；正如两千年来都把《世本》所言"（魏属）中山武公"（见上史料106），误视为《史记·赵世家》所言"（白狄）中山武公"。[①]

白狄中山、魏属中山各有"武公"，正如齐、晋、秦、鲁、卫、郑、曹等众多诸侯国，也都各有"武公"，因为"武"是周公所定《谥法》规定的通用谥号（参看《逸周书·谥法解》）。稍有拓土战胜之绩的诸侯或帝王，均可谥号为"武"。

白狄中山武公，乃是白狄中山亡国之君，即《史记·赵世家》所言"中山武公"。魏属中山武公，则是魏属中山开国之君，原本仅有文献旧证，即《世本》所言"中山武公"；如今又添考古新证，即《中山王𰯼方壶铭》所言"惟朕皇祖文、武，桓祖成考"之"皇祖武"。[②]

中山方壶铭文所言"皇祖文、武"，只能是魏属中山的开国二君魏文侯、魏武侯，不可能是白狄中山的亡国二君"文公""武公"[③]，因为"皇祖"只能用于开国之君，不能用于亡国之君。由于魏文侯、魏武侯计入魏国君系，魏属中山不宜计入本国君系，于是称为"皇祖文、武"。白狄中山即使在被魏文侯伐灭之后复国，也不可

---

① 杨宽：《战国史》（上海人民出版社，1998，第44页）："参以《赵世家》记赵献侯十年'中山武公初立'，《索隐》引《纪年》云：'中山武公居顾，桓公迁灵寿，为赵武灵王所灭。'可知武公是魏文侯所灭中山之君，居于顾（今河北定县），桓公为复国之君而居于灵寿。"（《索隐》乃引《世本》，非引《竹书纪年》，杨误）

② 张守中：《中山王𰯼器文字编》，中华书局，1981，第111—114页。

③ 段连勤：《北狄族与中山国》（河北人民出版社，1982，第97页）："方壶铭文说：'惟皇祖文、武，桓祖成考。'据此知中山国在武公之前有文公。"其实没有史料可以证明白狄中山有"文公"。

能称亡国之君"武公"姬某为"皇祖",只可能称开国之君"太公"姬某为"皇祖"。正如周平王之后的东周朝,不称导致西周朝灭亡的周幽王为"皇祖",只称建立西周朝的周文王、周武王为"皇祖";微子启之后的宋国,不称导致商朝灭亡的商纣王为"皇祖",只称建立商朝的商汤为"皇祖"。

中山方壶铭文所言"桓祖、成考",只能是魏属中山之君"桓公""成公",不可能是白狄中山之君"桓公""成公"。"桓祖"即魏属中山桓公魏挚,他是魏文侯魏斯之子,魏武侯魏击之弟。由于魏属中山桓公是墓主的祖父,故称"桓祖"。"成考"即魏属中山成公魏某,他是魏文侯之孙,魏武侯之侄,魏属中山桓公魏挚之子,也是魏惠王堂弟,即被魏惠王礼聘为魏相的"中山君"(见上史证13)。由于魏属中山成公是墓主的父亲,故称"成考"("父"为生称,"考"为死称)。

中山方壶铭文所言"惟朕皇祖文武、桓祖成考","朕"即墓主,亦即魏属中山之先王魏𨟠,他是魏属中山桓公魏挚之孙,魏属中山成公魏某之子,也是魏文侯重孙、魏武侯侄孙、魏惠王族侄,曾被魏惠王邀请参与"五国相王"(见上史证23)。称王之后,因齐威王欲伐而被迫亲齐,后助齐宣王伐燕而大胜,于是铸造圆鼎、方壶纪功。死后葬入其墓的四件铜器,除了伐燕大胜而铸的圆鼎、方壶,另有祖父魏属中山桓公魏挚所铸铜钺,及其太子(中山嗣王)所铸圆壶。四器及其铭文,都是证明中山王墓实为魏属中山王墓、绝非白狄中山王墓的铁证。

假如河北平山之墓不是"中山王墓",而是"中山君墓",尽管仍与大量史证抵牾,孤立而言尚有可能是白狄中山国君之墓。既然河北平山之墓不是"中山君墓",而是"中山王墓",那就绝无可能是白狄中山王墓。所以铜钺铭文"天子建邦,中山侯"(见上史料105),乃是河北平山之墓为魏属中山王墓的最强铁证,因为周王从未册封,也不可能册封白狄中山之君为王、为侯。春秋战国一切称"王"诸侯,均属叛周称"王",均未得到、也不可能得到周王承认。把"天子建邦，中山侯"，视为中山王墓之"王"号为周王所封，不仅违背史实，且与铭文抵牾。假如周王曾经册封白狄中山之君为王、为侯，假如白狄中山之君果真与周同姓、同宗，《春秋》《左传》《国语》《史记》就无须煞费苦心遮蔽白狄中山史。

或问：魏属中山王墓的铜器铭文，为何不言己姓？这是古文尚简、君不言姓的史家通例。《尚书》《春秋》《左传》《史记》凡言前君死，后君立，无一言姓。因为某国宗室之姓，当时尽人皆知。仅因秦始皇尽焚战国史书，百余年后的司马迁才会不知赵武灵王所灭中山是魏属中山，并且不知其君姓魏。

另有两条错误史料，也与《史记·赵世家》"中山武公"相关。

一是司马迁被"中山武公"误导，在《史记·赵世家》中误增了子虚乌有的"赵武公"。赵国之君除了称"子"（如赵简子、赵襄子）、称"侯"（如赵肃侯、赵成侯）、称"王"（如赵武灵王、赵惠文王），无一称"公"。因与中山无关，本文不予辨析。

二是《史记·赵世家集解》引徐广之言，如此解释"中山武公"："西周桓公之子。桓公者，（孝）[考] 王弟而 [贞] 定王子。"（按："孝"为"考"讹，"定"前脱"贞"）① 《赵世家·索隐》虽已驳之："徐广云'西周桓公之子'，亦无所据，盖未能得其实耳。"仍然"未能得其实"，后人继续妄传"中山与周同宗同姓"。②

---

① 西周朝之周孝王（前891—前886在位），与东周朝之周考王（前440—前426在位），相距四百余年；此处"孝"当作"考"，或为徐广误书，或为传抄讹误。周考王、西周桓公（前439—前415在位）均为周贞定王（前468—前441在位）之子，并非周定王（前606—前586在位）之子；《史记·周本纪》将"贞定王"误书为"定王"，徐广误从。

② 《汉书·古今人表》："中山武公，西周桓公子。"为徐广说之本（[清]王先谦撰，吕苏生补释《鲜虞中山国事表、疆域图说补释》，上海古籍出版社，1993，第27页）。吕苏生说："据《方壶铭》云：'惟朕皇祖文武，桓祖成考。'知中山武公之前尚有中山文公，则武公为文公之后而非西周桓公之子甚明。"王先谦撰，吕苏生补释《鲜虞中山国事表、疆域图说补释》，上海古籍出版社，1993，第7页。

根据《潜夫论·志氏姓》"姞姓，白狄"和《史记·赵世家·索隐》"中山，古鲜虞国，姬姓也"（见上史料61、62），可知白狄中山慕效中原文明，为免中原诸侯继续视之为狄，遂将姞姓改为姬姓。蒙文通早已言之①。徐广不知白狄原本姓姞，误信中山与周同宗同姓，先把周贞定王之子西周桓公等同于不存在的"（白狄）中山桓公"，再被西周桓公（前439—前415在位）与白狄中山武公（前414—前406在位）在位起讫恰巧衔接所误导，于是把《世本》"（魏属）中山武公（魏击）""（魏属中山）桓公（魏挚）"的兄弟关系，颠倒先后，妄言为"（西周）桓公（姬揭）""（白狄中山）武公（姬某）"的父子关系，暗示西周桓公之子改封于中山而成"中山武公"。其实西周桓公姬揭之子是西周威公姬竈（前414—前367在位），并未改封中山国，而是袭封西周国（详见本书《西周国、东周国秘史》）。

---

① 《蒙文通中国古代民族史讲义》(天津古籍出版社,2008,第115页):"若夫说中山姬姓,即以为周之别子,是未知狄之姬,固无与于周之姬耳。"

十　魏属中山君系

最后综合文献旧证和考古新证，考定魏属中山君系，及其在位之年。

皇祖一：魏文侯魏斯（前445—前396在位），计入魏国君系，魏属中山称为"皇祖文（公）"。任命白狄中山人乐羊（晋文公与白狄女所生庶子公子乐后裔）为将，用了三年（前408—前406）伐灭白狄中山。

皇祖二：魏武侯（中山武公）魏击，魏文侯长子，计入魏国君系，魏属中山称为"皇祖武（公）"。奉父之命，在白狄中山之都顾邑，驻守魏属中山三年（前405—前403），以李悝为相，乐羊为将，赵苍唐为傅，剿灭白狄中山武公之子公子倾所率残部。周威烈王册封三晋为侯（前403）之后，派遣赵苍唐返魏说服其父魏文侯，离开顾邑，回到安邑，成为魏国太子。七年后（前396）魏文侯死，继位为魏武侯（前395—前370在位）。

第一君：中山桓公魏挚，魏文侯幼子，魏武侯幼弟，魏属中山首位合法国君，在位五十三年（前402—前350）。其名根据文献确定，其谥根据其孙中山先王魏𩾌所铸铜器铭文称之为"桓祖""吾先祖桓王"确定，其元年根据文献确定，其卒年综合文献推定①。受封之后

---

① 段连勤：《北狄族与中山国》（河北人民出版社，1982，第122页）："中山桓公在位年代大约从前406到前353年。"其元年必误（应为前402），其卒年可备一说。

所铸铜钺之铭文，自称"中山侯"。从白狄中山之都顾邑（今河北定县），迁至魏属中山之都灵寿（今河北平山）。开国功臣乐羊镇守灵寿，死后葬于灵寿，后裔亦居灵寿。

第二君：中山成公魏某，中山桓公魏挚之子，在位二十二年（前349—前328）。其名不详，其谥根据其子中山先王魏𰶁所铸铜器铭文称之为"成考""昭考成王""吾先考成王"确定，其元年综合文献推定，其卒年根据其子中山先王之元年确定。曾被宗主国之君、堂兄魏惠王聘为魏相三年（前343—前341）。马陵之败（前341）后被免魏相，回到魏属中山，任命开国功臣乐羊之孙乐池为相，以防赵国征伐。

第三君：中山先王魏𰶁，中山成公魏某之子，在位十八年（前327—前310）。其名、其元年均据其墓出土之自铸铜器铭文确定①，其卒年综合文献推定。即位之后罢免前相乐池，改命宋国弃臣、卫人司马熹为相。曾应宗主国之君、族叔魏惠王之邀，参加"五国相王"（前323），激怒齐威王而被迫向齐称臣。后应盟国之君齐宣王之邀，助齐伐燕大胜（前314），铸造圆鼎、方壶纪功，封司马熹为蓝诸君。王后阴姬生太子魏𰯸蚉，王妃江姬生庶子魏牟。

第四君：中山嗣王魏𰯸蚉，中山先王魏𰶁之子，在位九年（前309—前301）。其名据其葬入父墓之自铸圆壶铭文确定，其元年综合文献推定，其卒年根据文献确定②。仍命司马熹为相。赵伐国破，奔齐而死。

第五君：中山后王魏尚，中山嗣王魏𰯸蚉之子，在位五年（前

---

① 中山先王圆鼎、方壶铭文均言"十四年"伐燕，即齐宣王灭燕之年（前314），因此中山先王元年必为前327年。

② 段连勤：《北狄族与中山国》（河北人民出版社，1982，第122页）："中山嗣王在位年代大约从前307到前296年。"元年、卒年均误。

300—前296）。其名、元年、卒年均据文献确定①。仍命司马熹为相。宠信同宗魏义，赵伐国灭，废为庶民，迁至近魏之地肤施（今陕西榆林东南）。

魏属中山，除了计入魏国君系的"皇祖文（魏文侯）、武（魏武侯）"，共历五君，国祚一百十年（前405—前296）。

---

① 本文主旨为驳正"（白狄）中山复国"，故略魏属中山各君纪年之详证。笔者将撰专著《战国纪年厘正》，系统互证各国君主之纪年。

结语　中山疑案，业已大明

白狄中山，以顾邑（今河北定县）为都，国祚二百五十六年（前661—前406）。开国之君是先于孔子百余年，与齐桓公、晋文公同时的白狄中山酋长姬某。由于中原史家刻意遮蔽，难明共历几君。魏文侯新元十八年、白狄中山武公九年（前406），被魏文侯伐灭。亡国之君是白狄中山武公姬某，其太子姬倾曾经纠集残部图谋复国。赵国曾想助之，最终未助。白狄中山被魏文侯伐灭之后，从未复国。

魏属中山，以灵寿（今河北灵寿县西北）为都，国祚一百十年（前405—前296）。开国之祖是尚未封侯的晋卿魏斯。首位非法封君是晋卿魏斯的长子魏击，即魏属中山武公，后为魏武侯。首位合法封君是魏文侯魏斯的幼子魏挚，即魏属中山桓公。其后四世魏属中山君主，即中山成公魏某、中山先王魏䜌、中山嗣王魏㜏蚤、中山后王魏尚，均为魏挚子孙。赵惠文王三年、中山嗣王五年（前296），魏属中山被赵武灵王伐灭。魏属中山亡国之君魏尚，在亡国次年（前295）赵武灵王因赵国内乱饿死之后叛赵，纠集残部图谋复国，被赵相奉阳君李兑镇压，齐相孟尝君田文助之。魏属中山被赵武灵王伐灭之后，也从未复国。

先秦以后，西汉、东汉均有刘氏中山封国，西晋也有司马氏中山封国，地望均在旧邢故地、白狄中山故地、魏属中山故地。

2012年9月9日至16日（初稿）

2012 年 9 月 17 日至 24 日（二稿）

2012 年 11 月 3 日至 15 日（三稿）

2012 年 11 月 16 日至 19 日（四稿）

2012 年 12 月 18 日至 20 日（五稿）

2013 年 1 月 27 日至 30 日（六稿）

2013 年 2 月 15 日至 21 日（七稿）

2021 年 3 月 16 日至 22 日（八稿）

西周国、东周国秘史

——事关战国兴废、秦灭六国的重大公案

弁言　二周国策非二周朝策

西周朝、东周朝是先后相继的朝代，西周国、东周国则是战国中晚期先后开国、一度并存、先后被秦伐灭的东周朝封国。

由于秦灭六国之前，先灭西周国、东周国，秦灭六国之后，又焚六国官方史书和民间百家著作，因此司马迁之时，西周国史、东周国史均已亡佚百余年，所以《史记》没有西周国、东周国之专史，《周本纪》六国《世家》虽涉少量细节，然而错误极多。因而两千年来鲜有人知：战国中晚期的百余年，东周朝业已分裂为西周、东周二公国。

近现代少数学者，虽曾根据残存史料，抉发西周国史、东周国史，但是由于西周朝、西周国均简称"西周"，东周朝、东周国均简称"东周"，四者又皆简称"周"，因此残存史料极难辨析。学者们又都搜罗不广不全，辨析不严不密，抉发极不完备，错误仍然极多。所以至今未有西周国、东周国之信史，学界至今仍对西周国、东周国缺少常识，国人至今仍对西周国、东周国普遍不知。

刘向编纂的《战国策》，最前两卷是《东周策》《西周策》。仅看卷名，容易使人误解为记载东周朝、西周朝之策；深究内容，才会明白是记载东周国、西周国之策。其实《战国策》是专记战国列强之策，不可能记载西周朝之策，仅因卷名皆略"国"字，才会有此误解。

即使明白《东周策》《西周策》乃记东周国、西周国之策，仍然疑难重重。

一是刘向不明西周国、东周国之开国先后，因而颠倒卷序，把《东周策》误列于前，《西周策》误列于后。

二是刘向不明西周国、东周国之人物国别，因而归类多误，《东周策》多条应编入《西周策》，《西周策》多条应编入《东周策》。

三是刘向不明策文的精确系年，因而排序错乱，前后颠倒。

所以《西周策》《东周策》虽是二周的最大资料库，却长期不受战国史专家重视，《战国策》专家也多予错误系年、错误解释。

拙著《庄子传》业已编年概述了西周国、东周国之历史纲要，限于体例，无法详引史料，易被读者视为"小说家言"。因此特撰本文，发掘散见于先秦古籍的近百条二周史料。按照时间先后，予以编号辨析，梳理《史记》失记、《战国策》失序的西周国、东周国秘史。

为使史事脉络清晰，本文所引史料，均已经我校勘订正：单独的〔〕，表示脱文；连续的（）〔〕订正讹文，（）为讹字，〔〕为正字。单独的（），则是我的补释。校勘依据不入正文，欲深究者请看注释。

一　西周国开国缘起

按照开国时间，《战国策》第一卷应为《西周策》，第二卷应为《东周策》，刘向不明二周开国时间，因而颠倒卷序。本节先述西周国开国之缘起，以及东周国开国之前的七十三年西周国史。

周幽王十一年（前771），定都镐京的西周朝被犬戎伐灭。次年（前770）周幽王太子周平王被秦襄公护送东迁，迁都至洛邑，居于西周朝初年周公所建之"王城"（原为西周朝之陪都、东都）。秦襄公因功受封，职责是守护西周朝先王之庐墓，所以后来东周朝诸王一直寄望秦国扶持周室。东周朝之新封诸侯秦国，遂于西周朝故地开国。秦国最后之都咸阳，距离镐京不远，均在今陕西西安附近。

此后二百余年（前770—前477），东周朝先经平、桓、庄、釐（僖）、惠、襄、顷、匡、定、简、灵、景、敬十三王，春秋结束。前十二王，均居"王城"。唯有最后的周敬王，为避长达五年（520—516）的王子朝争位之乱，于周敬王四年（前516）东迁二十里，居于"成周"。"王城"从此改名"河南城"，简称"河南"。①

转入战国，东周朝又经周元王、周贞定王的三十五年（前476—

---

① 《左传》鲁昭公二十六年（前516，周敬王四年）："冬，十月，天王（周敬王）入于成周。"《史记会注考证》："《括地志》云：'故王城一名河南城，本郑鄏，周公新筑，在洛州河南县北九里苑内东北隅。'自平王以下十二王，皆都此城。至敬王，乃迁都成周。……《帝王世纪》云：'考哲王封弟揭于河南，续周公之官，是为西周桓公。'"《世本·居篇》："敬王东居成周，遂徙都。西周桓公揭，居河南。"

前441），出现了与本文相关的重大事变。

史料1，《史记·周本纪》：

　　〔贞〕定王二十八年（前441），〔贞〕定王崩。长子去疾立，
是为哀王。哀王立三月，弟叔袭杀哀王而自立，是为思王。思王
立五月，少弟嵬攻杀思王而自立，是为考王。此三王，皆〔贞〕
定王之子。（按："定"前均脱"贞"）①

　　——周贞定王在位二十八年（前468—前441）而死，留下四个
儿子。老大姬去疾继位，即周哀王（未入年表）。三个月后，老二姬
叔弑兄篡位，即周思王（未入年表）。五个月后，老三姬嵬又弑兄篡
位，即周考王（前440—前426在位）。

三兄篡弑，老四姬揭无法置身事外，虽非主角，却是配角。

史料2，《史记·周本纪》：

　　考王（元年，前440）封其弟（姬揭）于河南，是为桓公，
以续周公之官职。桓公卒，子威公代立。威公卒，子惠公代立，
乃封其少子于巩以奉王，号东周惠公。

　　——周考王弑兄篡位之后，或因老四曾经助己弑兄篡位，或因担心
老四也有弑兄篡位之心，更可能两种原因兼有，于是赏功加防范，即位
以后册封老四于"河南"，即东周朝最初十二王所居之"王城"。东周朝
之西周国，就此开国。老四姬揭，成了西周国开国之君——西周桓公。

　　《周本记》涉及西周国、东周国开国的这一记载，粗疏含混，语
焉不详，因为西周国史、东周国史早已亡佚。《集解》《索隐》《正义》

---

① 《史记·周本纪》有两个周定王，即前"定王"姬瑜（前606—前586在位），后"定
王"姬介（前468—前441在位）。后"定王"当作"贞定王"，误脱"贞"字。

虽有补充，仍然模糊。

西周国第一代君，即西周桓公姬揭①。史阙其文，无事可叙。仅知受封于河南王城，在位二十五年（前439—前415）。其可言者，仅为元年。

易君纪年，翌年改元是常例，当年改元是特例。前君死年，是后君继位年，称为"立年"；不论此年所余几月，后君必须为父君服丧直至年底，称为"期年"。翌年年初，后君祭天祀祖，正式即位，始计"元年"。如果把"立年"（书作"父某死，子某立"）误解为"元年"，就会误前一年。封君纪年之常例、特例，与此略同。

周考王于父君死年（前441）继位（实为弑兄篡位），服丧直至年底；翌年年初即位，始计元年（前440）。西周桓公于周考王元年（前440）受封，翌年年初即位，始计元年（前439）。均循常例。

西周国第二代君，即西周威公姬竈②，袭封河南王城。史料共计十二条（3—14），先言生前五条（3—7）。

史料3，《吕氏春秋·先识》：

> 晋太史屠黍见晋之乱也，见晋（幽）公之骄而无德义也，以其图法归周（前414）。
>
> （西）周威公见而问焉，曰："天下之国孰先亡？"
>
> 对曰："晋先亡。"
>
> （西周）威公问其故。
>
> 对曰："臣比在晋也，不敢直言，示晋（幽）公以天妖，日月星辰之行多（以）不当。（晋幽公）曰：'是何能为？'又示以人事多不义，百姓皆郁怨。（晋幽公）曰：'是何能伤？'又示以邻国不服，贤良不举。（晋幽公）曰：'是何能害？'如是，是不

---

① 西周桓公名揭，见于《世本·居篇》："西周桓公揭，居河南。"
② 西周威公名竈，见于晋人崔譔《庄子·达生》注。

知所以亡也，故臣曰晋先亡也。"

居三年（前411），晋果亡。

（西周）威公又见屠黍而问焉，曰："孰次之？"

对曰："（白狄）中山次之。"

（西周）威公问其故。

对曰："天生民而令有别。有别，人之义也，所异于禽兽麋鹿也，君臣上下之所以立也。中山之俗，以昼为夜，以夜继日。男女切倚，固无休息。康乐歌谣好悲，其主弗知恶，此亡国之风也。臣故曰中山次之。"

居三年（前408），中山果亡。

（西周）威公又见屠黍而问焉，曰："孰次之？"

屠黍不对。

（西周）威公固问焉。

对曰："君次之。"

（西周）威公乃惧，求国之长者，得义莳、田邑而礼之，得史驎、赵骈以为谏臣，去苛令三十九物，以告屠黍。

对曰："其尚终君之身乎！"曰："臣闻之，国之兴也，天遗之贤人与极言之士；国之亡也，天遗之乱人与善谀之士。"

（西周）威公薨，牂，九月不得葬，（东）周（朝）乃分为二。（《说苑·权谋》略同）

——西周国这一重要史料，旧因列国纪年淆乱，不合讹误极多的通行版战国纪年表（见《辞海》附录），史家多不采信。其实全合我已厘正的晋国、魏国、西周国、白狄中山纪年。

第一，西周威公元年、晋幽公十五年（前414），晋太史屠黍离晋，出奔西周国，对西周威公预言晋国将亡。三年后（前411），晋幽公半夜出宫，淫于妇人，被其秦国夫人嬴氏弑杀，在位十八年（前428—前411）。已经僭号称"侯"十年的晋卿魏斯（即魏文侯）平定晋乱，另立傀儡之君晋烈公①，当年改元②。八年后，即晋烈公九年（前403），周威烈王（周考王子）册封三晋为诸侯③。此后晋烈公（前411—前389在位）、晋桓公（前388—前369在位）、晋悼公（前368—前349在位）、晋静公（前348—前347在位）四世，虽延晋祀五十余年，晋已名存实亡。屠黍是把晋幽公被弒之年（前411），视为晋国亡年。

第二，西周威公四年、魏文侯新元十三年、白狄中山武公四年（前411），屠黍又对西周威公预言白狄中山将亡。三年后，即魏文侯新元十六年、白狄中山武公七年（前408），魏文侯始伐白狄中山，第三年伐灭（前406）。屠黍是把魏文侯始伐白狄中山之年（前408），视为白狄中山亡年。

第三，西周威公七年（前408），屠黍又对西周威公预言西周国将有亡国之忧。西周威公闻言而惧，礼贤治国，消除了亡国隐患。

史料4，《吕氏春秋·博志》：

> 宁越，（赵国）中牟之鄙人也。苦耕稼之劳，谓其友曰："何为而可以免此苦也？"
>
> 其友曰："莫如学！学三十岁，则可以达矣。"
>
> 宁越曰："请以十五岁！人将休，吾将不敢休；人将卧，吾将不敢卧。"

---

① 《史记·晋世家》："（晋幽公）十八年（前411），幽公淫妇人，夜窃出邑中。盗杀幽公，魏文侯以兵诛晋乱，立幽公子止，是为烈公。""盗杀幽公"有误，当从《史记·晋世家索隐》引《竹书纪年》："夫人秦嬴，贼公于高寝之上。"

② 魏文侯已于屠黍出奔之前九年，即晋幽公六年（前423）僭称侯，专擅晋政；九年后"诛晋乱"。《史记·六国年表》："魏诛（晋）幽公，立其弟止（晋烈公）。"谓晋幽公被魏文侯弒杀，不合《史记·晋世家》"盗杀幽公"及《竹书纪年》"夫人秦嬴贼公于高寝之上"。魏文侯所诛，当为晋幽公之秦国夫人嬴氏。

③ 《史记·周本纪》："周威烈王二十三年（前403），命韩、魏、赵为诸侯。"《史记·晋世家》："晋烈公十九年（当作九年，前403），周威烈王赐赵、韩、魏皆命为诸侯。"《史记·晋世家》晋出公、晋哀公年皆误，合计少十年，因而晋烈公元年误前十年。

十五岁而（西）周威公师之。矢之速也，而不过二里，止也；步之迟也，而百舍，不止也。今以宁越之材，而久不止；其为诸侯师，岂不宜哉！（《说苑·建本》略同）

——事在周威烈王十八年、西周威公七年（前408）闻言礼贤之后，确年难定。

西周威公所师之赵人宁越，远比所用之本国四贤（义苘、田邑、史骈、赵骈）更为著名。因为四贤本是"国之长者"，出身于尊贵的君子阶层，而宁越出身于卑贱的小人阶层，苦学成材始为诸侯之师。因此宁越是世卿世禄制度于春秋、战国之交崩溃以后，布衣卿相的最初典范，张仪、苏秦的前辈先驱。所以战国中期到秦汉之际，天下布衣游士盛称宁越，贾谊《过秦论》把他推为六国四大谋士之首："六国之士，有宁越、徐尚、苏秦、杜赫之属为之谋。"秦火汉黜以后，西周国史亡佚，《史记》不记宁越之事，《战国策》不载宁越之名，致其失去依傍，淡出后人视线[1]。明代《三字经》以后，"头悬梁，锥刺股"的苏秦，取代"不敢休，不敢卧"的宁越，成为苦学成材、布衣卿相的典范。

史料5，《说苑·尊贤》：

（西）周威公问于宁子曰："取士有道乎？"

对曰："有。穷者达之，亡者存之，废者起之，四方之士则四面而至矣。穷者不达，亡者不存，废者不起，四方之士则四面而畔矣。夫城固不能自守，兵利不能自保，得士而失之，必有其间。夫士存则君尊，士亡则君卑。"

---

① 《世说新语·政事》："王安期作东海郡，吏录一犯夜人来。王问：'何处来？'云：'从师家受书还，不觉日晚。'王曰：'鞭挞宁越以立威名，恐非致理（按：原作"致治"，唐避高宗李治讳而改）之本。'使吏送令归家。"李白《上安州李长史书》："幸容宁越之辜，深荷王公之德。"

114

（西）周威公曰："士壹至如此乎？"

对曰："君不闻夫？楚平王有士曰楚傒胥、丘负客，王将杀之，出亡之晋；晋人用之，是为城濮之战。又有士曰苗贲皇，王将杀之，出亡走晋；晋人用之，是为鄢陵之战。又有士曰上解于，王将杀之，出亡走晋；晋人用之，是为两堂之战。又有士曰伍子胥，王杀其父兄，出亡走吴；阖闾用之，于是兴师而袭郢。故楚之大，得罪于梁（魏）、郑（韩）、宋、卫之君，犹未遽至于此也。此四得罪于其士，三暴其民骨，一亡其国。由是观之，士存则国存，士亡则国亡。伍子胥怒而亡之，申包胥怒而存之，士胡可无贵乎？"

——事在西周威公拜宁越为师之后，确年难定。韩哀侯二年（前375，即西周威公四十年），韩灭郑，迁都至郑。魏惠王九年（前361，即西周惠公六年），魏迁都大梁。后事已在西周威公死后，因此文中称韩为"郑"、称魏为"梁"，必非宁越原话，仅是记录者遵循后来惯例，不能作为系年依据。

西周威公向宁越请教取士之道。宁越所言"士贵"，实为"游士之贵"，乃是战国初期布衣游士取代宗室卿相之际的典型话语。宁越以赵人游仕西周国，因而倡言重用"四方之士"。

春秋时期的宗室士人倡言用贤，多为劝诫母邦君主不用本国宗室之奸佞，重用本国宗室之贤士。春秋、战国之交，宗法废而游士起，分封废而郡县起。因此战国时期的布衣游士倡言用贤，多为劝诫异邦君主不用本国宗室、士人，重用异国游士、贤士。

战国中期以后的六国布衣游士倡言用贤，类似于赵人宁越，意在自售，以便出将入相。战国中期以后的六国诸侯聘用客卿，类似于西周威公，意在自强，以便富国强兵。

战国中期的稷下学宫，供养天下游士上千。战国后期的四大公子，各养天下游士三千。其时天下列强之盛衰，系于是否养士重士，

115

常常一士兴邦，一士丧邦，正如宁越所言，春秋时代"士存则君尊，士亡则君卑"，战国时代"士存则国存，士亡则国亡"。秦相吕不韦是四公子之后的最大养士者，秦始皇诛之而秦朝速亡。淮南王刘安是吕不韦之后的最后养士者，汉武帝诛之而养士终绝。此后两千年，天下均为编户齐民，士气衰颓至今。

史料6，《庄子·达生》：

田开之见（西）周威公。

（西周）威公曰："吾闻祝肾学生，吾子与祝肾游，亦何闻焉？"

田开之曰："开之操拔篲以侍门庭，亦何闻于夫子？"

（西周）威公曰："田子无让，寡人愿闻之。"

开之曰："闻之夫子曰：'善养生者，若牧羊然，视其后者而鞭之。'"

（西周）威公曰："何谓也？"

田开之曰："鲁有单豹者，岩居而水饮，不与民共利，行年七十而犹有婴儿之色，不幸遇饿虎，杀而食之。有张毅者，高门悬薄，无不趋也，行年四十而有内热之病以死。豹养其内而虎食其外。毅养其外而病攻其内。此二子者，皆不鞭其后者也。"

——事在西周威公纳贤之后，确年难定。《庄子》虽多寓言，往往事有所本，田开之或许就是西周威公所用本国四贤之一田邑。名邑，字开之，以字释名。

西周威公向宁越请教用贤之道，属于《庄子·天下》所言"外王"范畴；向田开之请教养生之道，属于《庄子·天下》所言"内圣"范畴。内外兼修，终成一代贤君。

史料7，《战国策·东周策》二八：

严氏为贼，而阳坚与焉。道（西）周，（西）周君留之十四日，载以乘车驷马而遣之。

韩（懿侯）使人让（西）周，（西）周君患之。

客谓（西）周君曰："正语之曰：'寡人知严氏之为贼，而阳坚与之，故留之十四日以待命也。小国不足亦以容贼，君之使又不至，是以遣之也。'"

——事在韩哀侯三年①，即周烈王二年、西周威公四十一年（前374）。刘向不知七年后（前367）才有东周国，误编于《东周策》，应编入《西周策》。《史记·韩世家》把聂政同时刺杀韩相韩傀、韩哀侯，误分为二事：先误书"韩烈侯三年，聂政杀韩相侠累"，导致旧或误系此策于周安王五年、韩烈侯三年（前397）；又误书"韩哀侯六年，韩严弑其君哀侯"，导致旧或误系此策于周烈王五年、韩哀侯六年（前371）。

韩国大夫严遂，与韩相韩傀（韩哀侯叔父）为敌，避祸居卫。今年严遂率领刺客聂政、阳坚，离卫往韩，准备行刺韩傀②，途经西周国。西周威公不知其图谋（策言知之当误），仅知其为韩国重臣，故而热情款待十四天，再用马车恭送出境。

聂政前往韩都新郑行刺，阳坚随行，严遂未往。聂政闯入东孟宫，剑取韩傀，韩傀急抱韩哀侯求救，因而君、相皆死。聂政不愿连累其姐，自毁面目而死。阳坚可能被擒，不愿供出严遂，谎称主谋是

---

① 《史记·韩世家》："（韩）列侯三年（前397），聂政杀韩相侠累""哀侯六年（当作哀侯三年，前374），韩严弑其君哀侯，而子懿侯立"，误将同时一事，分为异时两事。史家多因《史记·韩世家》之误，误系此事于前397年（韩列侯三年）、前371年（韩哀侯六年）。韩哀侯在位三年（韩懿侯当年改元而实计韩哀侯在位二年），《史记·韩世家》作六年而误多四年。韩懿侯在位十二年不误，韩昭侯在位三十年则减至二十六年而误少四年。此后韩年均正。

② 《战国策·韩策三》："东孟之会，聂政、阳坚刺相兼君。""相"即韩傀，"君"即韩哀侯。《史记·韩世家·索隐》引《竹书纪年》："韩山坚贼其君哀侯，而立韩若山。"韩山坚即阳坚（《竹书纪年》即时而记，不知聂政之名），韩若山即韩懿侯。

西周威公。韩懿侯于是向西周威公问罪。西周威公辩解，自己不知严遂之谋，款待贵国重臣，意在礼敬贵国。韩懿侯始知主谋是严遂，仍然不知自毁面目的主要刺客是谁。

聂政之姐不愿其弟舍身捐躯却湮灭英名，前往新郑认尸，明言刺客乃是其弟聂政，然后自杀。刺客身份始明。①

---

①事详《战国策·韩策二》："韩傀相韩，严遂重于君，二人相害也。严遂政议直指，举韩傀之过。韩傀以之叱之于朝。严遂拔剑趋之，以救解。于是严遂惧诛，亡去游，求人可以报韩傀者。至齐，齐人或言：'轵深井里聂政，勇敢士也，避仇隐于屠者之间。'严遂阴交于聂政，以意厚之。聂政问曰：'子欲安用我乎？'严遂曰：'吾得为役之日浅，事今薄，奚敢有请？'于是严遂乃具酒，觞聂政母前。仲子（严遂字）奉黄金百镒，前为聂政母寿。聂政惊，愈怪其厚，固谢严仲子。仲子固进，而聂政谢曰：'臣有老母，家贫，客游以为狗屠，可旦夕得甘脆以养亲。亲供养备，义不敢当仲子之赐。'严仲子辟人，因为聂政语曰：'臣有仇，而行游诸侯众矣，然至齐，闻足下义甚高。故进百金者，特以为夫人粗粝之费，以交足下之欢，岂敢有求邪？'聂政曰：'臣所以降志辱身，居市井者，徒幸而养老母。老母在，政身未敢以许人也。'严仲子固让，聂政竟不肯受。然仲子卒备宾主之礼而去。久之，聂政母死，既葬，除服。聂政曰：'嗟乎！政乃市井之人，鼓刀以屠，而严仲子乃诸侯之卿相也，不远千里，枉车骑而交臣，臣之所以待之至浅鲜矣，未有大功可以称者，而严仲子举百金为亲寿，我虽不受，然是深知政也。夫贤者以感忿睚眦之意，而亲信穷僻之人，而政独安可嘿然而止乎？且前日要政，政徒以老母。老母今以天年终，政将为知己者用。'遂西至濮阳，见严仲子曰：'前所以不许仲子者，徒以亲在。今亲不幸，仲子所欲报仇者为谁？'严仲子具告曰：'臣之仇，韩相傀。傀又韩君之季父也，宗族盛，兵卫设，臣使人刺之，终莫能就。今足下幸而不弃，请益具车骑壮士以为羽翼。'政曰：'韩与卫，中间不远，今杀人之相，相又国君之亲，此其势不可以多人，多人不能无生得失，生得失则语泄，语泄则韩举国而与仲子为雠也，岂不殆哉！'遂谢车骑人徒，辞独行，仗剑至韩。韩适有东孟之会，韩王及相皆在焉，持兵戟而卫者甚众。聂政直入，上阶刺韩傀。韩傀走而抱哀侯，聂政刺之，兼中哀侯，左右大乱。聂政大呼，所杀者数十人。因自皮面抉眼，自屠出肠，遂以死。韩取聂政尸于市，县购之千金，久之莫知谁子。政姊闻之，曰：'弟至贤，不可爱妾之躯，灭吾弟之名，非弟意也。'乃之韩，视之曰：'勇哉！气矜之隆，是其轶贲、育而高成荆矣。今死而无名，父母既殁矣，兄弟无有，此为我故也。夫爱身，不扬弟之名，吾不忍也。'乃抱尸而哭之曰：'此吾弟轵深井里聂政也。'亦自杀于尸下。晋、楚、齐、卫闻之曰：'非独政之能，乃其姊者亦列女也。'聂政之所以名施于后世者，其姊不避菹醢之诛，以扬其名也。"（参看《韩非子·说林上》《史记·刺客列传》）

西周威公在聂政刺杀韩国君、相，被韩懿侯疑为主谋之后七年（前367）死去，而后才有东周国。

二 东周国开国缘起

西周威公在位第七年（前408），惊闻屠黍预言而礼贤，终其一生未有国难，一如屠黍预言；四十一年后死去，在位四十八年（前414—前367）。死后二子争位，导致东周国开国，故其五条史料在东周国开国之前，另外七条史料（8—14）均与东周国开国有关。

史料8，《史记·赵世家》：

> （赵成侯）八年（前367），与韩（懿侯）分周以为两。

史料9，《史记·周本纪》：

> （西周）威公卒，子（西周）惠公代立。乃封其少子于巩，以奉王，号东周惠公。（按：此为史料2之节略）

史料10，《吕氏春秋·先识》：

> （西）周威公薨，肂，九月不得葬，周乃分为二。（《说苑·权谋》略同）

史料11，《韩非子·说疑》：

（西）周威公身杀，国（当作周）分为二。

史料12，《韩非子·难三》：

公子宰（即公子朝），（西）周太子也。公子根有宠，遂以东周反，分而为两国。

史料13，《韩非子·内储说下》：

公子朝，（西）周太子也。弟公子根，甚有宠于君（西周威公）。君死，遂以东周叛，分为两国（王城、成周）。

史料14，《世本·居篇》：

东周惠公名班（即公子根），居洛阳（成周）。

——根据《史记·赵世家》，事在赵成侯八年、韩懿侯八年，即周显王二年、西周威公四十八年（前367）。《韩非子·难三》所言"周太子"，并非周显王太子，而是西周威公"太子"。按照周礼，王储称"太子"，君储称"世子"，所以《孟子》称继位前的滕定公之子姬弘（滕文公）为"世子"。周礼崩坏之后混用，诸侯称王之后僭用，所以《孟子》称继位前的齐威王之子田辟疆（齐宣王）为"太子"。

综合七条史料，可明"周分为二"的原因：

西周威公死后，太子姬朝继位。幼子姬根与兄争位[1]，导致父君九个月不得下葬。最后赵成侯、韩懿侯（韩懿侯或对七年前西周威公

———————————

[1] 《韩非子·内储说下》兄名"朝"，《韩非子·难三》兄名"宰"，今从杨宽作"朝"；弟名均作"根"。《世本·居篇》则谓"东周惠公名班"，今不从。

礼敬严遂一行犹有余怒）出兵支持姬根，逼迫周显王把东周朝所有辖地全部封给姬根。

东周朝已无西周朝之王几千里，仅有王都洛邑（含王城、成周）周边的辖地数十里。春秋时期，由于分封子弟采邑和周边诸侯蚕食，辖地日益缩小。战国初期，周考王把河南（王城）封给幼弟姬揭（前440），立为西周国，所余辖地更小。如今赵、韩逼迫周显王（周考王重孙）把包括王都洛阳（成周）在内的所余辖地全部封给族叔姬根（周考王孙），立为东周国（前367），自己仅剩洛阳（成周）王宫，别无寸地。此即所谓"周分为二"。并非西周国分为二国，而是东周朝分为二公国。二公国开国也不同时，相距七十三年。

西周威公太子姬朝今年（前367）袭封，成为西周国第三代君，即西周惠公，翌年（前366）始计元年。西周威公幼子姬根今年（前367）受封，成为东周国第一代君，即东周惠公，翌年（前366）始计元年（与其祖父西周桓公相同）。二人同父争国，最终异国，然而国号相同（西周国、东周国简称"西周""东周"，又均简称"周"），元年相同，又均自命承父正统而谥号相同。因而二人常被史家混淆为一，二周史更难厘清。

史实既明，可对语焉不详的《史记·周本纪》补正如下：

（周显王二年，其叔祖西周）威公卒，（太）子（西周）惠公（姬朝）代立，（袭封河南王城）。（西周威公少子姬根争立，赵成侯、韩懿侯出兵助之，周显王）乃（另）封其（西周威公）少子（东周惠公姬根）于巩（洛阳成周），以奉（东周朝）王（室），号东周惠公。

西周威公是周考王之侄，其父西周桓公是周考王之弟。周显王是周考王重孙。所以西周威公是周显王叔祖，"其少子"东周惠公是周显王族叔，并非周显王"少子"。

秦火汉黜导致二周史亡佚以后，《史记》语焉不详，《战国策》误将《东周策》列于《西周策》之前，《资治通鉴》失载二周。三大权威史书之疏漏，致使二周史沉入历史忘川。

后世学者，多曾抉发此段秘史。

比如梁玉绳《史记志疑》："是西周惠公独擅河南之地，而东周惠公食采于巩，秉政洛阳焉。"

吕祖谦《大事记》："显王二年，赵与韩分周为二，于是东（周）、西（周）各为列国。显王虽在东周（国），特建空名。"

崔述《洙泗考信录》："两周之分，战国时一大关目也。不分则周为有王，分则周为无王；不分则周为正统，分则天下为无统。此岂可以略者？而温公《通鉴》、朱子《纲目》皆不载此事，竟如周未尝分然者。所以西周君之事，皆移之于赧王，盖误以赧王为即西周君也。大抵《通鉴》于战国之世采摘颇杂，疏漏亦多，《纲目》但就《通鉴》原文录之，未尝一一考其首尾，是以如此。"

可惜诸家虽知"周分为二"，然而史证不足，所言粗略。《战国策》专家或是不知"周分为二"，或是虽知而不能对《西周策》《东周策》的每一条目进行精确系年，导致二周史至今不明。

以下排比《西周策》全部十七条，《东周策》全部二十八条（上文史料7已引《东周策》二八），辅以《战国策》其他各卷与二周相关的重要条目（仅言"二周""两周"而无二周史实者略之），以及其他古籍与二周相关的重要史料（内容相近者选取其一），疏理"周分为二"之后百余年的二周史，辨明二周在战国中后期的中枢作用。

三 三代周王寄居东周国六十年

东周国于周显王二年（前367）开国，王都洛阳变成了东周国之封地。周显王已无寸地，此后寄居东周国四十七年至死，东周朝已经名存实亡。仅因七雄之任何一国，尚无能力统一天下，因此周王仍有"天下共主"之虚名，继续苟延残喘。

从周显王二年至四十八年（前367—前321），加上周慎靓王六年（前321—前315）和周赧王前七年（前314—前308，此后寄居西周国），最后三代周王寄居东周国共计六十年（前367—前308）。这一时期，较为重要的二周史料有二十六条（15—40）。

史料15，《竹书纪年》（《史记·六国年表·集解》引）：

> 周显王九年（前360），东周惠公薨，子杰立。[1]

——事在"周分为二"之后七年，即周显王九年、西周惠公七年、东周惠公七年（前360）。

东周惠公姬根在位七年（前366—前360）而死。史阙其文，无事可叙。

太子姬杰继位，为东周国第二代君，即昭文君，在位长达五十二

---

[1] 《史记·六国年表·集解》引《竹书纪年》，原作："东周惠公杰薨。"杨宽曰："杰为昭文君名。疑当作'东周惠公薨，子杰立'。"今从。

年（前359—前308），史料甚多。①

史料16，《战国策·东周策》十一：

> （东）周（昭）文君免工师藉，相吕仓。国人不说也，君有
> 悯悯之心。
>
> （或）谓（东）周（昭）文君曰："国必有诽誉，忠臣令诽在
> 己，誉在上。宋君夺民时以为台，而民非之，无忠臣以掩盖之
> 也。子罕释相为司空，民非子罕而善其君。齐桓公宫中七市，女
> 闾七百，国人非之。管仲故为三归之家，以掩桓公，非自伤于民
> 也？《春秋》记臣弑君者以百数，皆大臣见誉者也。故大臣得誉，
> 非国家之美也。故众庶成强，增积成山。"
>
> （东）周（昭文）君遂不免（工师藉）。

史料17，《战国策·东周策》十：

> （东）周相吕仓，见客于（东）周（昭文）君。
> 前相工师藉恐客之伤己也，因令人谓（东）周（昭文）君
> 曰："客者，辩士也，然而所以不可者，好毁人。"

——二策同时，事在周显王十年、西周惠公八年、东周昭文君元
年（前359）。"周文君"即东周昭文君，刘向编于《东周策》不误；
排序则误，第十一策应在前，第十策应在后。

按照"一朝天子一朝臣"之惯例，昭文君即位以后，罢免了父君
所用前相工师藉，另聘吕仓为相。

---

① 《史记·周本纪·正义》"（东周惠公）子武公，为秦所灭"，年、国皆误。东周昭文
君元年为周显王十年（前359），一百多年后秦庄襄王元年（前249）灭东周，是为
年误。东周国无武公，西周国有武公，是为国误。

根据第十一策，昭文君准备罢免工师藉，聘用享有美誉、颇有贤名的吕仓，国人不悦。昭文君对工师藉也有怜悯之心，于是或人进谏，以"《春秋》记臣弑君者以百数，皆大臣见誉者也。故大臣得誉，非国家之美"为由，反对易相。末句"周君遂不免（工师藉）"不确，与第十策"前相工师藉"抵牾。

根据第十策，昭文君不听或人进谏，仍然罢免工师藉，聘相吕仓，吕仓于是举荐党羽。"前相工师藉"担心再被中伤而加罪，派人告诉昭文君，吕仓举荐之人"好毁人"（非毁工师藉）。昭文君也不听吕仓党羽非毁，没有加罪工师藉。

史料18，《史记·韩世家》：

> 韩昭侯（六）[十]年（前353），伐东周，取陵观、（邢）[廪]丘。（《史记·六国年表》同。按："六"当作"十"）[1]

史料19，《竹书纪年》（《水经注·伊水注》引）：

> 梁（魏）惠王十七年（前353），东周与郑（韩）高都、利。（按：魏惠王迁都大梁、韩哀侯迁都新郑之后，魏、韩又称梁、郑）

——根据战国中期魏人所著《竹书纪年》，事在魏惠王十七年、韩昭侯十年，即周显王十六年、西周惠公十四年、东周昭文君七年（前353）。

此年魏惠王首围赵都邯郸，赵成侯向楚、齐求救。楚宣王假救，齐威王真救。齐将田忌、孙膑大破魏军于桂陵，生擒魏将庞涓，后又释归。

---

[1] 在《史记·韩世家》中韩昭侯元年误后四年，在位年数误少四年。详见第117页注①。

秦军趁机攻破魏国旧都安邑。这是商鞅变法（前359）以来，秦军首次伐魏、胜魏。

韩昭侯趁着五强混战，偷袭东周国，攻取了陵观（今地不详）、廪丘（今地不详）。昭文君又割让高都（河南洛阳西南）、利邑（今地不详）求和，韩军乃退。

史料20，《史记·赵世家》：

（赵肃侯）四年（前346），朝天子。

——事在赵肃侯四年，即周显王二十三年、西周惠公二十一年、东周昭文君十四年（前346）。

赵成侯分周为二之后，其子赵肃侯鉴于赵、魏之盟破裂，赵都邯郸曾被魏惠王占领（魏在桂陵败于齐，次年归还所占赵都邯郸），于是今年朝觐已经寄居东周国二十二年（前367—前346）的周显王。目的并非尊王，而是借用周王招牌，遏制魏惠王称霸侵赵。

史料21，《战国策·齐策五》一：

魏（惠）王拥土千里，带甲三十六万，其强北拔邯郸（前353），西围定阳（前350），又从十二诸侯朝天子（前344），以西谋秦。

史料22，《战国策·秦策四》十：

魏（惠王首）伐邯郸（前353），因退为逢泽之遇，乘夏车，称夏王，朝为天子，天下皆从（前344）。

史料23，《战国策·秦策五》一：

梁（惠）君伐楚胜齐，制赵、韩之兵，驱十二诸侯以朝天子
于孟津（前344）。

——事在魏惠王二十六年，即周显王二十五年、西周惠公二十三
年、东周昭文君十六年（前344）。一策常常连言多年之事，旧多仅据
策文首句或文中一事，轻率系年。盲人摸象，仅得一端，自命有据，
实则多误。

赵肃侯为了遏制魏惠王称霸侵赵，前年（前346）朝觐周显王。
魏惠王既想挫败赵谋，又想挟天子以令诸侯，于是今年（前344）先
与泗上十二诸侯在逢泽会盟，后率泗上十二诸侯在孟津朝觐周显王，
声势盖过了赵肃侯。

史料24，《史记·秦本纪》：

（秦孝公）十九年（前343），天子致伯（霸）。二十年（前
342），诸侯毕贺。秦使公子少官率师会诸侯于泽，朝天子。（按：
“于泽”旧讹为“逢泽”）

史料25，《后汉书·西羌传》：

秦孝公立，威服戎羌，使太子驷率戎狄九十二国朝周显王。
（按：“秦孝公立”意为“立”后，非谓立年）

——事在秦孝公十九、二十年，即周显王二十六、二十七年，西
周惠公二十四、二十五年，东周昭文君十七、十八年（前343、前
342）。马非百《秦集史·国君纪年》，系秦太子驷朝周于秦孝公二十
年（前342）；杨宽从之。

周显王鉴于齐威王叛周称王（前353）而不朝天子，魏惠王既朝
天子又僭称“夏王”（前344），于是册封秦孝公为“伯”（霸）（前

343），希望借助变法崛起的秦国，遏制中原诸侯对周室的威胁。

秦孝公也想挟天子以令诸侯，以便名正言顺东进中原，于是次年（前342）派遣太子嬴泗率领戎狄九十二国朝觐周显王，感谢"天子致伯（霸）"，声势又盖过了魏惠王。

五年（前346—前342）之中，赵肃侯、魏惠王、秦孝公争相朝觐周显王，既无"尊王"之意，也无实际效用，仅是为了"政治正确"，不愿在舆论上落于下风。真正代周为王，仍须兵刃相见。所以这次"尊王"小高潮之后，再也无人朝觐周显王，转入明目张胆觊觎周鼎。

史料26，《战国策·东周策》一：

秦（惠君）兴师临（东）周而求九鼎，周君（周显王）患之，以告颜率。

颜率（谓周显王）曰："大王勿忧，臣请东借救于齐。"

颜率至齐，谓齐（威）王曰："夫秦之为无道也，欲兴兵临周而求九鼎。周之君（周显王）臣（昭文君）内自画计，与秦，不若归之大国。夫存危国，美名也；得九鼎，厚宝也。愿大王图之。"

齐（威）王大悦，发师五万人，使陈臣思（田忌）将以救周，而秦兵罢。

齐将求九鼎，周君（周显王）又患之。

颜率（谓周显王）曰："大王勿忧，臣请东解之。"

颜率至齐，谓齐（威）王曰："周赖大国之义，得君（周显王）臣（昭文君）父子相保也，愿献九鼎。不识大国何途之从，而致之齐？"

齐（威）王曰："寡人将寄径于梁。"

颜率曰："不可！夫梁之君臣欲得九鼎，谋之晖台之下，少海之上，其日久矣。鼎入梁，必不出。"

齐（威）王曰："寡人将寄径于楚。"

对曰："不可！楚之君臣欲得九鼎，谋之于叶庭之中，其日久矣。若入楚，鼎必不出。”

（齐威）王曰：“寡人终何途之从，而致之齐？”

颜率曰：“弊邑固窃为大王患之。夫鼎者，非效醯壶酱瓿耳，可怀挟挈以至齐者；非效鸟集乌飞，兔兴马逝，漓然止于齐者。昔周之伐殷，得九鼎。凡一鼎而九万人挽之，九九八十一万人，士卒师徒，器械被具，所以备者称此。今大王纵有其人，何途之从而出？臣窃为大王私忧之。”

齐（威）王曰：“子之数来者，犹无与耳！”

颜率曰：“不敢欺大国，疾定所从出，弊邑迁鼎以待命。”

齐（威）王乃止。

——事在秦惠王二年、齐威王二十二年，即周显王三十三年、西周惠公三十一年、东周昭文君二十四年（前336）。旧多不考史实，不明系年，视为伪托。

此策最可注意者，就是颜率称“周君”为“大王”，因此“周君”非指昭文君，乃指周显王。可见周显王虽在天下毫无威信，但在其所寄居的东周国，仍被虚假尊奉。昭文君假装“奉王”（《史记》语，见上史料2），意在借用周王的“天下共主”虚名，当作东周国免于列强威胁的最佳挡箭牌。

然而现在形势突变，秦惠王八年前（前343）身为太子，曾奉秦孝公之命朝觐周显王，感谢“天子致伯（霸）”；如今继位仅仅两年，竟命秦军开赴东周国，强索东周朝之九鼎。

周显王早已沦为列强利用操纵、相互钳制的工具，无力拒绝秦惠王，只能借乱臣制乱臣，于是采纳颜率之策，以九鼎宁愿归齐、不愿归秦为饵，诱使齐威王出兵“勤王”。已经取代强魏而为中原霸主的强齐，吓退了变法未久、尚不太强的秦军。然而颜率之策，实为前门拒狼，后门迎虎。秦军虽被齐军逼退，齐军却要周显王兑现承诺。

周显王又采纳颜率之策，以运输不便，易被楚、魏中途拦截为借口，打算抵赖承诺。

策文末句"齐王乃止"，不合史实。六年前（前342）魏惠王再围邯郸，次年（前341）齐威王再救赵国，田忌、孙膑在马陵大败魏军，杀死魏将庞涓（桂陵被齐生擒后放归）、太子魏申。今年（前336）魏惠王被迫朝齐，不可能截留过魏往齐的周鼎。

史实乃是：为免齐军强索九鼎，周显王不敢食言，被迫往齐运出一鼎。运鼎之舟先过魏，后过宋，沉入流经宋国彭城的泗水。

《史记》三言周鼎运齐而沉入泗水，时间、地点都很明确。

一为《封禅书》："宋太丘社亡，（而）〔周〕鼎（自周经魏过宋运齐）没于泗水彭城（前336）下。其后百一十五年（前221）而秦并天下。"

二为《汉武本纪》："周德衰，宋之社亡，鼎乃沦伏而不见。"

三为《秦始皇本纪》："（秦始皇）二十八年（前219），过彭城，斋戒祷祠，欲出周鼎泗水，使千人没水求之，弗得。"

秦始皇统一天下两年之后东巡，不忘一百十七年前之旧事，在彭城的泗水寻找周鼎无果。不能据此认为"周鼎沉泗"并非史实，只能认为已被民间盗宝者打捞盗卖。

刘向《战国策序》说："（秦）抚天下十四岁（前220—前207），天下大溃，诈伪之弊也。"故将秦窥周鼎列于《战国策》之首，以明编纂此书之宗旨：天下争夺九鼎，周王通过诈伪暂保九鼎，终因仁义不施而灭亡；暴秦未得九鼎，通过诈伪暂得天下，终因仁义不施而速亡。

史料27，《吕氏春秋·务大》：

> 杜赫以安天下，说（东）周昭文君。
> 昭文君谓杜赫曰："愿学所以安（东）周（国）。"
> 杜赫对曰："臣之所言者不可，则不能安（东）周（国）矣。臣之所言者可，则（东）周（国）自安矣。"

——事在周显王三十四年、西周惠公三十二年、东周昭文君二十五年（前335）；秦、齐觊觎周鼎而"周不安"次年。

去年（前336）秦、齐觊觎周鼎，证明周显王的"天下共主"虚名，已经失去挡箭牌作用，昭文君深感"不安"。

东周国人杜赫，于是游说昭文君，以"安天下"谋求"（东）周（国）自安"。杜赫游说昭文君而非周显王，乃因昭文君尽管"奉王"甚谨，天下人尽知周显王已无寸地，实为傀儡。

昭文君仅仅谋求"安周"，视野不如杜赫开阔，策略不如杜赫长远，于是罢免徒有贤名美誉的吕仓，另聘擅长"诈伪"谋略的杜赫为相，并且言听计从。

史料28，《战国策·东周策》二三：

> 杜赫欲重景翠于（东）周，谓（东）周（昭文）君曰："君之国小，尽君之重宝珠玉以事诸侯，不可不察也。譬之如张罗者，张于无鸟之所，则终日无所得矣；张于多鸟之处，则又骇鸟矣；必张于有鸟无鸟之际，然后能多得鸟矣。今君将施于大人，大人轻君；施于小人，小人无可以求，又费财焉。君必施于今之穷士，不必且为大人者，故能得欲矣。"

——此事确年难定，今从顾观光，系于周显王三十六年；即西周惠公三十四年、东周昭文君二十七年、楚威王七年（前333），杜赫担任东周相的第二年。

东周相杜赫认为，昭文君此前以"重宝珠玉以事诸侯"而求"安周"，如同张罗于"无鸟之所"，必将"终日无所得"，应该张罗于"有鸟无鸟之际，然后能多得鸟"。

由于楚国是天下霸主，强于中原霸主魏、齐，所以杜赫建议昭文君结楚以安周，礼遇不得楚威王重用的"今之穷士"景翠。楚威王死后，景翠果然得到楚怀王重用，报答了昭文君的礼遇之恩（见下史料

42)，证明了杜赫的长远预见。

这是杜赫以"安天下"而求"周自安"的成功谋略之一。

史料29，《吕氏春秋·报更》：

> 张仪，魏氏余子也，将西游于秦，过东周。
>
> 客（杜赫）有语之于昭文君者，曰："魏氏人张仪，材士也；将西游于秦，愿君之礼貌之也。"
>
> 昭文君见而谓之曰："闻客之秦，寡人之国小，不足以留客；虽游，然岂必遇哉？客或不遇，请为寡人而一归也！国虽小，请与客共之。"
>
> 张仪还走，北面再拜。
>
> 张仪行，昭文君送而资之。
>
> （张仪）至于秦，留有间，（秦）惠王说而相之。张仪所德于天下者，无若昭文君。周，千乘也，重过万乘也，令秦惠王师之。

——事在秦惠王八年，即周显王三十九年、西周惠公三十七年、东周昭文君三十年（前330）；杜赫担任东周相的第五年。

魏人张仪（约前380—前310），口才无敌，名重天下，然而此前求仕魏、楚，无不失败。今年五十一岁，由魏入秦，途经东周国。昭文君听从杜赫，礼遇而资助之。

《吕氏春秋·报更》未言献策之"客"是何人，但是根据"杜赫重景翠于周"（《东周策》二三），可知杜赫又重张仪于周，因为二策命意相同：礼遇"今之穷士"景翠，意在将来交结强楚；礼遇"今之穷士"张仪，意在将来交结强秦。

张仪入秦后两年（前328），被秦惠王聘为秦相，也报答了昭文君的礼遇之恩（见下各条），再次证明了杜赫的长远预见。《吕氏春秋·报更》说张仪让秦惠王拜昭文君为师，当属夸饰之言。然而张仪相秦十九年（前328—前310），秦惠王连伐魏、韩、赵、齐、楚列强，未曾一伐二周,更未再索九鼎,当属张仪对昭文君的涌泉相报。

这是杜赫以"安天下"而求"周自安"的成功谋略之二。

史料30,《战国策·东周策》十五:

> 右行〔之〕秦,谓大良造(张仪)曰:"欲决霸、王之名,
> 不如备两周辩知之士。"
>
> (右行又之周,)谓(东)周(昭文)君曰:"君不如令辩知
> 之士,为君(周显王)争于秦。"

——事在秦惠王十三年,即周显王四十四年、西周惠公四十二年、东周昭文君三十五年(前325);张仪入秦后五年,秦惠王称王年的年初。旧或误系于周赧王三十七、秦昭王二十九年(前278),又或误系于周赧王四十五年、秦昭王三十七年(前270),不合秦君早已称王,也不合秦相旧名"大良造"早已追随中原改称"相邦"(汉避刘邦讳改为"相国"),更不合策文内容。秦昭王十九年(前288)僭称"西帝",已决"帝、王之名",此后无须再决"霸、王之名"。

张仪入秦后二年(前328),被秦惠王任命为秦相"大良造"(商鞅相秦,即任此职)。秦惠王鉴于商鞅变法(前359)至今三十余年,秦已大强,而强齐、强魏、弱宋均已叛周称王,于是也准备叛周称王。

张仪相秦之后的首要任务,就是为秦惠王称王创造条件,同时避免先称王的列强征伐,因为先称王的列强常常不许别国称王。比如齐威王、魏惠王"徐州相王"(前334)次年(前333),楚威王即伐徐州。宋康王逞强称王(前328)当年,楚威王、齐威王立刻伐宋。

经过张仪三年筹备,秦惠王称王条件成熟,于是年初昭告天下,将于四月举行称王大典。

右行(晋国官名,后为姓氏,当为三晋人)闻讯入秦,告诫秦相张仪,秦君不可叛周称王,应该请教二周知礼之士,明白"霸""王"

之异。亦即秦惠王不应忘记：十七年前（前342）身为太子之时，曾经朝觐周显王，感谢"天子致伯（霸）"。"霸主"的职责是像齐桓公那样"尊王"扶持周室，制止列强叛周称王，怎能由"霸"而"王"？

由于周显王寄居东周国已有四十三年，诸侯早已不再朝觐。因此右行仅凭"欲决霸、王之名"的周礼名分，不可能阻止秦君叛周称王。于是右行又离秦往周，劝说昭文君派遣知礼之士至秦，申明"霸""王"之异。昭文君只求"（东）周（国）自安"，愿意听从杜赫、巴结张仪而交接强秦，不可能听从右行冒犯强秦而自取其祸。

张仪相秦第四年（前325）四月，秦惠王举行称王大典，魏惠王、韩宣王入秦观礼[①]。楚怀王、齐威王均未伐秦，秦惠王叛周称王成功。

史料31，《战国策·东周策》二二：

> 赵（武灵王）取（东）周之祭地，（东）周君患之，告于郑朝。
>
> 郑朝曰："君勿患也，臣请以三十金复取之。"
>
> （东）周君予之。
>
> 郑朝献赵太卜，因告以祭地事。
>
> 及（赵武灵）王病，使卜之。太卜谴之曰："周之祭地为祟。"
>
> 赵（武灵王）乃还之。

——赵武灵王三年，即周显王四十六年、西周惠公四十四年、东周昭文君三十七年（前323），赵武灵王前往魏都大梁参加"五国相王"而称王；事在此后，确年难定。旧或误系于周显王二年（前367，

---

① 《史记·秦本纪》："（秦惠王）十三年（前325）四月戊午，秦君为王，韩亦为王。"《史记·韩世家·索隐》引《竹书纪年》："（韩威侯八年）（前325）五月，梁惠王会威侯于巫沙，十月，郑宣王朝梁。"《史记·秦本纪》"韩亦为王"为补注今年稍后之事，非同时称王。《竹书纪年》"韩威侯""郑宣王"为同一人，五月在巫沙称王，比秦称王晚一个月。

赵成侯八年），此年西周威公死后二子争位，赵成侯、韩懿侯助其幼子开国，分周为二，并未攻取周地，赵成侯又未称王。又或误系于周赧王二十九年（前286，赵惠文王十三年），此年赵相李兑发动五国伐秦，无暇攻取周地，赵惠文王又还年幼。

赵武灵王叛周称王之后，攻取了周显王寄居的东周国之祭地。昭文君派遣郑朝贿赂赵国太卜三十金。赵国太卜受贿之后，趁着赵武灵王生病，谎称致病原因是东周国祭地之鬼魂作祟。赵武灵王于是归还东周国祭地。

东周国开国至今四十余年，昭文君之前仅有一君，因此"（东）周之祭地"，必为东周惠公姬根之墓地。

东周国原由赵、韩支持姬根与兄争位而开国，此后赵、韩全都不攻西周国，全都攻取东周国之地，足证赵、韩当年支持姬根争位，意在"分周为二"，剥夺周王之"天下共主"虚名，为叛周称王、代周为王扫清障碍。

所以周显王二年（前367）"周分为二"之后，战国诸侯纷纷叛周称王。周显王十六年（前353），齐威王在桂陵击败中原霸主魏国，率先叛周称王。周显王二十五年（前344），魏惠王掩耳盗铃，既朝觐周显王，又僭称夏王。周显王三十五年（前334），魏惠王在齐地徐州与齐和解，正式叛周称王。周显王四十一年（前328），宋康王志在复兴殷商，也叛周称王。周显王四十四年（前325），秦惠王、韩宣王按捺不住，也叛周称王。周显王四十六年（前323），魏惠王采纳公孙衍之策，在魏都大梁举行"五国相王"，赵武灵王、燕易王、中山先王搭上末班车，也叛周称王。至此"六国皆称王"[1]，周王之外，另有春秋二旧王（楚、越），战国八新王（齐、魏、宋、秦、韩、赵、燕、中山），天下共计十一王。不过诸侯十王不称"天子"，仅有周王称"天子"。

---

[1] 《史记·鲁世家》："（鲁）景公二十九年卒（当作二十三年，前323），子叔立，是为平公。是时六国皆称王。"《史记·鲁世家》少鲁恭公六年，多鲁景公六年。

附《战国策·韩策二》三（《西周策》十二之背景）：

　　公仲为韩、魏易地；公叔争之而不听，且亡。

　　史惕谓公叔曰："公亡，则易必可成矣。公无辞以后反，且示天下轻公，公不若顺之。夫韩地易于上，则害于赵；魏地易于下，则害于楚。公不如告楚、赵。楚、赵恶之。赵闻之，起兵临羊肠；楚闻之，发兵临方城；而易必败矣。"

史料32，《战国策·西周策》十二：

　　韩、魏易地，西周（惠公）弗利。

　　樊余（为西周）谓楚（怀）王曰："周必亡矣！韩、魏之易地，韩得二县，魏亡二县。（魏）所以为之者，尽包二周，多于二县，九鼎存焉。且魏有南阳、郑地、三川而包二周，则楚方城之外危；韩兼两上党（韩、魏均有上党）以临赵，即赵羊肠以上危。故易成之日，楚、赵皆轻。"

　　楚王恐，因赵（武灵王）以止易也。

　　——《韩策二》三，《西周策》十二，是前后相连的同年之事。今从顾观光，系于周显王四十七年，即西周惠公四十五年、东周昭文君三十八年（前322），此时公仲朋相韩。旧多误系二策于周显王十二年（前357），误前三十五年，其时韩相是连相韩懿侯、韩昭侯共计二十四年（前374—前351）的许异①，并非公仲朋。②

公仲朋相韩两次，第一次任职十六年（前333—前317），其时魏虽小弱，魏惠王（前369—前320）尚有实力强迫韩国易地；第二次任职十一年（前313—前303），其时魏已大弱，魏襄王（前319—前296）已无实力强迫韩国易地。

魏惠王强迫韩相公仲朋易地，意在把二周从处于韩国境内，变成处于魏国境内，以便挟天子以令诸侯，夺取周鼎，代周为王。韩相公仲朋惧魏，准备屈服。韩臣公叔反对无效，先打算逃亡，后派史惕劝说楚怀王、赵武灵王向魏、韩施压（《韩策二》三）。与此同时，西周惠公也派樊余劝说楚怀王向魏、韩施压（《西周策》十二）。阻止了魏、韩易地，挫败了魏谋九鼎。

东周国开国至今四十四年，东周国已有十七条史料（16—32），西周国始有一条史料（史料32，为西周惠公唯一史料），乃因周显王寄居的东周国是天下中枢，西周国则无足轻重。

史料33，《战国策·楚策三》七：

> 五国伐秦，魏（襄王）欲和，使惠施之楚。楚（怀王）将入之秦，而使行和。
>
> （东周相）杜赫谓（楚相）昭阳曰："凡为伐秦者，楚也。今（惠）施以魏来，而公入之秦，是明楚之伐（秦），而信魏之和（秦）也。公不如无听惠施，而阴使人以请听秦。"
>
> 昭子曰："善。"因谓惠施曰："凡为攻秦者，魏也。今子从

---

① 《战国策·韩策三》："东孟之会，聂政、阳坚刺相兼君（前374）。许异蹴哀侯（当作懿侯）而殪之，立以为郑君。韩氏之众无不听令者，则许异为之先也。是故哀侯（当作懿侯）为君，而许异终身相焉。"

② 误者所据，乃是《水经·河水注》引《竹书纪年》："梁惠成王十三年（前357），郑（昭）釐侯使许息来致地：平丘、户牖、首垣诸邑。及郑驰地，我取枳道与郑鹿。"韩昭侯十二年（前351）申不害相韩之前，许异为相，故命同宗许息"致地"（献地，非易地）。

楚（入秦）为和，楚得其利（明楚之和秦），魏受其怨（信魏之伐秦）。子归，吾将使人因魏（入秦）而和。"

惠子反，魏（襄王）不说。

杜赫谓昭阳曰："魏为子先战，折兵之半，谒病不听，请和不得，魏折而入齐、秦，子何以救之？东有越累，北无晋（魏），而交未定于齐、秦，是楚孤也。不如速和！"

昭子曰："善。"因令人谒和于魏（楚使经魏入秦请和）。

——事在秦惠王更元七年、楚怀王十一年、魏襄王元年、韩宣王十五年、赵武灵王八年、齐宣王二年、燕王哙三年，即周慎靓王三年、西周惠公四十九年、东周昭文君四十二年（前318）；魏相公孙衍发动楚、魏、韩、赵、燕五国伐秦之年，伐秦失败稍后。

周显王于"六国皆称王"（前323）后二年，在位四十八年（前368—前321）而死，其子周慎靓王继位。

此后张仪以秦相兼任魏相四年（前321—前318），唆使魏惠王伐齐报仇（桂陵、马陵二仇），于第三年即魏惠王后元十六年（前319）发动秦、魏联合伐齐而大败。同年稍后，魏惠王、齐威王先后死去，魏襄王（翌年改元）、齐宣王（当年改元）先后继位。[①]

次年（前318）魏襄王罢免张仪，任命公孙衍为相。公孙衍立刻发动楚、魏、韩、赵、燕五国伐秦，结果先胜后败。这是中原诸侯首次合纵伐秦，担任纵长的是楚怀王，实际发动者则是魏相公孙衍，所以伐秦主力是魏军。魏军损失一半，急于与秦议和。

魏襄王派遣惠施使楚，要求楚怀王允许惠施代表纵长楚怀王入秦议和。楚怀王、楚相昭阳均已同意。

---

① 旧多不明魏襄王翌年（前318）改元、齐宣王当年（前319）改元，误以为齐威王死于前一年（前320，误前一年），魏惠王死于后一年（前319，不误），因而难明史事因果。

秦相张仪率领魏、秦联军伐齐而失败，又引来五国伐秦，秦惠王欲治其罪。东周昭文君凭借礼遇张仪，长期免于秦伐，因而不愿张仪失宠于秦，于是派遣东周相杜赫使楚，劝说楚相昭阳：楚国如果允许魏使惠施代表徒有纵长虚名的楚怀王入秦议和，就会为实际发动合纵伐秦的魏国背黑锅；应该撇清楚国之罪责，由魏国独尝伐秦失败之苦果。

昭阳听从杜赫，楚怀王听从昭阳，于是改变主意，不再委托惠施代表楚国入秦议和，改派楚使经魏入秦，代表魏襄王入秦议和。

杜赫以"安天下"而求"周自安"，除了谋划于东周境内，而且出击至东周境外，这是其中一次成功的外交游说。

张仪挫败五国伐秦，迫使魏国求和，重获秦惠王信任，复任秦相（前318）；更加感激昭文君、杜赫，更加竭力阻止秦惠王伐周。

仕秦的客卿陈轸，原本寄望于张仪失宠于秦惠王，自己就能继任秦相，今见无望，次年（前317）转仕楚国，从此与秦国、与张仪为敌。

周慎靓王在位六年（前321—前315），于公孙衍伐秦失败后三年（前315）死去。在位期间，二周史料仅此一条。《史记·周本纪》未书慎靓王一事，仅言"慎靓王立六年，崩，子赧王延立"。

其子周赧王继位之后，二周史料甚多。

史料34，《战国策·秦策四》六：

　　楚使者景翠在秦，从秦（昭）王与魏（襄）王遇于境，楚（怀王）怒（景翠）。

　　秦（合）［令］周最（为）［谓］楚王曰："魏请无与楚遇而合于秦，是以翠与之遇也。弊邑之于与遇，善之，故齐不合也。"

　　楚王因不罪景翠，而德（西）周、秦。

史料35，《战国策·韩策一》二一：

韩公仲相，齐、楚之交善〔秦〕。秦、魏遇，且以善齐而绝齐乎楚。楚王使景翠之秦，翠与于秦、魏之遇。楚王怒景翠，恐齐以楚遇为有阴于秦、魏也，且罪景翠。

〔周最〕为（秦）谓楚王曰："臣贺翠之与于遇也。秦、魏之遇也，将以合齐、秦，而绝齐于楚也。今翠与于遇，齐无以信魏之合己于秦而攻于楚也；齐又畏楚之有阴于秦、魏也，必重楚。故翠之与于遇，王之大资也。今翠不与于遇，魏也绝齐于楚明矣。齐信之，必轻王。故王不如无罪景翠，以示齐于有秦、魏；齐必重楚，而且疑秦、魏于齐。"

王曰："诺。"因不罪（景翠）而益其列（升职，排位靠前）。①

——二策同时，为一事之异文。事在秦惠王更元十二年、楚怀王十六年、魏襄王六年、齐宣王七年，即周赧王二年、西周惠公五十四年、东周昭文君四十七年（前313）；周显王死后八年，周慎靓王死后二年。《秦策四》六可证，《韩策一》二一"为谓楚王"前，原有"周最"二字。刘向仅知周最后期敌秦，不知其早期亲秦，于是删去"周最"，却漏删《秦策四》六之"周最"。二条为周最的最早史料。

周最是影响最大的西周国公子，影响远远大于高祖西周桓公、曾祖西周威公、祖父西周惠公、其父西周武公。《战国策》涉及周最的史料，多达二十余条（不限于二周两卷），多于大部分战国策士。其

---

① 二策景翠之"翠"，旧皆讹为"鲤"。"景鲤"并非"景翠"（又作景缺、景快），有二证：其一，景翠为武将，景鲤为文臣。《史记·楚世家》"楚王弗听（陈轸），因使一将军西受封地"，明言随张仪归秦取地者为将军。《史记·魏世家》作"使人随张仪"，《史记·屈原贾生列传》作"使使如秦受地"，盖司马迁亦疑至秦取地者非景鲤而含糊之。其二，景翠仕于楚威王、楚怀王，死于楚怀王二十九年（前300），见下169页注①。景鲤仕于楚怀王、楚顷襄王。

他先秦古籍，也有不少周最史料。由于刘向仅知周最是"周之公子"（《史记》及其《集解》《索隐》《正义》皆然），不知其国别、出身，又误以为周王一直寄居东周国，遂将九条周最史料误编于《东周策》。然而刘向又把五条周最史料编于《西周策》。所以后人或是误以为周最是东周国公子，或是不明其国别、出身，致使举足轻重的西周国公子周最飘在云端，成了来历不明的战国游士。

今年（前313）秦相张仪使楚，以秦国商於之地六百里相诱，劝说楚怀王与齐绝交。楚怀王轻信张仪，不听陈轸、屈原谏阻，命令景翠跟随张仪归秦交割（景翠已在楚威王死后，得到楚怀王重用）。景翠至秦，张仪诈伤，三月不上朝，拖延交割秦地。

策文所言，正是在此三月期间，秦惠王与魏襄王在秦、魏边境会见，楚使景翠随行。楚怀王不知秦地迟迟不能交割乃是张仪诈伤故意拖延，误以为景翠办事不力，又随秦会魏，疑其叛楚事秦，因而大怒景翠。

秦惠王听从张仪，遍伐列强，不伐二周。二周弱小，只能凭借"诈伪"谋略，艰难求存于列强之间。东周昭文君交结秦相张仪而免于秦伐，西周武公也不愿得罪遍伐列强的秦国，于是让庶子周最交结秦国。

此时周最为秦使楚，劝说楚怀王："魏国以秦惠王不与楚国亲善（不割秦地六百里）为条件，才愿亲秦。景翠不愿如此，才要求参加秦、魏会见。敝国（西周国）希望秦、楚、魏、周互相亲善，不与齐国亲善。"

楚怀王听信周最，不再怀疑景翠，感激西周国、秦国；为了尽快得到秦地六百里，又派勇士至齐，辱骂齐宣王，楚、齐交恶。

张仪成功破坏了楚、齐之盟，于是假装伤愈，带领景翠上朝，假意劝说秦惠王割地六里给楚，否认原先承诺过割地六百里。

景翠返楚复命，楚怀王始知受骗（事详《史记》之《楚世家》《屈原贾生列传》）。

史料36，《战国策·西周策》八：

楚（怀王）请道于二周之间，以临韩、魏。（东）周（昭文）君患之。

苏秦谓（东）周（昭文）君曰："除道属之于河，韩、魏必恶之。齐、秦恐楚之取九鼎也，必救韩、魏而攻楚。楚不能守方城之外，安能道二周之间？若四国弗恶，君虽不欲与也，楚必将自取之矣。"

史料37，《战国策·东周策》八：

楚攻（韩国）雍氏，（东）周粮（借粮给）秦、韩。楚（怀）王怒（东）周，（东）周之（昭文）君患之。

［苏秦］为（东）周谓楚王曰："以王之强，而怒（东）周。（东）周恐，必以国合于所与粟之国，则是劲王之敌也。故王不如速解（东）周恐，彼前得罪，而后得解，必厚事王矣。"

——二策均言楚将景翠首围韩国雍氏。事在楚怀王十七年、韩宣王二十一年、秦惠王更元十三年，即周赧王三年、西周惠公五十五年、东周昭文君四十八年（前312），张仪欺楚之次年。二策首段为一事之异文，二策次段前后相连，均为苏秦的最早史料。《西周策》八"苏秦谓周君"可证，《东周策》八原文"为周谓楚王"之前，原有"苏秦"二字，刘向误信《史记》苏秦讹史，于是删去"苏秦"，却漏删《西周策》八之"苏秦"。旧多误信《史记》苏秦讹史，遂视《西周策》八为伪托。《西周策》八，应编入《东周策》八之前，因为周赧王、九鼎此时不在西周国，而在东周国，苏秦又是东周国人。

楚围雍氏（河南州县），共计两次：第一次是楚怀王十七年、韩宣王二十一年、周赧王三年（前312），《史记·秦本纪》秦惠王更元十三年"楚围雍氏"记之,《西周策》八、《东周策》八《楚攻雍氏》言之,《竹书纪年》亦曰:"楚景翠围雍氏。韩宣王卒(前312),秦助韩共败楚屈丐。"第二次是楚怀王二十九年、韩襄王十二年、周赧王十五年(前300),《史记·韩世家》韩襄王十二年"楚围雍氏"记之,《西周策》四《雍氏之役》、《韩策二》一《楚围雍氏五月》言之(见下史料57、58)。《史记·秦本纪》失记第二次,《史记·韩世家》失记第一次,《史记·楚世家》失记两次。《史记·周本纪》将第二次"楚围雍氏"(内容同于《西周策》四),误记于周赧王八年(前307),《史记·樗里子甘茂列传》也把"楚怀王以兵围韩雍氏"误记于秦昭王立年(前307),其实此年并无"楚围雍氏"。旧多各凭其中某条或多条,人言言殊。

去年(前313)秦相张仪欺骗楚怀王,今年(前312)楚怀王大怒伐秦,爆发了首次秦、楚大战。

楚怀王派出两路楚军:屈丐率领楚军主力伐秦之商於(去年张仪佯许之地),景翠率领楚军一支伐韩之雍氏(因为韩、秦此时连横结盟)。与此同时,赵军伐魏北疆,齐、宋联军伐魏煮枣(因为魏、秦此时连横结盟),越军则救魏。

秦惠王采纳张仪之策,派出三路秦军:张仪死党、魏人魏章率领秦军主力,在秦地迎击屈丐;甘茂率领秦西路军,伐楚地汉中;樗里疾率领秦东路军,先救韩地雍氏,后救魏地煮枣。

秦、楚首次争霸大战,最终扩大为秦、魏、韩、越、燕五国,又卷入楚、赵、齐、宋四国,形成九国混战(详见拙著《庄子传》五十八章)。

二周均未卷入今年的天下大战。东周昭文君交结张仪而亲秦,借粮给救韩之秦军,触怒了楚怀王,于是忧虑楚军一旦攻取雍氏,可能进入东周夺取九鼎。

苏秦(约前350—前284)此时约三十九岁,居于洛阳乡下,闻讯进城,游说昭文君,借其忧虑,而下说辞,乃谓"齐、秦恐楚之取九鼎"（实非今年天下大战之主因），预判秦军"必救韩、魏而攻楚，楚不能守方城之外"，所以无须忧虑楚军攻取雍氏并入周夺鼎。

昭文君仍然忧虑，于是派遣苏秦使楚求情。

苏秦一到楚国，预判已被证实：魏章所率秦军主力，大败攻至秦地丹阳（河南西峡丹水北）的楚军主力，杀死屈丐。甘茂所率秦西路军，伐楚汉中（楚国汉水中部，并非陕西汉中），取地六百里。樗里疾所率秦东路军，救韩雍氏，击败景翠（然后又救魏煮枣，击败齐、宋）。

楚怀王无暇继续伐韩，遑论伐东周，而是怒于未得商於之地六百里，反失汉中之地六百里，又发倾国之兵亲征秦国，攻至紧邻秦都咸阳的蓝田（陕西西安蓝田）而惨败。首次秦、楚大战，以楚国大败告终。秦国从此取代楚国，跃居天下最强。

此时苏秦尚未返回东周，仍在楚国，于是又拜见也向楚怀王预判伐秦必败的陈轸，引为同道，进献挫败张仪之策。陈轸未予理睬。[1]

史料38，《史记·苏秦列传》：

苏秦者，东周（国）洛阳人也。……出游数岁，大困而归。兄（苏代）弟（苏厉）嫂妹妻妾窃皆笑之，曰："周人之俗，治产业，力工商，逐什二以为务。今子释本而事口舌，困，不亦宜乎！"

苏秦闻之而惭，自伤，乃闭室不出，出其书遍观之。曰："夫士业已屈首受书，而不能以取尊荣，虽多亦奚以为！"于是得周书《阴符》，伏而读之。期年，以出《揣摩》。

曰："此可以说当世之君矣。"

求说周（显）〔赧〕王。

---

① 《战国纵横家书·苏秦谓陈轸章》："齐、宋攻魏，楚围雍氏，秦败屈丐。苏秦谓陈轸曰……"事在楚怀王十七年（前312）秦、楚大战下半年。

（显）［赧］王左右素习知苏秦，皆少之，弗信。（按：文中二"显"，均当作"赧"）

——事在周赧王四年、西周武公元年、东周昭文君四十九年（前311）；秦、楚大战次年。《史记》苏秦讹史，误前苏秦之事三十年，因而误"赧"为"显"。其实苏秦在周显王、周慎靓王时尚未出道，周赧王初年才出道。

苏秦去年（前312）先游说东周昭文君而使楚，后游说楚国谋臣陈轸而失败，大困而归，回到洛阳乡下，遭到兄嫂、弟媳嘲笑，因为其兄苏代、其弟苏厉均已仕齐而得富贵（《史记》误以苏秦为长兄，苏代为二弟）。于是头悬梁，锥刺股，发愤读书一年，撰写《揣摩》等文（后被编入《鬼谷子》）。今年（前311）又从乡下进城，游说周赧王。

所谓周赧王"左右素习知苏秦，皆少之，弗信"，可能与苏秦的洛阳乡下口音有关。异地口音，难辨城乡；本地口音，易辨城乡。所以天下布衣常常游仕异邦，因为"外来和尚好念经"。

史料39，《战国策·东周策》五：

东周欲为稻，西周不下水，东周患之。

苏子谓东周（昭文）君曰："臣请使西周下水，可乎？"

乃往见西周之君（武公）曰："君之谋过矣！今不下水，所以富东周也。今其民皆种麦，无他种矣。君若欲害之，不若一为下水，以病其所种。下水，东周必复种稻；种稻而复夺之。若是，则东周之民可令一仰西周，而受命于君矣。"

西周君曰："善。"遂下水。

苏子亦得两国之金也。（按：东周三苏，仅有苏秦世称"苏子"，苏代、苏厉则否）

——事在周赧王四年、西周武公元年、东周昭文君四十九年（前

311），是紧接史料38的同年之事。《史记·周本纪》未记此事。刘向误将此策编于《东周策》三《东周与西周战》、《东周策》四《东周与西周争》之后。旧或误据《史记》苏秦讹史，而误视此策为伪托；又或误据《东周策》误序，而误系于周赧王八年（前307）。交战之后的龃龉不易调解，交战之前的龃龉容易调解，苏秦此时人微言轻，竟能调解成功，已证事在二周交战之前。况且此事之后，苏秦离周仕齐。

"东周欲为稻，西周不下水"，是史载首次二周龃龉。据此推定西周惠公死于去年（前312），在位五十五年（前366—前312）。其子西周武公去年继位服丧，今年（前311）即位除丧，始计元年。

二周分立以后，一直不睦。西周惠公可能先是顾念幼弟东周惠公是父君西周威公之爱子，尚存手足之情；后来侄子东周昭文君继位，又碍于周显王寄居东周国，所以一直没对东周国发难。均符合其谥号"惠"。

西周武公为太子之时，可能不满父君西周惠公对东周国忍让，因而即位以后，立刻向堂弟东周昭文君发起挑衅，利用天下大旱，洛水流量变小，在上游截断洛水。后来又征伐东周（见下史料46—48），助韩、魏击秦（见下史料65）。均符合其谥号"武"。

二周首次发生龃龉。东周国人苏秦闻讯进城，先游说周赧王而失败，再游说昭文君而为其出使西周国，小试牛刀，调解成功，兼得二周之金。但他胸怀大志，不愿求仕弱小而且内耗的二周，也不愿西行求仕暴秦，去年又已南行求仕强楚受挫，于是追随其兄苏代、其弟苏厉，东行往仕强齐。

张仪、苏秦相差三十岁，既非同辈，更非同师乌有先生"鬼谷子"的师兄弟，但是均曾交接东周昭文君。东周昭文君为求"安周"而遍礼天下游士，魏人张仪、楚人景翠年长而名重天下，又有东周相杜赫力荐，因而礼遇较重，本国人苏秦年轻而声名未著，又无他人力荐，因而礼遇较轻。

史料40，《战国策·魏策四》二十：

周最善齐，翟强善楚。二子者欲伤张仪于魏（襄王）。

张子闻之，因使其人为见者啬夫。

间见者，因无敢伤张子。

——事在秦武王元年、魏襄王九年、楚怀王十九年、齐宣王十年，即周赧王五年、西周武公二年、东周昭文君五十年（前310）；史料39之次年，张仪罢免秦相归魏之后。旧多不明张仪、周最、翟强史事，或误视此策为伪托，或误系此策于张仪相魏惠王时。

前年（前312）秦、楚大战，去年（前311）秦惠王死（前337—前311在位），其子秦武王继位。今年（前310）年初秦武王即位，立刻罢免张仪，驱逐归魏。不久魏相田需死去，此前均曾相魏的魏人张仪、魏人公孙衍、齐人孟尝君，于是各自图谋复任魏相。

"周最善齐"敌秦（此前亲秦敌齐，乃是无奈之伪装，见上史料35)，"翟强善楚"敌秦，都不希望亲秦而敌齐、楚的张仪复任魏相，二人都打算向魏襄王进言，中伤张仪。二人敌视张仪虽同，主张却异：周最希望魏襄王按照齐国意愿，让齐相孟尝君兼任魏相；翟强希望魏襄王按照楚国意愿，让太子魏政自任魏相。

张仪既是魏人，又曾相魏，在魏颇有党羽。得闻此讯，于是安插亲信担任见者啬夫，阻止了周最、翟强等敌秦者向魏襄王中伤自己。

齐宣王于是派遣苏代出使楚、魏。苏代先至楚，向楚相昭鱼探明楚国意愿；再使魏，说服魏襄王，让太子魏政自任魏相。①

张仪谋复魏相失败，今年（前310）五月死于魏国②。秦军长期不伐二周的历史，也就此告终。

本节所录周赧王从东周国迁至西周国之前的二周史料二十六条（史料15—40），涉及东周国（含周王）的多达二十一条，因为周王寄居的东周国是天下中枢；涉及西周国的仅有四条（史料32、34、35、40），兼及二周的仅有一条（史料39）。其中三条（史料26、32、36）涉及秦、齐、魏、楚等列强觊觎九鼎。而周赧王从寄居东周国变成寄居西周国，根源仍是九鼎。

---

① 《战国策·魏策二》：田需死。(楚相)昭鱼谓(齐使)苏代曰："田需死,吾恐张仪、薛公(孟尝君田文)、犀首(公孙衍)之有一人相魏者。"代曰："然则相者以谁,而君便之也？"昭鱼曰："吾欲太子之自相也。"代曰："请为君北见梁王,必相之矣。"昭鱼曰："奈何？"代曰："君其为梁王,代请说君。"昭鱼曰："奈何？"对曰："代也从楚来,昭鱼甚忧。代曰：'君何忧？'(昭鱼)曰：'田需死,吾恐张仪、薛公、犀首有一人相魏者。'代曰：'勿忧也。梁王长主也,必不相张仪。张仪相魏,必右秦而左魏。薛公相魏,必右齐而左魏。犀首相魏,必右韩而左魏。梁王长主也,必不使相也。'王曰：'然则寡人孰相？'代曰：'莫如太子之自相。是三人皆以太子为非固相也,皆将务以其国事魏,而欲丞相之玺。以魏之强,而持三万乘之国辅之,魏必安矣。故曰：不如太子之自相也。'"遂北见梁王,以此语告之,太子果自相。

② 《史记·六国年表》秦武王元年(前310)："张仪、魏章皆死于魏。"《史记·韩世家·索隐》及《史记·张仪列传·索隐》均引《竹书纪年》："(张仪)以今王(魏襄王)九年(前310)五月卒。"《史记·秦本纪》"秦武王"二年(前309),张仪死于魏",《史记·魏世家》"(魏襄王)十年(前309),张仪死",均误后一年。

四 周赧王迁至西周国及二周之战

张仪死后，秦武王改变了秦惠王听从张仪而定的不伐二周之策，决定发兵东周，夺取九鼎，代周为王。

秦武王三年、周赧王七年（前308），是三代周王寄居东周国六十年（前367—前308）的最后一年。秦武王四年、周赧王八年（前307），是周赧王寄居西周国五十二年（前307—前256）的第一年。两年之中，东周朝、二周国发生了重大事变，因此史料大多连言两年之事。为了便于引用和叙述，本文也特辟专节连言两年之事。周赧王从寄居东周国变成寄居西周国的两年，二周史料共有十四条（41—54）。

史料41，《史记·秦本纪》：

> （秦武王）三年（前308）……武王谓甘茂曰："寡人欲容车通三川，窥周室，死不恨矣。"其秋，使甘茂、庶长封（向寿）伐宜阳。（秦武王）四年（前307），拔宜阳。（《秦策二》六略同）

史料42，《战国策·东周策》二：

> 秦攻宜阳（前308），（东）周（昭文）君谓赵累曰："子以为何如？"

对曰："宜阳必拔也。"

君曰："宜阳城方八里，材士十万，粟支数年，公仲之军二十万，景翠以楚之众，临山而救之，秦必无功。"

对曰："甘茂，羁旅也，攻宜阳而有功，则周公旦也；无功，则削迹于秦。秦（武）王不听群臣父兄之议而攻宜阳，宜阳不拔，秦王耻之。臣故曰拔。"

君曰："子为寡人谋，且奈何？"

对曰："君谓景翠曰：'公爵为执圭，官为柱国，战而胜则无加焉矣，不胜则死。不如（背）[骨]秦（援）[拔]宜阳，公进兵。秦恐公之乘其弊也，必以宝事公。公仲慕公之为己乘秦也，亦必尽其宝。'"

秦拔宜阳（前307），景翠果进兵。秦惧，遽效煮枣，韩氏果亦效重宝。景翠得城于秦，受宝于韩，而德东周。

——事在秦武王三年至四年、韩襄王十一年至十二年，即周赧王七年至八年、西周武公四年至五年、东周昭文君五十二年至东周嗣君元年（前308—前307）；发生于公仲朋第二次相韩（前313—前303）时期。

韩国三川郡，处在秦军前往东周的必经之路。因此秦武王先命甘茂、向寿领兵进攻三川郡之郡治、韩国旧都宜阳，费时八个月攻下。

东周昭文君担心甘茂攻取韩国宜阳之后，乘胜进攻东周夺取九鼎，于是采纳赵累之策，以利诱使楚将景翠率领楚军，阻止了甘茂进攻东周。景翠终于回报了二十多年前（前333）昭文君的礼遇之恩。

此后再无昭文君史料，综合各项史证推定：秦攻宜阳（前308）之年，当为东周昭文君死年。秦拔宜阳（前307）之年，当为东周嗣君元年。

东周昭文君担心秦武王先攻宜阳、后伐东周，老病忧急而死，在位五十二年（前359—前308）。其子东周嗣君即位以后，不再重用杜赫。杜赫于是因缘老友景翠，离周仕楚。

离秦仕楚的陈轸，不愿名重天下的杜赫危及自己在楚之地位（陈轸拒绝苏秦至楚献策，原因相同），于是百般排挤刁难杜赫。杜赫未能得到楚怀王重用（参看《楚策一》十五"楚杜赫说楚王以取赵"），后来又为韩相公仲朋使秦（参看《韩策一》十六"公仲以宜阳之故仇甘茂"）。因其无关二周，不再赘述。

东周昭文君，颇有祖父西周威公之风。西周威公礼贤下士而师事宁越，终其一生西周国免于国难。东周昭文君礼贤下士而师事杜赫，终其一生东周国免于征伐。贾谊《过秦论》曰："六国之士，有宁越、徐尚、苏秦、杜赫之属为之谋，齐明、周最、陈轸、昭滑、楼缓、翟景、苏厉、乐毅之徒通其意，吴起、孙膑、带佗、倪良、王廖、田忌、廉颇、赵奢之伦制其兵。"首句所举六国四大谋士，宁越是西周国谋士，徐尚是赵国谋士，苏秦是燕国谋士（东周国人），杜赫是东周国谋士。次句第一齐明也是东周国谋士，第二周最也是西周国谋士。可见强大的七雄均非天下中枢，弱小的二周才是天下中枢。因为七雄争夺的天下是东周朝之天下，只要作为"天下共主"的周王尚在，二周就是群策所集、群力所指之箭垛。尽管秦火汉黜导致战国史残缺、二周史亡佚，但是宁越、杜赫、齐明、周最等二周谋士主导天下中枢的重要作用仍然不可小觑。

西周惠公、东周惠公均承西周威公，又均自居正统。西周惠公之子西周武公，仍然称"公"，尚武逞强，除了挑衅东周，又与列强争雄。东周惠公之子昭文君，则采纳杜赫之策，以"安天下"而求"周自安"，由"公"降"君"，自贬其号，除了忍让西周，又向列强示弱。二周国策不同，其后国运也异。

史料43，《战国策·西周策》十三：

秦（武王）欲攻（东）周。

周最谓秦（武）王曰："为王之国计者，不攻（东）周。攻

（东）周，实不足以利国，而声畏天下。天下以声畏秦，必东合于齐。兵弊于（东）周，而合天下于齐，则秦孤而不王矣。是天下欲罢秦，故劝王攻（东）周。秦与天下俱罢，则令不横行于周矣。"

——事在秦武王四年，即周赧王八年、西周武公五年、东周嗣君元年（前307）；紧接上文，秦拔宜阳稍后。刘向误编于《西周策》，应编入《东周策》，因为秦武王欲入东周夺取九鼎，此时九鼎不在西周。《史记·周本纪》误书此事于周赧王四十五年（前270，秦昭王三十七年），误后三十七年；旧多误从。周赧王八年，周最尚未公开反秦，所以面谏秦武王，其时齐强而赵弱，也合于周最谏言。周赧王四十五年，周最早已公开反秦，不可能面谏恨其入骨的秦昭王（详下史料76），其时齐衰而赵盛，也不合周最谏言。

秦武王原本希望甘茂攻取宜阳之后，一举伐灭东周，夺取九鼎，代周为王。此时周最尚未撕破亲秦假面，因此秦拔宜阳之后，向秦武王谏阻秦军进入东周。

秦武王不听。

史料44，《战国策·西周策》三：

秦（武王）令樗里疾以车百乘入（东）周，（东）周（嗣）君迎之以卒，甚敬。

楚（怀）王怒，让（东）周，以其重秦客。

游腾［为东周嗣君］谓楚（怀）王曰："昔智伯欲伐厹由，遗之大钟，载以广车，因随入以兵，厹由卒亡，无备故也。桓公伐蔡也，号言伐楚，其实袭蔡。今秦者，虎狼之国也，兼有吞周之意；使樗里疾以车百乘入（东）周，（东）周（嗣）君惧焉，以蔡、厹由戒之。故使长兵在前，强弩在后，名曰卫（樗里）疾，而实囚之也。（东）周（嗣）君岂能无爱国哉？恐一日之亡国，而忧大王。"

楚（怀）王乃悦。（《史记·樗里子甘茂列传》略同）

——事在秦武王四年、楚怀王二十二年，即周赧王八年、西周武公五年、东周嗣君元年（前307）；年中，紧接上文，楚怒东周而欲伐之后。秦军所入，楚怀王所怒，均为东周国。刘向误编于《西周策》，应编入《东周策》。

秦武王尽管不听周最谏阻，但是鉴于甘茂受阻于楚将景翠，深知伐灭东周、夺取九鼎、代周为王的时机尚未成熟；为免激怒天下列强，于是放弃强攻东周，改变策略，命令左丞相甘茂率领大军返秦，改命右丞相樗里疾率领兵车百乘访问东周，试探东周嗣君、周赧王、天下列强的反应。

东周嗣君遵循其父昭文君的亲秦"安周"之策，打开洛阳城门，迎接樗里疾的兵车百乘进入东周国都。樗里疾进入王宫，向周赧王提出：秦武王准备亲至东周，试举周鼎，先派自己前来接洽。周赧王严词拒绝。樗里疾大怒，不仅把周赧王逐出了王宫，而且逐出了东周国，强迁至西周国。[①]

楚怀王闻讯大怒，迁怒东周嗣君，准备征伐东周国。

东周嗣君闻讯大恐，派遣游腾使楚，谎称迎接樗里疾进入洛阳，意在诱敌深入，即将囚禁樗里疾。

---

① 杨宽：《战国史料编年辑证》（上海人民出版社，2001，第513页）："可知周赧王徙居（西周国之）王城，当在八年以后。"周赧王徙居西周，《史记·周本纪》误书于周赧王元年。杨宽"当在八年以后"，乃谓周赧王八年（前307）徙居西周，"以后"一直居于西周；非谓"八年以后"某年才徙居西周。

楚怀王将信将疑，欲观后效，暂时不伐东周。^①

史料45，《战国策·秦策五》一：

[周最]谓秦（武）王曰："臣窃惑王之轻齐、易楚，而卑畜韩也。臣闻：'王，兵胜而不骄；伯，主约而不忿。'胜而不骄，故能服世；约而不忿，故能从邻。今王广德魏、赵，而轻失齐，骄也；战胜宜阳，不恤楚交，忿也。骄、忿非伯王之业也。臣窃为大王虑之，而不取也。《诗》云：'靡不有初，鲜克有终。'故先王之所重者，唯始与终。何以知其然？昔智伯瑶残范、中行，围逼晋阳，卒为三家笑；吴王夫差栖越于会稽，胜齐于艾陵，为黄池之遇，无礼于宋，遂与勾践禽，死于干隧；梁（惠）君伐楚胜齐，制赵、韩之兵，驱十二诸侯以朝天子于孟津，后（太）子（魏申）死（于马陵），身布冠而拘于齐。三者非无功也，能始而不能终也。今王破宜阳，残三川，而使天下之士不敢言；雍天下之国，徙两周之疆，而世主不敢交；塞阳侯，取黄棘，而韩、楚之兵不敢进。王若能为此尾，则三王不足四，五伯不足六。王若不能为此尾，而有后患，则臣恐诸侯之君，河、济之士，以王为吴、智之事也。《诗》云：'行百里者，半于九十。'此言末路之难。今大王皆有骄色，以臣之心观之，天下之事，依世主之心，非楚受兵，必秦也。何以知其然也？秦人援魏以拒楚，楚人援韩以拒秦，四国之兵敌，而未能复战也。齐、宋在绳墨之外以为权，故曰先得齐、宋者成。秦先得齐、宋，则韩氏铄；韩氏铄，则楚孤而受兵也。楚先得齐、宋，则魏氏铄；魏氏铄，则秦孤而

---

① 《史记·周本记》于"楚（怀王）以（东）周为秦故，将伐之"之后，续书："苏代为（东）周说楚王曰：'何以（东）周为秦之祸也？言（东）周之为秦甚于（为）楚者，欲令（东）周入秦也，故谓周秦也。（东）周知其不可解，必入于秦，此为秦取周之精者也。为王计者，（东）周于秦，（楚）因善之，不于秦，（楚）亦言善之，以疏之于秦。（东）周绝于秦，必入于郢矣。'则苏代（或苏秦）亦曾劝阻楚伐东周。

155

受兵矣。若随此计而行之，则（两）[柄] 国者必为天下笑矣。"

——事在秦武王四年，即周赧王八年、西周武公五年、东周嗣君元年（前307）；年中，紧接上文，秦迁周赧王至西周国之后。《西周策》十三可证，《秦策五》一"谓秦王"前，原有"周最"二字。刘向仅知周最后期敌秦，不知其早期亲秦，于是删去"周最"，却漏删《西周策》十三之"周最"。

周最首先谏阻秦军进入东周，秦武王尽管不听，却把大军直入东周，改为兵车百乘入东周，把周赧王从东周强迁至西周。周最进而谏阻秦军把周赧王从东周强迁至西周，秦武王仍然不听。从此以后，周最撕下亲秦假面，公开敌秦，成为"以天下辱秦者"（见下史料61）。

秦武王不听周最二谏，在樗里疾把周赧王从东周强迁至西周以后，率领任鄙、乌获、孟说等大力士亲往东周，进入洛阳太庙举鼎，绝膑猝死①，点燃了二周开战的导火索。

史料46，《战国策·东周策》四：

东周与西周争，西周欲和于楚、韩。齐明谓东周（嗣）君曰："臣恐西周之与楚、韩宝，令之为己求地于东周也。不如谓楚、韩曰：'西周之欲入宝，持二端。今东周之兵不急西周，西周之宝不入楚、韩。'楚、韩欲得宝，即且趣我攻西周。西周宝出，是我为楚、韩取宝以德之也，西周弱矣。"

史料47，《战国策·东周策》三：

东周与西周战，韩救西周。[齐明]为东周谓韩（襄）王曰：

---

① 《史记·秦本纪》："（秦武王）四年,拔宜阳。……王与孟说举鼎,绝膑。"《史记·赵世家》："秦武王与孟说举龙文赤鼎,绝膑而死。"

"西周者，故天子之国也，多名器重宝。案兵而勿出，可以德东周，西周之宝可尽矣。"

史料48，《史记·周本纪》：

（周赧王）八年，秦攻宜阳，楚救之。而楚以（东）周为秦故，将伐之。……东周与西周战，韩救西周。（下同《东周策》三，略）

——事在秦武王四年、楚怀王二十二年、韩襄王五年，即周赧王八年、西周武公五年、东周嗣君元年（前307）；下半年，紧接上文，秦武王进入东周举鼎猝死之后。二策事涉二周，尽管是西周伐东周，但是出策应对西周之伐的是东周君臣，所以刘向编于《东周策》不误，然而排序有误：第四策齐明进言东周嗣君，欲阻楚、韩支持西周，应在前；第三策齐明进言韩襄王，阻其支持西周，应在后。杜赫于昭文君死后转而仕楚，齐明遂成东周嗣君的主要谋士。

周赧王刚被秦军强迁至西周，一闻秦武王举鼎猝死，立刻命令西周武公征伐东周，既泄三代周王六十年受制于东周国君之积愤，又报东周嗣君媚秦开城、听凭秦军驱逐自己之新恨。

西周武公对待东周，虽比其父西周惠公强硬，但是碍于周赧王寄居于东周，此前不敢征伐东周，仅有截流断水之类挑衅（见上史料39），如今周赧王迁居西周，已无顾忌，于是命令太子姬共领兵征伐东周。又借用天子名义，重宝贿赂楚、韩，邀其出兵相助。

楚怀王眼见东周嗣君又迎秦武王入周举鼎，始知游腾谎称即将因禁樗里疾（史料44）乃是欺骗。韩襄王刚被秦军攻破旧都宜阳，也迁

怒于东周嗣君媚秦。于是楚、韩各自出兵，支持西周征伐东周。^①

东周谋士齐明欲阻楚、韩助西周伐东周，失败。二周在六十年不睦、龃龉之后，终于首次动兵。

史料49，《战国策·东周策》二四：

> （西）周（武公之）共太子死，（西周武公）有五庶子，皆爱之，而无适立也。司马翦谓楚（怀）王曰："何不封公子咎，而为之请太子？"……（楚）相国令之（公子咎）为太子。

史料50，《史记·周本纪》：

> 慎靓王立六年，崩，子赧王延立。王赧时东西周分治。王赧徙都西周，西周武公之共太子死。（下同《东周策》二四，略）

——事在楚怀王二十二年，即周赧王八年、西周武公五年、东周嗣君元年（前307）；下半年，紧接上文，二周交战余绪之一。刘向误以为"周共太子"是周赧王太子（误从者众），又误以为周赧王仍居东周国，因而误编于《东周策》，应编入《西周策》。《史记·周本纪》明言"西周武公之共太子死"，而且书于"王赧徙都西周"之后；然而司马迁不知二事之年，出于无奈才书于"慎靓王立六年，崩，子赧

① 《史记·韩世家·集解》"徐广曰"业已辨明，楚围韩之雍氏，共计二次，一为周赧王三年、韩宣王二十一年（前312），二为周赧王十五年、韩襄王十二年（前300）。《史记·周本纪》仅记一次，误书于周赧王八年；《史记·韩世家》仅记一次，误书于韩襄王五年，文与《战国策·西周策》四"雍氏之役"（楚再围雍氏）略同；《史记·樗里子甘茂列传》亦误书秦昭王立年（前307，秦武王四年死，同母弟秦季君继位，异母弟秦昭王尚未篡位）"楚怀王怨前秦败楚于丹阳而韩不救，乃以兵围韩雍氏"。秦武王于周赧王八年、韩襄王五年（前307）迁周赧王至西周国，而后至东周国之洛阳举鼎而死，而后二周相战，楚、韩皆怒东周国而助西周国，此年并无"楚围雍氏"之事。

王延立"之后。旧多不明《史记·周本纪》书法，误系二事于周赧王元年（前314）。《史记·周本纪》"王赧时东、西周分治"，则是司马迁不知"东、西周分治"始于周赧王祖父周显王而误书。《史记·周本纪·索隐》被刘向误编的《东周策》二四误导，妄注"西周武公"曰："《战国策》作'东周武公'。"其实《东周策》二四仅有"周共太子死"，绝无"东周武公"。东周国不仅从无"武公"，而且只有第一君惠公称"公"，第二君昭文君即已贬号称"君"，后君沿之。《史记·周本纪·集解》注"西周武公"曰："（西周）惠公之长子。"不误。

《周本纪》《东周策》仅言二周交战，未言胜败。以理推之，西周国若胜，即使周赧王不返洛阳，也必撤销东周国之封，既然周赧王此后一直寄居西周国，也未撤销东周国之封，可证西周国战败。西周武公太子姬共，当为征伐东周失败而死。

楚怀王助西周伐东周失败，而西周武公之太子姬共战死，于是希望控制未来的西周国君，进而控制被秦强迁至西周的周赧王，以便挟天子以令诸侯，于是采纳大司马昭鼒之策，拥立亲楚的西周武公五庶子之一姬咎为西周国新太子，成功。

史料51，《战国策·西周策》十五：

[司马悍]谓齐（宣）王曰："王何不以地赍周最以为（西周）太子也？"

齐（宣）王令司马悍以赂进周最于（西）周。

——事在齐宣王十三年，即周赧王八年、西周武公五年、东周嗣君元年（前307）；下半年，与上同时，二周交战余绪之二。旧多不明《史记·周本纪》书法，误以为西周武公之共太子死于周赧王元年（前314），因而误系此策之年。

齐宣王与楚怀王心思相同，也希望控制未来的西周国君，进而控制被秦强迁至西周的周赧王，以便挟天子以令诸侯，于是采纳司马悍之策，拥立亲齐的西周武公五庶子之一周最为西周国新太子，失败。

史料52，《战国策·西周策》九：

> 司寇布为周最谓（西）周君曰："君使人告齐（宣）王以周最不肯为太子也，臣为君不取也。函冶氏为齐太公买良剑，公不知善，归其剑而责之金。越人请买之千金，折而不卖。将死而属其子曰：'必无独知！'今君之使（周）最为太子，独知之契也，天下未有信之者也。臣恐齐王之为君实立某而让之于（周）最，以嫁之齐也。君为多巧，（周）最为多诈，君何不买信货哉？奉养无有爱于（周）最也，使天下见之。"

——事在齐宣王十三年，即周赧王八年、西周武公五年、东周嗣君元年（前307）；下半年，紧接上文，西周武公立姬咎为新太子稍后，二周交战余绪之三。刘向排序颠倒，《西周策》十五应在前，《西周策》九应在后。

西周武公听从楚怀王，立姬咎为新太子；不听齐宣王，不立周最为新太子。真实原因，乃是楚助西周伐东周，齐未助西周伐东周，而且楚近齐远。但其拒绝齐宣王的虚假托辞，却是"周最不肯为太子"。

司寇布认为，如此难以蒙人的假话，必将得罪强齐。于是建议西周武公圆谎弥补，让周最享有庶子之中最为优厚的爵禄地位。[①]

史料53，《战国策·东周策》二七：

> 昭翦与东周恶。

---

① 姬共、姬咎、周最均为西周武公之子，原均姓姬。三人正式称呼，原为"周太子共"、"周公子咎"（后称"周太子咎"）、"周公子最"。周最后来离开西周，仕于魏、齐，影响遍及天下，天下简称"周公子最"为"周最"。

或（为东周）谓昭翠曰："为公画阴计。"

昭翠曰："何也？"

"西周甚憎东周，常欲东周与楚恶。西周必令贼贼公，因宣言东周（所为）也，以西周（武公）之于（楚怀）王也善。"

昭翠曰："吾又恐东周之贼己，而以诬西周恶之于楚。"遽和东周。

——事在楚怀王二十二年，即周赧王八年、西周武公五年、东周嗣君元年（前307）；下半年，与上同时，二周交战余绪之四。

景翠与东周善，所以率领楚军阻止了攻破宜阳的甘茂秦军直入东周（见上史料42）。

"昭翠与东周恶"，所以先率楚军助西周伐东周，后又献策拥立西周国新太子姬咎。

东周嗣君不愿昭翠继续鼓动楚怀王敌视东周，于是用计缓解昭翠对东周之敌意。昭翠也不愿成为二周敌对的牺牲品，于是不再与东周敌对。

史料54，《吕氏春秋·贵卒》：

（西）周武君使人刺伶悝于东周。

伶悝僵，令其子速哭曰："以谁刺我父也？"

刺者闻，以为死也。

（西）周（武君）以为（刺者）不信，因厚罪之。

——事在周赧王八年、西周武公五年、东周嗣君元年（前307）；下半年，二周交战余绪之五。

西周武公征伐东周失败，太子姬共战死，大为不忿，遂命刺客刺杀东周嗣君的宠臣伶悝。伶悝受伤没死，命子假哭。刺客以为刺杀成功，返报复命。后来西周武公得知伶悝没死，认为刺客谎报骗赏，重治其罪。

今年（前307）周赧王被秦从东周强迁至西周，引发西周伐东周，楚、韩助西周，西周太子战死，楚、齐争立西周新太子等等连锁反应，乃是天下中枢转移、战国格局变动的重大事变，因而史料众多。旧皆不明二周史，未能明辨先后因果，因而众多珍贵史料，沦为断线散珠。

综上可知，《周本纪》："王赧时东、西周分治。王赧徙都西周。"前句误，东、西周分治，始于周显王二年（前367）。后句不误，但是未言时间，"徙都"又是"尊王"之饰词，当从《世本·居篇》："赧王徙居西周。"因为周赧王并非主动离开东周国，而是被秦强迁至西周国。时间是周赧王八年（前307）下半年，秦国左相甘茂攻取韩国宜阳之后，秦武王至东周国都洛阳举鼎猝死之前，强迁者是秦惠王之弟、秦武王之叔、秦国右相樗里疾。

本节所录周赧王从东周国迁至西周国之际的二周史料十四条（41—54），无论是仅言东周，还是仅言西周，无不兼及二周，因为均与秦把周赧王从东周强迁至西周、二周之战有关。

五　末代周王寄居西周国五十二年

　　周赧王被秦从东周国强迁至西周国，从此寄居西周国五十二年
（前307—前256），尽失"天下共主"之虚名，列强代周为王的征战
进一步升级。这一时期较为重要的二周史料，共计四十二条（55—
94）。涉及东周国的仅有六条（55、57、64、86、93、94），兼及二周
的仅有二条（69、84）；涉及西周国（含周王）的多达三十二条，因
为周王寄居的西周国，已经取代东周国，成了天下中枢。

　　这一时期又可分为两大阶段。本节先言第一阶段，即周赧王寄居
西周国的最初二十年（前307—前288），史料三十条（55—84）。

　　史料55，《战国策·西周策》七：

　　　　楚兵在山南，吾得将，为楚（怀）王属怒于（东）周。

　　　　或谓（东）周（嗣）君曰："不如令太子将军正迎吾得于境，
　　而君自郊迎，令天下皆知君之重吾得也。因泄之楚曰：'（东）
　　周君所以事吾得者，器名曰某。'楚（怀）王必求之，而吾得无
　　效也，王必罪之。"

　　附《竹书纪年》（《水经·伊水注》引）：

楚吾得帅师及秦伐郑（韩），围纶氏。①
· · ·

附《竹书纪年》（《水经·河水注》引）：

翟章救郑（韩），次于南屈。②

——事在秦昭王三年、楚怀王二十五年、韩襄王八年、魏襄王十
五年，即周赧王十一年、西周武公八年、东周嗣君四年（前304）；周
赧王迁至西周第四年。刘向不明楚怀王怒东周而亲西周，误编于《西
周策》，应编入《东周策》。旧或误系于周赧王十五年（前300），此年
秦昭王加入孟尝君策动的齐、魏、韩合纵伐楚（见下史料56），楚、
秦不可能共同伐韩。

秦武王（秦惠王嫡长子，生母魏氏）举鼎猝死（前307），年仅二
十三岁，无子，同母弟秦季君嬴壮继位为秦季君（未入年表）；赵武
灵王为了乱秦，把在燕为质的秦惠王庶子嬴稷（生母楚女芈八子）护
送归秦，挑起秦国争位之乱，随即实行胡服骑射。前年（前306）嬴
稷逐兄（秦季君）篡位，成为秦昭王，与赵结盟。去年（前305）秦
昭王弑杀秦季君，争位之乱结束。今年（前304）秦昭王邀请楚怀王
在黄棘会盟，归还上庸六县给楚，与楚结盟；秦、楚随即共伐韩国纶
氏（今河南伊川、登封之间），伐韩的楚将是吾得。

东周嗣君三年前（前307）触怒楚怀王，如今担心吾得伐破韩国
纶氏之后，危及东周国；由于秦、楚联合伐韩，不能指望秦救东周。
某人于是献策：先派东周国太子在边境迎接吾得，然后东周嗣君亲自

---

① 《路史·后纪》卷十三注引《竹书纪年》："楚吾得及秦师伐郑，围纶。"《后汉书·黄
琼传》注引《竹书纪年》："楚及秦伐郑纶氏。"《太平寰宇记》卷四引《竹书纪年》：
"楚及秦伐郑，围纶氏。"杨宽：《战国史料编年辑证》（上海人民出版社，2001，第
628页）："纶氏在今河南伊川县与登封县之中间，正当缑氏、轘辕诸山之南。"
② 《太平寰宇记》卷四、《汉书·地理志》注引，同于《水经·河水注》引。

164

郊迎，假装亲楚。再派人密报楚怀王，谎告委托吾得向楚怀王敬献重器。吾得交不出重器，将被楚怀王治罪。

离间计是否实施，是否成功，今已难明。由于吾得仅见于此，后不复见，况且楚怀王极易上当受骗，可能楚怀王确实中计，诛杀或罢免了吾得。

秦、楚最终未能攻破韩国纶氏，主要原因是魏襄王派遣翟章救韩，兵至南屈，秦、楚被迫退兵。即使楚怀王被东周国离间而疑心吾得，也是次要原因。

史料56，《吕氏春秋·处方》：

> 齐令章子（匡章）将，而与韩、魏攻荆，荆令唐蔑将而应之。军相当，六月而不战。
>
> 齐（相孟尝君）令周最趣章子急战，其辞甚刻。
>
> 章子对周最曰："杀之免之，残其家，王能得此于臣。不可以战而战，可以战而不战，王不能得此于臣。"
>
> 与荆人夹沘水而军。章子令人视水可绝者，荆人射之，水不可得近。有刍水旁者，告齐候者曰："水浅深易知。荆人所盛守，尽其浅者也；所简守，皆其深者也。"候者载刍者，与见章子。章子甚喜，因练卒以夜奄荆人之所盛守，果杀唐蔑。

——事在齐宣王十九年、魏襄王十八年、韩襄王十一年、秦昭王六年，即周赧王十四年、西周武公十一年、东周嗣君七年（前301）；秦、楚伐韩纶氏之后三年，孟尝君策动齐、魏、韩三国合纵伐楚五年（前303—前299）之第三年。

楚怀王三年前（前304）背叛合纵，与秦结盟，助秦伐韩纶氏，激怒了山东诸侯，于是齐相孟尝君策动齐、魏、韩三国合纵伐楚。合纵伐楚第一年（前303），秦昭王命令客卿通救楚，三国被迫退兵。合纵伐楚第二年（前302），秦昭王乐见合纵诸侯互战，不再救楚。合纵伐楚第三年（前301），秦昭王反而加入伐楚，变成了齐、魏、韩、秦四国伐楚。

周最公开敌秦以后，积极推助孟尝君策动的合纵伐秦，如今也热心参与孟尝君策动的合纵伐楚，一是因为楚怀王叛纵助秦，二是因为楚怀王拥立姬咎为西周国新太子，导致周最没能成为西周国新太子。

今年四国伐楚，秦军从西北向南攻楚。三国联军从东北向南攻楚，统帅是齐将匡章。匡章受阻于沘水，六月不战，于是周最奉孟尝君之命到前线严辞斥责。匡章伐楚大胜，杀死楚军主将唐蔑（又作唐昧、唐眜）。[①]

史料57，《战国策·西周策》四：

> 雍氏之役，韩（襄王）征甲与粟于（东）周。
>
> （东）周（嗣）君患之，告苏代。
>
> 苏代曰："何患焉？代能为君令韩不征甲与粟于（东）周，又能为君得高都。"
>
> （东）周（嗣）君大悦曰："子苟能，寡人请以国听！"
>
> 苏代遂往见韩相国公仲曰："公不闻楚计乎？昭应谓楚（怀）王曰：'韩氏罢于兵，仓廪空，无以守城，吾收之以饥，不过一月必拔之。'今围雍氏五月不能拔，是楚病也。楚王始不信昭应之计矣。今公乃征甲及粟于（东）周，此告楚病也。昭应闻此，必劝楚王益兵守雍氏，雍氏必拔。"
>
> 公仲曰："善。然吾使者已行矣。"
>
> 代曰："公何不以高都与（东）周？"
>
> 公仲怒曰："吾无征甲与粟于（东）周，亦已多矣。何为与高都？"

---

① 《史记·楚世家》："楚怀王二十八年（前301），秦乃与齐、韩、魏共攻楚，（齐、韩、魏）杀楚将唐昧，（秦）取我重丘而去。"

代曰："与之高都,则(东)周必折而入于韩,秦闻之必大怒,而焚(东)周之节,不通其使,是公以弊高都得完(东)周也,何不与也?"

公仲曰："善。"不征甲与粟于(东)周而与高都。

楚卒不拔雍氏而去。(《韩策二》一、《周本纪》略同)

——此为楚将景翠二围韩国雍氏。事在楚怀王二十九年、韩襄王十二年,即周赧王十五年、西周武公十二年、东周嗣君八年(前300);匡章败楚唐蔑之次年,孟尝君合纵伐楚五年之第四年。《史记·周本纪》明言"东周君"不误,书于周赧王八年则误①。刘向误编于《西周策》,应编入《东周策》,因为高都是昭文君七年(前353)韩攻东周之时所献之地(见上史料19),苏代又是东周国人。策文"韩相国公仲"亦误,韩襄王响应孟尝君伐楚伐秦期间,韩相均为敌秦的公叔,均非亲秦的公仲朋。

今年韩襄王太子韩婴死去。楚怀王欲立在楚为质的韩襄王庶子几瑟为韩国新太子,又命景翠围攻韩国雍氏;并命昭献护送几瑟至阳翟(今河南禹县附近),等待景翠攻取雍氏之后,强迫韩襄王立几瑟为新太子。

景翠攻打雍氏五个月,不能攻破。雍氏守军粮尽告急,于是韩襄王向东周国征兵征粮。

仕齐的东周国人苏代(苏秦之兄)于是为东周嗣君使韩,说服韩相公叔,不再向东周国征兵征粮,反而归还了五十三年前所侵之地高都。

史料58,《战国策·东周策》六:

---

① 《史记·周本纪》:"(赧王)八年……楚围雍氏,韩征甲与粟于东周,东周君恐,召苏代而告之。……果与(东)周高都。"

昭献在阳翟，（西）周（武）君将令相国（韩庆）往。相国将不欲。

苏厉为之谓（西）周（武）君曰："楚（怀）王与魏（襄）王遇也，主君令陈封之楚，令向公（韩人冷向）之魏。楚、韩之遇也，主君令许公之楚，令向公之韩。今昭献非人主也，而主君令相国往；若其王在阳翟，主君将令谁往？"

（西）周（武）君曰："善。"乃止其行。

——此与楚将景翠二围韩国雍氏同时。事在楚怀王二十九年、韩襄王十二年，即周赧王十五年、西周武公十二年、东周嗣君八年（前300）。刘向误编于《东周策》，应编入《西周策》，因为东周国亲秦，非楚盟国，不可能干预楚立韩储。

上文已言，楚将景翠二围韩国雍氏之时，楚臣昭献护送几瑟至阳翟，准备送归几瑟立为韩国新太子。

西周武公不欲楚国立几瑟为韩国新太子，想派相国韩庆前往阳翟阻止。韩庆担心触怒楚怀王，不愿前往。仕齐的东周国人苏厉（苏秦之弟）于是为韩庆出面（当为韩庆所请），向西周武公进言。西周武公听从苏厉，不再派遣韩庆前往阳翟。

景翠围攻雍氏五个月[①]，由于齐、魏、秦出兵救韩而退兵，几瑟未能归韩成为新太子。

---

① 见上史料64，《战国策·西周策》："今围雍氏五月不能拔。"参看《战国策·韩策二·楚围雍氏五月》，又其言及"宣太后"，可证《战国策·西周策》《战国策·韩策二》均言楚再围雍氏（前300）。楚首围雍氏在秦惠王更元十三年，其时秦昭王母芈八子为秦惠王妃；再围雍氏在秦昭王七年，其时秦昭王母芈八子进号为"宣太后"。

救韩的秦军随即移师伐楚，攻取八城，杀死景翠。[①]

由于秦昭王一再背盟伐楚，次年（前299）楚怀王也怒而背盟亲齐。齐相孟尝君策动的齐、魏、韩三国合纵伐楚五年（前303—前299）告终，转入齐、魏、韩三国合纵伐秦三年（前298—前296）。

史料59，《战国策·西周策》一：

薛公（孟尝君）以齐为韩、魏攻楚（前303—前299），又与韩、魏攻秦（前298—前296），而借兵乞食于西周（前298）。

（西周相）韩庆为西周谓薛公曰："君以齐为韩、魏攻楚五年[②]，取宛、叶以北，以强韩、魏，今又攻秦益之。韩、魏南无楚忧，西无秦患，则地广而益重，齐必轻矣。夫本末更盛，虚实有时，窃为君危之。君不如令弊邑阴合于秦，而君无攻，又无借兵乞食。君临函谷而无攻，令弊邑以君之情谓秦（昭）王曰：'薛公必［不］破秦以张韩、魏，所以进兵者，欲王令楚割东国以与齐也。'秦（昭）王出楚（怀）王因为和，君令弊邑以此德秦，秦得无破，而以楚之东国自免也，必欲之。楚（怀）王出（秦返楚），必德齐，齐得东国而益强，而薛世世无患。秦不大弱，而处之三晋之西，三晋必重齐。"

薛公曰："善。"因令韩庆入秦，而使三国无攻秦，而使不借兵乞食于西周。

---

① 《史记·秦本纪》："秦昭王九年（当作七年，前300），奂攻楚，取八城，［芈戎拔新城］，杀其将景（快）［＝缺、翠］。"《史记·六国年表》楚怀王二十九年（前300）："秦取我襄城，杀景（缺）［翠］。"史料所言后于楚怀王二十九年之"景翠"，均为"景鲤"之讹。见上141页注①。

② 《战国策·燕策一》："（齐）南攻楚五年（前303—前299），畜积散。西困秦三年（前298—前296），民憔瘁，士罢弊。"《史记·苏秦列传》："今夫齐，长主而自用也。南攻楚五年，畜聚竭；西困秦三年，士卒罢敝。"

——事在齐湣王三年、魏襄王二十一年、韩襄王十四年、秦昭王九年、楚怀王三十一年（＝楚顷襄王元年），即周赧王十七年、西周武公十四年、东周嗣君十年（前298）；孟尝君策动齐、魏、韩三国合纵伐秦三年（前298—前296）之第一年。

秦昭王怒于楚怀王去年（前299）叛盟亲齐，今年（前298）邀其在秦地武关（陕西丹凤）会盟，劫持至咸阳囚禁（其子楚顷襄王自齐返楚即位，立刻改元）。齐相孟尝君立刻以救楚怀王为名义，发动齐、魏、韩三国合纵伐秦。齐将匡章统帅三国联军，迅速收复四世秦军东侵魏、韩之地，攻至函谷关。联军大胜而损兵，粮草也告急，于是就近向西周国借兵借粮。

西周武公尽管敌秦，然而担心联军像公孙衍伐秦一样先胜后败，若对联军资兵资粮，西周国必将遭秦报复，于是派遣相国韩庆劝说孟尝君不再攻入函谷关，而由西周国出面调停：秦昭王劝说楚怀王割让东地（越地）给齐，释放楚怀王归楚；三国与秦罢兵。

孟尝君认为联军收复秦军东侵之地较易（秦国守军较少，联军又得秦侵之地的魏、韩之民配合），攻破函谷关深入秦国本土较难，于是同意西周国出面调停，不再向西周国借兵借粮。

史料60，《战国策·东周策》二五：

（齐、魏、韩）三国临秦，（西）周（武公）令其相（韩庆）之秦。

（或）以秦之轻（西周）也，留其行。

有人谓相国曰："秦之轻重（西周），未可知也。秦欲知三国之情，公不如遽见秦（昭）王曰：'请为王，听东方之处！'秦必重公，是公重（西）周，重（西）周以取秦也。齐重（西周），故有（西）周，而已取齐。是（西）周常不失重国之交也。"

——事在齐湣王三年、魏襄王二十一年、韩襄王十四年、秦昭王九年、楚怀王三十一年（＝楚顷襄王元年），即周赧王十七年、西周武公十四年、东周嗣君十年（前298）；孟尝君合纵伐秦三年之第一年，紧接上文。《周本纪》误书于周赧王五十八年（前257），次年（前256）秦灭西周，其时西周不可能有资格出面调停；旧多误从。刘向误编于《东周策》，应编入《西周策》，因为东周国亲秦，西周国敌秦，伐秦的孟尝君只可能向西周国借兵借粮，并委托其与秦调停。

"三国隘秦"，即指齐、魏、韩三国联军攻至函谷关，暂时驻军而止攻。为孟尝君使秦调停者，正是向孟尝君献策的西周相韩庆（见上史料59）。

韩庆使秦之前，有人告诉他，"秦之轻重（西周），未可知也"，"请谓（秦昭）王听东方（齐、魏、韩）之处"，符合当时形势。

韩庆使秦调停，最终失败。原因之一是，秦虽大败，仅失侵地，未失本土，不愿"听东方之处"；原因之二是，秦昭王误以为拥立自己的赵武灵王必定救秦。

史料61，《战国策·赵策三》六：

> 魏（襄王）因富丁［欲以赵合齐、魏，楼缓欲以赵合秦、楚，恐主父之听楼缓］，且合于秦。①
>
> 赵（富丁）恐，请效地于魏而听薛公（孟尝君），教子欬谓李兑曰："赵畏横之合也，故欲效地于魏而听薛公。公不如令主父以地资周最，而请相之于魏。周最以天下辱秦者也，今相魏，魏、秦（之盟）必虚矣。齐、魏虽劲，无秦不能伤赵。魏王听，是轻齐也。秦、魏虽劲，无齐不能得赵。此利于赵而便于周最也。"

---

① 《战国策·赵策三》"富丁且合于秦"必误（当脱一简），今据《战国策·赵策三》五"富丁欲以赵合齐、魏，楼缓欲以赵合秦、楚"，补其脱文。

——事在齐湣王三年、魏襄王二十一年、韩襄王十四年、秦昭王九年、楚怀王三十一年（＝楚顷襄王元年）、赵惠文王元年，即周赧王十七年、西周武公十四年、东周嗣君十年（前298）；孟尝君合纵伐秦第一年，紧接上文，西周相韩庆为孟尝君使秦调停稍后。

此时局势，一是双方陷入僵持：联军大胜而损兵缺粮，无力攻入函谷关；秦军大败而尽失侵地，无力攻出函谷关。二是西周国正在调停，双方都在力争有利于己的议和方案，不愿无条件和解。三是双方都在等待赵援。秦昭王因为赵武灵王帮助自己弑兄篡位，与秦结为铁盟，于是等待赵援，准备攻出函谷关。孟尝君明白赵武灵王与中原诸侯同仇敌忾，对秦阳奉阴违，也在等待赵援，准备攻入函谷关。

赵武灵王十九年（前307）拥立秦昭王并实行胡服骑射，十年来迅速崛起，连伐连胜魏属中山（参看上文）；去年（前299）禅位其子赵惠文王，以便全力亲征伐灭魏属中山。

此时强赵如果救秦，可助秦国反败为胜；强赵如果叛秦，可助联军大破暴秦。于是赵国群臣分为两派，"富丁欲以赵合齐、魏（以伐秦），楼缓欲以赵合秦、楚（以欺秦）"（《赵策三》五）。

赵武灵王决定暂时两不相助，但又不希望西周国调停成功而双方罢兵，以免魏、齐腾出手来阻止赵灭魏属中山，于是采纳楼缓之策"结秦连宋"（宋为此时秦之唯一盟国）。秦昭王误以为赵、宋即将救秦，于是拒绝西周国调解，不再议和。孟尝君骑虎难下，伐秦联军被迫驻守于函谷关外。

赵武灵王"结秦连宋"，意在欺骗秦国，但也导致天下疑赵，不明其真实意图。遂有此策所言，富丁派遣子欬劝说李兑，让他献策孟尝君，由孟尝君劝说赵武灵王支持周最相魏。赵武灵王一旦采纳此策，秦昭王必将因为周最是"以天下辱秦者"而疑赵，秦、赵之盟就会动摇。

赵武灵王同样深知周最是"以天下辱秦者"，采纳此策就会过早暴露"结秦连宋"以欺秦的伪装，秦昭王就会明白赵国不可能救秦，从而接受西周国调停而与三国议和，那么魏、齐就将腾出手来阻止赵灭魏属中山。所以赵武灵王并未采纳此策，仍然采纳楼缓之策"结秦连宋"，派遣仇赫相宋，派遣楼缓相秦。①

史料62，《战国策·东周策》十九：

> （门客）谓周最曰："仇赫之相宋，将以观秦之应赵、宋，败三国。三国不败，将兴赵、宋合于东方以孤秦，亦将观韩、魏之于齐也。（崤函）不固，则（秦）将与宋败三国，则卖赵、宋于三国。公何不令人谓韩、魏之王曰：'欲秦、赵之相卖乎？何不合周最兼相，视之不可离？则秦、赵必相卖，以合于王也。'"

——事在齐湣王三年、魏襄王二十一年、韩襄王十四年、秦昭王九年、楚怀王三十一年（＝楚顷襄王元年），即周赧王十七年、西周武公十四年、东周嗣君十年（前298）；孟尝君合纵伐秦第一年，紧接上文。刘向不知周最是西周国公子，误编于《东周策》，应编入《西周策》。

赵武灵王"结秦连宋，令仇赫相宋，楼缓相秦"（《赵策四》十六），不仅不助伐秦联军，反而假装准备联宋救秦。周最为此大为苦恼，但其门客认为，赵武灵王"结秦连宋"，未必是真心亲秦，而有静观待变的两种可能。一是表面上的既成事实："仇赫之相宋（楼缓之相秦），将以观秦之应赵、宋，败三国。"二是实际上的真实意图：仇赫之相宋（楼缓之相秦），将以欺秦而应三国，败暴秦。建议"欲秦、赵相卖"的周最，派人游说魏襄王、韩襄王，使之罢免亲秦的魏劲、亲秦的韩辰，让周最兼相魏、韩，坚定魏、韩伐秦之志，阻止孟

---

① 《战国策·赵策四》："……以委和于薛公。主父欲败之，乃结秦连宋之交，令仇郝相宋，楼缓相秦。"西周国居间调停，欲秦与联军和解，故而"主父欲败之，乃结秦连宋"。

尝君与秦罢兵，达到"秦、赵必相卖"之目的。

周最采纳了门客之策，尽管没能实现兼相魏、韩之目的，但是促成了两年以后的"秦、赵相卖"。

史料63，《战国策·西周策》十六：

> （齐、魏、韩）三国攻秦反，西周（武公）恐魏之藉道也。
>
> （或）为西周谓魏（昭）王曰："楚、宋不利秦之（德）[听]三国也，彼且攻王之聚以利秦。"
>
> 魏（昭）王惧，令（魏）军（设）[拔]舍速东。

——事在齐湣王五年、魏襄王二十三年、韩襄王十六年、秦昭王十一年、楚顷襄王三年，即周赧王十九年、西周武公十六年、东周嗣君十二年（前296）；孟尝君合纵伐秦之第三年，赵灭魏属中山之后与宋加入伐秦，五国破秦后撤兵东归之时。

孟尝君发动齐、魏、韩合纵伐秦三年。第一年（前298）攻至函谷关，双方准备议和，却被赵武灵王假装"结秦连宋"阻止。第二年双方（前297）僵持函谷关，都在等待赵援，然而赵援不至（赵正全力征伐魏属中山）。第三年（前296）楚怀王囚秦而死，三国联军攻破函谷关；赵武灵王伐灭魏属中山，撕破"结秦连宋"伪装，与宋共同加入伐秦，三国伐秦变成五国伐秦；五国联军攻至盐氏，秦昭王被迫割地求和。[①]

今年（前296）五国破秦之后，恰好魏襄王、韩襄王同时死去，孟尝君被迫停止伐秦，接受秦昭王求和，于是五国联军兵分两路撤兵东归。匡章统帅的齐、魏、韩三国联军为一路，赵武灵王统帅的赵、宋联军为另一路；此策仅言前者，故谓"三国攻秦反"。

---

① 《史记·秦本纪》："（秦昭王）十一年（前296），齐、韩、魏、赵、宋、中山五国共攻秦，至盐氏而还。秦与韩、魏河北及封陵以和。"

西周武公仍然担心遭秦报复。前年三国联军伐秦大胜，尚且不愿借粮。今年三国联军与秦罢兵，更加不愿借道（实为暂住西周休整）。于是派人对刚刚继位的魏昭王进言，谎称楚、宋不愿秦败之后听命三国，正谋袭击撤兵东归的三国联军。

魏昭王鉴于二十二年前（前318）公孙衍合纵伐秦失败，宋军曾于次年（前317）袭击败退东撤的五国联军，闻言不敢不信，于是命令魏军不再滞留西周，迅速东归。

史料64，《战国策·东周策》七：

> 秦（军）假道于（东）周，以伐韩（伊阙）。
>
> （东）周（嗣君）恐假之而恶于韩，不假而恶于秦。
>
> 史厌谓（东）周（嗣）君曰："君何不令人谓韩公叔曰：'秦敢绝塞而伐韩者，信东周也。公何不与（东）周地，发重使，使之楚，秦必疑，不信（东）周，是韩不伐也。'又谓秦（昭）王曰：'韩强与（东）周地，将以疑（东）周于秦，寡人不敢弗受。'秦必无辞而令（东）周弗受。是得地于韩，而听于秦也。"
>
> （《史记·周本纪》略同）

——事在秦昭王十三年、韩釐王二年，即周赧王二十一年、西周武公十八年、东周嗣君十四年（前294）；孟尝君破秦之后二年，秦将白起伐韩伊阙第一年，公叔首次相韩（前303—前293）末期。《周本纪》误书于周赧王八年，旧多误从。周赧王八年（前307）是公仲朋再次相韩（前313—前303）期间，随后公叔首次相韩（此后韩辰相韩六年，公叔又再次相韩）。

赵武灵王前年（前296）伐灭魏属中山，加入孟尝君伐秦而助其破秦，赵国跃居天下最强。去年（前295）前太子赵章发动叛乱，李兑平叛成功，同时饿死赵武灵王。而赵惠文王年仅十五岁，强赵对暴秦的威胁大为降低。今年（前294）秦昭王启用白起，卷土重来。秦军重出函谷关，首先报复伐秦三国之中最弱的韩国，攻其防秦重镇伊阙，于是向亲秦的东周国借道。

东周嗣君尽管亲秦，但是前年五国合纵破秦，今年合纵列强又必救韩，秦军未必能胜，所以犹豫是否借道给秦。

东周嗣君六年前（前300）采纳苏代之计，迫使韩相公叔归还侵地高都（见上史料57）。今年史厌重施故伎，献策东周嗣君：再次敲诈韩相公叔，要求归还侵地，作为东周国不借道给秦的条件。

由于史料未言韩归东周之地名，而且此后秦军仍攻伊阙，大概公叔不愿再次中计还地，于是东周仍然借道给秦。

史料65，《战国策·西周策》十四：

> 宫他谓（西）周（武）君曰："宛恃秦而轻晋，秦饥而宛亡。郑恃魏而轻韩，魏攻楚而郑亡。邾、莒亡于齐，陈、蔡亡于楚。此皆恃援国而轻近敌也。今君恃韩、魏而轻秦，国恐伤矣。君不如使周最阴合于赵，以备秦，则不毁。"

——事在秦昭王十三年、韩釐王二年，即周赧王二十一年、西周武公十八年、东周嗣君十四年（前294）；孟尝君破秦之后二年，白起伐韩伊阙第一年，与上《东周策》七同时。

《东周策》七乃言，亲秦的东周嗣君无法预判此战胜负，犹豫是否借道给秦（敲诈韩国还地未果而最终仍借）。《西周策》十四则言，敌秦的西周武公无法预判此战胜负，犹豫是否救韩。反秦最坚的庶子周最等人主张救韩击秦，亲秦或畏秦的宫他等人（如西周相韩庆）则反对救韩击秦。

由于宫他是外臣，而周最是公子，所以宫他之言分为两部分：首先陈述不能救韩击秦的理由，因为韩、魏已弱，不足以抗秦，如果"恃援国而轻近敌""恃韩、魏而轻秦"，必将引火烧身；然后建议"周最阴合于赵以备秦"，因为只有迅速崛起的强赵，才能遏制秦军东进。

由于魏昭王听从一向反秦的公孙衍，派遣其二弟公孙喜领兵救韩击秦，所以西周武公最终不听宫他，而听周最，也出兵救韩击秦。

魏将公孙喜统帅魏、韩、西周三国联军，共计二十四万，守卫韩国伊阙。白起伐韩第一年，未能攻破伊阙。

史料66，《战国策·西周策》十一：

（魏将）犀武（公孙喜之字）败于（韩国）伊阙，（秦军进伐西周）。

（西）周（武）君之魏求救，魏（昭）王以上党之急辞之。（西）周君反，见梁囿而乐之也。

綦母恢谓（西）周（武）君曰："温囿不下此，而又近。臣能为君取之。"反见魏（昭）王。

（魏昭）王曰："（西）周君怨寡人乎？"

（綦母恢）对曰："不怨，且谁怨乎？臣谓王有患也。（西）周君，谋主也。而设以国为王捍秦，而王无之捍也，臣见其必以国事秦也。秦悉塞外之兵与周之众，以攻南阳，而两上党绝矣。"

魏（昭）王曰："然则奈何？"

綦母恢曰："（西）周君形不利事秦，而好小利。今王许戍三万人，与温囿，（西）周君得以为辞于父兄百姓，而（利）[私]温囿以为乐，必不合于秦。臣尝闻温囿之利，岁八十金。（西）周君得温囿，其以事王者，岁百二十金。是上党无患，而赢四十金。"

魏（昭）王因使孟卯（即芒卯）致温囿于（西）周君，而许之戍也。

——事在秦昭王十四年、韩釐王三年、魏昭王三年，即周赧王二十二年、西周武公十九年、东周嗣君十五年（前293）；白起伐韩伊阙第二年，攻破伊阙之后。

白起攻破韩国伊阙，斩首二十四万，刷新斩首纪录，公孙喜战死[1]。韩釐王被迫向秦求和，敌秦的公叔罢相，亲秦的韩辰相韩。救韩伊阙的魏国、西周，尚未向秦求和（见下史料68"秦未与魏讲也"）。

綦母恢对魏昭王所言"（西）周君，谋主也"，证明三国御秦于伊阙，西周武公乃是主谋（实为其庶子周最）。因此秦军攻破伊阙之后，立刻移师进攻西周。

西周武公亲往魏都大梁，向魏昭王求救。魏昭王以秦军即将伐魏上党为由，拒绝援救西周。西周武公返回途中，看见魏君的一处骊宫梁囿，十分艳羡。綦母恢认为魏昭王不可能把梁囿送给西周武公，于是声称魏君的另一处骊宫温囿，不逊于梁囿，又离西周较近，愿为西周武公索之。[2]

魏昭王被綦母恢说服，为免西周武公事秦，导致秦军移师伐魏，于是把温囿送给西周武公，同时假装答应派遣三万魏军援救西周。其实并未援救。

綦母恢逢君私欲，图谋私利。西周武公贪图小利，轻忘国难。

史料67，《战国策·东周策》十二：

> 温人之（西）周，（西）周不纳。
>
> 客即对曰："主人也。"
>
> 问其巷而不知也，吏因囚之。
>
> （西周武）君使人问之曰："子非（西）周人，而自谓非客，

---

[1] 《史记·秦本纪》："秦昭王十四年（前293），左更白起攻韩、魏于伊阙，斩首二十四万，虏公孙喜，拔五城。"

[2] 杨宽：《战国史料编年辑证》（上海人民出版社，2001，第723页）："梁囿为大梁近郊之苑囿，乃魏君所有，不能为周君所得。周臣綦母恢为之向魏王请求温囿。温囿为河内温地之苑囿。"

何也?"

　　对曰:"臣少而诵《诗》。《诗》曰:'普天之下,莫非王土;率土之滨,莫非王臣。'今(西)周君天下,则我天子之臣,而又为客哉?故曰'主人'。"

　　(西周武)君乃使吏出之。(《韩非子·说林上》略同)

　　——事在周赧王二十二年、西周武公十九年、东周嗣君十五年(前293);秦拔伊阙,进伐西周,魏拒救西周而送温囿之后。黄式三、缪文远系于伊阙战后一年(前292)。刘向误编于《东周策》,应编入《西周策》。

　　温囿划归西周,温人于是前往西周。城门守吏疑心其为奸细,问是哪国人。温人自称"主人",却不知西周里巷,遂被囚禁。

　　西周武公派人问他:"你不是西周国人,为何自称主人?"

　　温人引用《周诗》"普天之下,莫非王土"和"君天下",隐扣周赧王寄居西周,讽刺西周武公谋取温囿,贪小利而忘大义。

　　史料68,《战国策·西周策》二:

　　秦败魏将犀武(公孙喜)军于(韩国)伊阙,进兵而攻(西)周。

　　(或)为周最谓(赵相)李兑曰:"君不如禁秦之攻(西)周。赵之上计,莫如令秦、魏复战。今秦攻(西)周而得之,则众必多伤矣。秦欲待(西)周之得,必不攻魏;秦若攻(西)周而不得,前有胜(魏)[韩]之劳,后有攻(西)周之败,又必不攻魏。今君禁之,而秦未与魏讲也。而全赵令其止,必不敢不听,是君却秦而定(西)周也。秦去(西)周,必复攻魏,魏不能支,必因君而讲,则君重矣。若魏不讲,而疾支之,是君存(西)周而战秦、魏也,重亦尽在赵。"

——事在赵惠文王六年，即周赧王二十二年、西周武公十九年、东周嗣君十五年（前293）；秦拔伊阙，进伐西周，西周向魏求救被拒之后。

三年前（前296），李兑饿死赵武灵王，赵惠文王年仅十五岁，被迫册封平叛功臣李兑为奉阳君。李兑从此执掌强赵，天下仰其鼻息。

如今魏昭王畏惧秦伐，拒救西周，西周告急。

周最于是派人向赵相李兑求救，希望强赵阻止秦军进攻西周，促使秦军转而移师伐魏，"令秦、魏复战"，因为"秦未与魏讲（和）"。赵国一旦"却秦而定（西）周"，"存（西）周而战秦、魏"，就能挟天子以令诸侯。

李兑私欲熏心，目光短浅，只求专权于赵，不愿招来秦伐，拒救西周。

史料69，《战国策・东周策》二六：

> 宫他亡西周，之东周，尽输西周之情于东周。东周（嗣君）大喜。
>
> 西周（武公）大怒。冯且曰："臣能杀之。"（西周）君予金三十斤。
>
> 冯且使人操金与书，间遗宫他。书曰："告宫他，事可成，勉成之；不可成，亟亡来。事久且泄，自令身死。"
>
> 因使人告东周之候曰："今夕有奸人当入者矣。"
>
> 候得（书）而献东周，东周立杀宫他。（按："宫"旧讹为"昌"）①

——事在周赧王二十二年、西周武公十九年、东周嗣君十五年

① 《战国策》记载宫他四事，本文录其二事，此为最后之事。《战国策・魏策四》："周肖谓宫他"，《战国策・燕策一》："宫他为燕使魏"，均在仕周之前，无关二周不录。

（前293）；秦拔伊阙，进伐西周之后。旧或误系于周赧王八年（前307）、十五年（前300）、二十五年（前290），不合二周史事。刘向误编于《东周策》，应编入《西周策》，因为西周国出策，东周国中计。《战国策》之体例，乃是何国出策即编入何国专卷，不论内容涉及几国。

西周武公听从周最，不听宫他，救援韩国伊阙而败。秦军进伐西周，魏、赵拒救，西周告急。宫他于是背叛敌秦的西周，转仕亲秦的东周。

西周武公大怒，采纳冯且之策，使用离间之计，诱骗东周嗣君上当，得以借刀杀人，除掉了叛国投敌的宫他。

史料70，《战国策·西周策》十七：

> 犀武（公孙喜）败，（西）周（武君）使周足之秦。
>
> 或谓周足曰："何不谓（西）周（武）君曰：'臣之秦，秦、（西）周之交必恶。主君之臣，又秦重而欲相者，且恶臣于秦，而臣为不能使矣。臣愿免而行，君因相之，彼得相，不恶周于秦矣。'君重秦，故使相往，行而免，且轻秦也，公必不免。公言是而行，交善于秦，且公之成事也；交恶于秦，不善于公，且诛矣。"

——事在周赧王二十二年、西周武公十九年、东周嗣君十五年（前293）；秦拔伊阙、进伐西周的最后之事。

魏、赵拒救西周，弱小的西周难以独力抗秦。西周武公被迫派遣相国周足使秦求和。

"周足"或为"周最"之讹，或为西周武公五庶子之一，由于力主救韩伊阙，已经取代亲秦的韩庆（韩庆当与宫他共同反对救韩伊阙），成为西周相；如今既担心自己使秦，将会导致"秦、周之交必恶"，又担心自己入秦以后，"秦重而欲相（西周）者（韩庆等），且恶臣于秦"，可能像楚怀王那样被秦囚禁乃至诛杀。

周足的门客于是献策，劝他行前假装向西周武公自请免相。同时分析：西周武公派遣重臣周足使秦求和，意在讨秦欢心。周足如果免相，即非重臣，就会惹秦不快，所以西周武公不会同意周足请辞。

这一分析，并不合理，乃是诱导周足采纳其策的妄言。周足（或周最）反秦，被迫入秦请罪求和，秦昭王自然大悦。罢相以后入秦请罪求和，秦昭王更加快意。周足是否采纳其策请辞相位，西周武公是否允准，史无明载。

西周已经向秦求和，于是秦军移师伐魏。魏昭王为了讨秦欢心，派遣一向反秦的公孙衍使秦求和。[1]

公孙衍二十五年前（前318）发动首次五国合纵伐秦，如今垂垂老矣，二弟公孙喜刚刚战死于伊阙，不得不奉君命，忍辱入秦求和。

伊阙战后，六国反秦大业坠入低谷。

史料71，《战国策·韩策三》十三：

> 韩珉相齐，令吏逐（楚使）公畴竖（于西周），大怒于（西）周之留成阳君（韩相韩辰）也。

——事在秦昭王十七年、齐湣王十一年、韩釐王六年、魏昭王六年，即周赧王二十五年、西周武公二十二年、东周嗣君十八年（前290）；伊阙战后三年。顾观光、诸祖耿系年正确。其他学者误系于周赧王二十七年（前288）、二十九年（前286），晚了二年、四年，不

---

① 《战国策·魏策一》："魏令公孙衍请和于秦。"《战国策·魏策一》二四："秦败（东）〔西〕周，与魏战于伊阙，杀犀武（公孙喜之字），乘胜而留于境。魏令公孙衍请卑辞割地，以讲于秦。"救韩伊阙者乃西周，非东周。

合韩珉相齐之年（前294）①，也不合公畴竖战死之年（前287）②，更不合天下形势。

此策的背景有五：

其一，秦伐伊阙第一年（前294），秦昭王既命白起伐韩伊阙，又派吕礼假装叛秦奔齐，向齐湣王进谗，导致孟尝君罢相，亲秦的韩人韩珉（原为亲秦的韩相公仲朋死党）相齐。

其二，秦伐伊阙第二年（前293），魏昭王救韩伊阙大败，礼聘孟尝君为相以抗秦。

其三，伊阙战后一年（前292），秦昭王怒于魏昭王礼聘孟尝君为相而伐魏，魏昭王假装答应罢免孟尝君，秦军于是移师伐楚。

其四，伊阙战后二年（前291），秦昭王怒于魏昭王仍不罢免孟尝君，又伐魏、韩，孟尝君请来赵、燕救兵击退秦军。

其五，伊阙战后三年（前290），秦昭王为了阻止合纵诸侯救魏，密令亲秦的齐相韩珉唆使亲秦的韩相韩辰，说服韩釐王叛纵事秦，韩辰于是入秦称臣献地。

魏昭王不愿韩釐王向秦称臣献地，采纳白圭之策，派人出使韩

---

① 《史记·六国年表》齐湣王三十年（当作七年，前294）："田甲劫王，相薛文走。"《战国策·齐策四》："齐（湣）王谓孟尝君曰：'寡人不敢以先王之臣为臣。'孟尝君就国于薛。"根据《战国纵横家书·苏秦谓齐王章之二》，韩珉早于此策二年（前292）已经相齐，可证韩珉于孟尝君罢相归薛之后，即已相齐。《战国策·韩策三》"韩珉相齐"，乃谓韩珉此时相齐，非谓韩珉今年相齐。

② 周赧王二十八年（前287），楚将公畴竖被齐将赵信杀于宋国淮北。证见《战国纵横家书·苏秦谓齐王章之四》："〔苏秦〕谓齐（湣）王曰：'……臣使苏厉告楚（怀）王曰：'（公畴）竖之死也，非齐（湣王）之令也。……（公畴）竖之罪，固当死：宋以淮北与齐讲，王（命公畴竖）攻之，击（齐将）赵信。齐（湣王）不以为怨，反为王诛赵信，以其无礼于王之边吏也。'"

183

国，劝阻韩辰入秦，无效。①

楚怀王也不愿韩釐王向秦称臣献地，派遣公畴竖出使西周，说服西周武公扣留了入秦途经西周的韩辰。齐相韩珉大怒，派人命令西周武公释放韩相韩辰，驱逐楚使公畴竖。②

史料72，《史记·秦本纪》：

> （秦昭襄王）十七年（前290），城阳君（韩辰）入朝，及（东）〔西〕周（武）君来朝。（按："西"旧讹为"东"）③

附《史记·韩世家》：

> 韩釐王六年（前290），（城阳君韩辰朝秦）与秦武遂地二百里。

史料73，《战国策·西周策》五：

> （西）周（武）君之秦。（客）谓周最曰："不如誉秦（昭）王之孝也，因以应（邑）为（宣）太后养地。秦（昭）王、（宣）太后必喜，是公有秦也。（与秦）交善，（西）周（武）君必以为公功；（与秦）交恶，劝（西）周（武）君入秦者，必有罪矣。"（《周本纪》周赧王四十五年略同，年误）

---

① 《战国策·魏策四》："成阳君欲以韩、魏听秦，魏王弗利。白圭谓魏王曰：'王不如阴侯人说成阳君曰："君入秦，秦必留君，而以多割于韩矣。韩不听，秦必留君，而伐韩矣。故君不如安行求质于秦。"'成阳君必不入秦，秦、韩不敢合，则王重矣。"

② 《战国策·战国策》鲍注："（成阳）君本在齐，为秦善之，（韩）珉欲使之入秦，过周，周留之，故怒。"成阳君时为韩相，鲍说"君本在齐"有误。

③ 《战国策·西周策》："（西）周（武）君之秦。客谓（西周公子）周最曰"，足证《史记·秦本纪》之"东周君"，当作"西周君"（西周武公）。

——事在秦昭王十七年、韩釐王六年，即周赧王二十五年、西周武公二十二年、东周嗣君十八年、（前290）；伊阙战后三年，紧接上文。旧或误据《史记·周本纪》误书此事于周赧王四十五年（前270，秦昭王三十七年），误后二十年；又或误据《史记·秦本纪》秦昭王二十九年"周君来"（前278，周赧王三十七年，见下史料89），误后十二年。

西周武公不敢得罪强齐，被迫听命齐相韩珉，于是释放韩辰；又明白扣留韩辰业已得罪暴秦，于是陪同韩辰一起入秦请罪。

于是有人劝说周最应识时务，放弃反秦，转为亲秦，向西周武公进言，把应邑献给秦昭王之母宣太后。

周最阻止父君入秦请罪，无效；又不愿识时务而亲秦，于是不听人劝，离开西周，前往魏国。反秦如故。

劝说周最之人，仍向西周武公进言。西周武公入秦，把与秦不接的应邑，献给秦昭王之母宣太后做"汤沐邑"。[①]

从此以后，西周国也像东周国一样，臣服于秦。

史料74，《战国策·东周策》二一：

> ［公孙弘］谓周最曰："魏（昭）王以国与先生，贵合于秦以伐齐。薛公背故主，轻忘其薛，不顾其先君之丘墓。而公独修虚信，为茂行，明君臣，据故主，不与伐齐者（产）［座］，以忿强秦，不可。公不如谓魏王、薛公曰：'请为王入齐！天下不能伤齐而有变，臣请为救之；无变，王遂伐之。且臣为齐故也，如累王之交于天下，不可。王为臣赐厚矣，臣入齐，则王亦无齐之累也。'"

---

① 秦昭王四十年（前267），范雎相秦。次年（前266）宣太后死，秦昭王封范雎为应侯，应邑成为范雎封地。

——事在秦昭王十七年、魏昭王六年、齐湣王十一年，即周赧王二十五年、西周武公二十二年、东周嗣君十八年（前290）；伊阙战后三年，韩国、西周向秦献地称臣之后，紧接上文。刘向不知周最是西周国公子，误编于《东周策》，应编入《西周策》。旧多误系于周赧王二十七年（前288）、二十九年（前286），不合孟尝君、周最史事与天下形势。

韩国、西周既已向秦献地称臣（周最随即离开西周，转仕魏国），魏昭王于是不敢独力抗秦，被迫听从魏相孟尝君，派遣芒卯入秦称臣，献地四百里①。芒卯随即率领魏、秦联军，伐取了齐国二十二县②。秦国卷土重来，不仅重新占领了六年前（前296）孟尝君破秦收复之地，又把东疆推至更远。

这里涉及六国反秦大业的一个重大变故：孟尝君四年前（前294）被齐湣王罢免齐相以后，已从敌秦转为敌齐，蓄谋策动合纵伐齐；所以今年利用魏昭王信任，唆使芒卯卖魏事秦，率领魏、秦联军伐齐。

周最不知芒卯卖魏事秦、联秦伐齐均为孟尝君唆使，因而痛恨芒卯，不愿与之同座。

公孙弘在大哥公孙衍伐秦失败而失势以后，早已投入孟尝君门下

① 《史记·魏世家》："魏昭王六年(前290)，予秦河东地，方四百里。"
② 《战国策·魏策三》："芒卯谓秦王曰：'王之士未有为之中者也。臣闻明王不胥中而行。王之所欲于魏者，长羊、王屋、洛林之地也。王能使臣为魏之司徒，则臣能使魏献之。'秦王曰：'善。'因任之以为魏司徒。(芒卯)谓魏王曰：'王所患者上地也。秦之所欲于魏者，长羊、王屋、洛林之地也，王献之秦，则上地无忧患，因请以下兵东击齐，攘地必远矣。'魏王曰：'善。'因献之秦。地入数月，而秦兵不下。魏王谓芒卯曰：'地已入数月，而秦兵不下，何也？'芒卯曰：'臣有死罪！虽然，臣死则契折于秦，王无以责秦。王因赦其罪，臣为王责约于秦。'乃之秦，谓秦王曰：'魏之所以献长羊、王屋、洛林之地者，有意欲以下大王之兵东击齐也。今地已入，而秦兵不可下，臣则死人也。虽然，后山东之士，无以利事王者矣。'秦王懼然曰：'国有事，为澹下兵也，今以兵从。'后十日，秦兵下。芒卯并将秦、魏之兵以东击齐，启地二十二县。"

支持其伐秦，三年前（前293）二哥公孙喜被秦杀于伊阙，大哥公孙衍使秦求和受辱，如今大为不满孟尝君从敌秦转为敌齐，而且尽知孟尝君唆使芒卯卖魏事秦、联秦伐齐，于是来见反秦最坚、痛恨芒卯的周最，告知内幕，批评孟尝君"背故主（齐湣王），轻忘其薛（封地），不顾其先君（靖郭君田婴）之丘墓"；最后劝说周最：周最不与芒卯同座，除了触怒强秦，无助于反秦大业，不如改变策略，骗得魏昭王、孟尝君同意，假装为魏入齐反间，以便深知周最敌秦亲齐的秦昭王认为，魏昭王联秦伐齐是假，敌秦亲齐是真，那么秦、魏之盟就会动摇。

史料75，《战国策·东周策》二十：

> ［或］为周最谓魏（昭）王曰："秦知赵之难与齐战也，将恐齐、赵之合也，必阴劲之。赵不敢战，恐秦不己收也，必合于齐。秦、赵争齐而王无人焉，不可。王不［如］去周最，合于收齐，而以兵之急，则伐齐无因事也。"

——事在秦昭王十七年、魏昭王六年、齐湣王十一年，即周赧王二十五年、西周武公二十二年、东周嗣君十八年（前290）；伊阙战后三年，紧接上文的年末之事。刘向不知周最是西周国公子，误编于《东周策》，应编入《西周策》；排序亦误，《东周策》二一应在前，《东周策》二十应在后。旧或误系于周赧王二十七年（前288）、二十九年（前286），不合周最史事与天下形势。

周最听从公孙弘，派遣门客向魏昭王献策，建议其密遣周最往齐，那么联秦伐齐一旦不利，周最就能向齐湣王解释，魏昭王联秦伐齐乃是迫于无奈。

魏昭王原本不愿伐齐，只想抗秦，于是采纳此策，密遣周最离魏往齐。

史料76，《战国策·魏策四》二一：

周最（离魏）入齐（前290），秦（昭）王怒（前289），令起贾让魏（昭）王。

魏（昭）王为之谓秦（昭）王曰："魏之所以为齐通天下者，以周最也。今周最遁寡人入齐，齐无通于天下矣。敝邑之事王，亦无齐累矣。大国欲急兵，则趣赵而已。"

——事在魏昭王七年、齐湣王十二年，即周赧王二十六年、西周武公二十三年、东周嗣君十九年（前289）；伊阙战后四年，周最离魏入齐第一年年初。旧皆误系于周赧王二十九年（前286），其时周最已被齐湣王驱逐离齐（前288）两年（见下史料81—83）。

秦昭王得知魏昭王密遣周最离魏仕齐，即命御史大夫起贾使魏，怒斥魏昭王假装臣秦，暗中事齐；威胁重新伐魏。

魏昭王大恐，谎称"周最遁寡人入齐"，未奉己命，而是叛魏逃齐；因此秦昭王不应重新伐魏，应该伐赵（因为赵武灵王叛盟伐秦，助孟尝君破秦）。

秦昭王更怒魏昭王撒谎，即命白起、司马错伐魏，攻取了六十一城。[①]

史料77，《战国策·东周策》十三：

或为周最谓（赵臣）金投曰："秦以周最之齐，疑天下；而

---

① 《史记·秦本纪》："（秦昭王）十八年（前289），（司马）错攻垣、河雍，决桥取之。"《史记·六国年表》秦昭王十八年（前289）："客卿（司马）错击魏，至轵，取城大小六十一。"《史记·魏世家》："（魏昭王）七年（前289），秦拔我城大小六十一。"《史记·六国年表》魏昭王七年（前289）："秦击我，取城大小六十一。"《史记·秦本纪》仅记此年司马错攻魏，脱漏白起攻魏。实则白起为主将，司马错为副将。证见《史记·白起王翦列传》："秦昭王十六年（当作十八年，前289）白起……攻魏，拔之，取城小大六十一。"

又知赵之难子齐人战，恐齐、赵之合，必先合于秦。秦、齐合，则公之国虚矣。公不如救齐，因佐秦而伐韩、魏，上党、长子赵之有已。公东收宝于齐，南取地于韩、魏，因以困徐为之东，则有合矣。"

史料78，《战国策·东周策》十四：

周最谓（赵臣）金投曰："公负令秦与强齐战。战胜，秦且收齐而封之，使无多割，而听天下之战；不胜，国大伤，不得不听秦。秦尽韩、魏之上党、太原，西（止）［土］秦之有已；秦地天下之半也，制齐、楚、三晋之命，覆国且身危，是何计之道也？"

——二策相连。事在齐湣王十二年、赵惠文王十年，即周赧王二十六年、西周武公二十三年、东周嗣君十九年（前289）；周最离魏至齐第一年，紧接上文。刘向不知周最是西周国公子，误编于《东周策》，应编入《西周策》。旧多误系于周赧王二十九年（286）、三十年（前285），其时周最已被齐湣王驱逐离齐（前288）两年或三年。

周最离魏至齐以后，弱魏骑墙于暴秦、强齐之间，强赵遂成天下战局的决定性力量：赵亲齐则不利秦，赵亲秦则不利齐。赵臣也因此分为两派：一派是主张联齐伐秦的金投（即《史记·赵世家》"金受"），一派是主张联秦伐齐的韩徐为。两派都在竭力说服专权于赵的李兑。

周最在齐，先派门客至赵（《东周策》十三），后又亲自往赵（《东周策》十四），反复劝说金投"困（韩）徐为之东"（联秦伐齐），阻止"秦、齐合"；促使"秦与强齐战"（联齐伐秦），避免"覆国且身危"。

史料79，《战国策·东周策》十八：

苏厉为周最谓苏秦曰："君不如令（齐湣）王听（周）最，以地合于魏；赵必恐，合于齐。是君以全齐与强楚，事产于君。若（王）欲因最之事，则合齐者君也，割地者最也。"

——事在齐湣王十二年，即周赧王二十六年、西周武公二十三年、东周嗣君十九年（前289）；周最离魏至齐第一年，紧接上文。旧皆误系于周赧王二十九年（前286），不合周最、苏秦、苏厉史事与天下形势。刘向不知周最是西周国公子，误编于《东周策》，应编入《西周策》。

周最离魏至齐以后，一方面建议赵臣金投说服赵相李兑联齐抗秦，另一方面又建议齐湣王割地给魏，使魏放弃联秦伐齐，然后齐、赵、魏联合伐秦。此时齐相是亲秦敌赵的韩人韩珉，力劝齐湣王联秦伐赵，因而反对周最之策。

苏秦多年前（前311）离周仕齐十年，不得齐宣王重用，后闻燕昭王召贤而离齐仕燕（前302），齐宣王死后为燕反间于齐（前301），深得齐湣王信任，力主齐、赵结盟并策动诸侯合纵伐秦，齐国与此同时伐灭与秦结盟的宋国；目的是让齐国与天下为敌而师劳国疲，使燕昭王能够破齐，报齐宣王破燕杀父之仇。苏秦之弟苏厉一向随兄苏代仕齐，此时也助苏秦为燕反间。

如今苏秦、苏厉兄弟，必须根据周最离魏至齐的最新事态，借势行棋。苏厉献策苏秦，劝其说服齐湣王听从周最（联赵伐秦），不听韩珉（联秦伐赵）；理由是"合齐者君，割地者最"，亦即事败归罪于周最，事成归功于苏秦，那么苏秦就能取代韩珉而相齐。

史料80，《战国策·韩策二》九：

齐（湣王）令周最使郑（韩），立韩辰而废公叔。

周最患之曰："公叔之与（西）周（武）君交也。（齐）令我使郑，立韩辰而废公叔。语曰：'怒于室者，色于市。'今公叔怨齐，无奈何也；必绝（西）周君，而深怨我矣。"

史舍曰："公行矣！请令公叔必重公。"

周最行至郑，公叔大怒。

史舍入见曰："周最固不欲来使，臣窃强之。周最不欲来，以为公也；臣之强之也，亦以为公也。"

公叔曰："请闻其说。"

对曰："齐大夫储子有犬，犬猛不可叱，叱之必噬人。客有请叱之者，疾视而徐叱之，犬不动；复叱之，犬遂无噬人之心。今周最固得事足下，而以不得已之故来使，彼将礼陈其辞，而缓其言。郑王必以齐王为不急，必不许也。今周最不来，他人必来。来使者无交于公，而欲德于韩辰，其使之必疾，言之必急，则郑王必许之矣。"

公叔曰："善。"遂重周最。

王果不许韩辰。（按："辰"旧讹为"扰"）

——事在秦昭王十九年、齐湣王十三年，即周赧王二十七年、西周武公二十四年、东周嗣君二十年（前288）；周最离魏至齐第二年年初。旧或误系于周赧王十五年（前300）、十六年（前299）、二十二年（前293），不合周最、韩辰、公叔史事与天下形势。

去年（前289）周最在齐策动赵、魏、韩敌秦，继续"以天下辱秦"；列强合纵连横，纷扰无定。今年（前288）年初，秦昭王采纳秦相魏冉之策，遣使通报天下诸侯，宣布秦昭王将于十月一日在宜阳称"帝"，命令诸侯前往宜阳帝宫朝秦称臣，不朝者伐；以此辨明敌我，结束纷扰无定的合纵连横。

由于"帝"为天神之号，人王不可僭窃，所以秦使一出，原本合纵连横不定的称"王"诸侯，立刻一致反秦。赵相李兑在为燕反间于齐的燕相苏秦推助之下，立刻策动合纵伐秦。韩襄王立刻加盟，于是亲秦的韩辰罢相，反秦的公叔复相。

吕礼为秦反间于齐，于是向秦昭王通报：齐湣王因为伐楚伐秦大胜，自居天下最强，不愿屈居秦下。秦相魏冉于是献策秦昭王：放弃单独称"帝"，改为秦昭王称"西帝"，邀约齐湣王称"东帝"，以此破坏李兑策动的合纵伐秦。齐湣王大喜，为使天下诸侯不反对秦、齐称帝，于是派遣周最使韩，要求韩襄王"立韩辰而废公叔"。

周最奉齐湣王之命使韩，要求韩襄王罢免反秦的公叔，大违己愿，因而"患之"。周最所言"公叔之与周君，交也"，即指五六年前（前294—前293）西周武公救韩伊阙，帮助韩相公叔抗秦的同一战壕友谊。伊阙败后，公叔罢相而韩辰相韩，也违周最之愿；如今秦"王"僭"帝"惹怒天下而形势反转，韩辰罢相而公叔相韩，符合周最之愿，所以周最不愿为齐使韩。周最认为，自己为齐使韩，公叔固然不满强齐，却"无奈何"，必将与"周君（西周武公）"绝交而"深怨"周最，因为周最是西周武公之子。

西周武公尽管前年（前290）被迫入秦请罪，同样不愿秦王称"帝"。因为诸侯称"王"，仅是名号同于周"王"，周"王"还能名存实亡，周"王"寄居的西周国仍能苟延残喘；一旦秦王称"帝"，就会名号高于周"王"，周"王"连名存实亡也无可能，西周国必将危在旦夕。

通过门客史舍巧妙周旋，周最得到公叔谅解，并且故意使韩失败。但也因此得罪齐湣王，埋下了稍后被逐的前因。

史舍当为东周朝史官，先随周赧王迁至西周国，后随周最而忠周反秦，又随周最离周往魏，离魏往齐。上文多策为周最出谋划策者，可能均为史舍。

史料81，《战国策·东周策》九：

> 周最谓吕礼曰："子何不以秦攻齐？臣请令齐（湣王）相子。子以齐事秦，必无处矣。子因令最居魏以共之，是天下制于子

也。子东重于齐，西贵于秦，秦、齐合，则子常重矣。"

——事在秦昭王十九年、齐湣王十三年，即周赧王二十七年、西周武公二十四年、东周嗣君二十年（前288）；周最为齐使韩故意失败之后，紧接上文。刘向不知周最是西周国公子，误编于《东周策》，应编入《西周策》。旧多误系此策于周赧王二十二年（前293），即秦伐伊阙第二年，其时周最仍在西周，尚未至魏，更未至齐。

周最为齐使韩，故意失败而返齐，继续反对秦、齐称"帝"，于是向叛秦仕齐、深得齐湣王信任的吕礼进言，劝其推助秦、齐相攻；同时承诺，自己将会劝说齐湣王罢免亲秦的韩珉，让吕礼相齐。

周最的理由是，吕礼"以齐事秦，必无处矣"。因为齐湣王如果听从吕礼而事秦，就不会让秦国叛臣吕礼相齐，只会让亲秦的韩珉继续相齐；吕礼只有促成秦、齐相攻，齐湣王才会听从周最，罢免亲秦的韩珉，让秦国叛臣吕礼相齐。吕礼相齐以后，可派周最"居魏以共之"，周最承诺说服魏昭王叛秦亲齐，帮助吕礼"东重于齐，西贵于秦"。

周最不知吕礼是假装叛秦事齐，才会如此与虎谋皮。吕礼既不可能听从周最而推助秦、齐相攻，也不可能反对秦、齐称"帝"。

此时齐臣，分为三派：一是假装叛秦事齐的吕礼，既赞成秦、齐称"帝"，又赞成秦、齐联合伐赵；得到祝弗（可能被秦收买）支持。二是坚决反秦的周最，反对秦、齐称"帝"，主张齐、赵联合伐秦。三是亲秦的齐相韩珉，反对秦、齐称"帝"，主张秦、齐联合伐赵。

齐湣王难以抉择，最为倚重的苏秦又恰好返燕参加岁首朝会，不在齐国，于是"听祝弗，逐周最，罢韩珉，相吕礼"。准备与秦共同称"帝"，然后秦、齐联合伐赵。

史料82，《战国策·东周策》十六：

［苏秦］谓（魏相）薛公（孟尝君）曰："周最于齐（湣）

193

王，厚也。而（齐湣王）逐之，听祝弗，相吕礼者，欲取秦。秦、齐合，弗与礼重矣；（弗与礼）有用，齐、秦必轻君。君弗如急北兵，趋赵以和秦、魏，收周最以为后行，且反齐王之信，又禁天下之变。齐无秦，天下果，弗必走，齐王谁与为其国？"

（《史记·孟尝君列传》略同，但改"苏秦"为"苏代"）

——事在秦昭王十九年、齐湣王十三年、燕昭王二十四年，即周赧王二十七年、西周武公二十四年、东周嗣君二十年（前288），齐湣王听祝弗、逐周最、罢韩珉、相吕礼之后，紧接上文。刘向不知周最是西周国公子，误编于《东周策》，应编入《西周策》。旧或误系于周赧王二十二年（前293）、二十九年（前286），不合苏秦、孟尝君史事与天下形势。

苏秦为燕反间于齐多年，深得燕昭王信任而为燕相，年初必须返燕参加岁首朝会（借机与燕昭王商议，调整反间方略）。此时在燕得知秦、齐即将称"帝"，决定利用这一事件挑动秦、齐对立，为燕破齐创造条件。苏秦是贾谊所言战国四大谋士之一，实为深谋远虑、空前绝后的战国第一策士，所有策略都是曲线进行，布置周密，连环相应，因而动必成功。所以他没有直接离燕至齐谏阻齐湣王称"帝"，而是先离燕往魏晋见魏相孟尝君。

苏秦深知，孟尝君被齐湣王罢相之后"背故主"，从敌秦转为敌齐，一心图谋返齐复相。于是投其所好，劝说孟尝君运用其影响力，说服魏昭王、韩釐王响应赵相李兑，三晋共同反对秦、齐称"帝"，迫使齐湣王不敢与秦昭王共同称"帝"，从而罢免吕礼，驱逐祝弗；造成"齐王谁与为其国"的困局，孟尝君就能返齐复相。

孟尝君闻言心动，均从苏秦之策，浑然不知苏秦的真实意图。

史料83，《战国策·东周策》十七：

齐（湣王）听祝弗，外周最。

[苏秦] 谓齐（湣）王曰："（王）逐周最、听祝弗、相吕礼者，欲深取秦也。秦得天下，则伐齐深矣。夫 [秦]、齐合，则赵恐伐，故急兵（攻齐）以示秦。秦以赵攻 [齐]，与之（秦以）齐伐赵，其实同理，（齐）必不处矣。故（王）用祝弗，即天下之理也。"（《齐策四》十、十一略同）

——事在秦昭王十九年、齐湣王十三年，即周赧王二十七年、西周武公二十四年、东周嗣君二十年（前288）；紧接上文，苏秦离燕至魏面见孟尝君、再由魏返齐之后。旧多误系于周赧王二十二年（前293）、二十九年（前286），不合苏秦史事与天下形势。刘向不知周最是西周国公子，误编于《东周策》，应编入《西周策》。

苏秦说服魏相孟尝君，借用其巨大影响力，营造了不利于秦、齐称"帝"的天下舆论，然后离魏返齐，面谏齐湣王。但不直谏，而是婉谏。

苏秦首先点破齐湣王"逐周最、听祝弗、相吕礼"的意图，是"深取秦"，即感激秦国不与其他诸侯共同称"帝"，独与齐王共同称"帝"。进而点破此中大害，秦邀齐称"帝"，秦得实利，齐得虚名，结果必将"秦得天下，则伐齐深矣"。因为秦、齐共同称"帝"之后，秦昭王无论是联齐伐赵，还是联赵伐齐，全都不利齐国。欲免此祸，唯有吕礼、周最、韩珉三策之外的苏秦之策才是上策：齐不称"帝"，联赵伐秦。

齐湣王心悦诚服，于是罢免吕礼，驱逐归秦；不让韩珉复相，而让燕相苏秦兼任齐相。齐湣王、齐相苏秦与赵惠文王、赵相李兑，在齐地阿邑（山东阳谷）会盟，商定赵、齐二强联合诸侯"伐秦去帝"①。具体分工是：赵国负责策动合纵伐秦，齐国负责伐灭长期与

---

① 《战国纵横家书》有"苏秦自齐献书燕王"："齐、赵遇于阿，王忧之。臣与于遇，约攻秦去帝。"

秦结盟的宋国。

周最被齐湣王驱逐以后，或至魏国，或归西周。与周最相关的二十多条史料俱见上引，此后再无史迹。

史料84，《战国策·韩策三》二：

> 周佼以西周善于秦，而封于（赵地）梗阳；周启以东周善于秦，而封于（赵地）平原。

附《史记·赵世家》：

> （赵惠文王）十一年（前288），秦取梗阳。

——事在秦昭王十九年、赵惠文王十一年，即周赧王二十七年、西周武公二十四年、东周嗣君二十年（前288）；与上同年，秦昭王十月一日宜阳称"帝"稍后。这一史料隐于《韩策三》二之中，学者鲜有留意，均未系年。

秦昭王于年初宣布将于十月一日在宜阳称"帝"，由于赵相李兑策动天下反对秦王称"帝"，被迫邀请齐湣王称"东帝"。齐湣王先听吕礼、祝弗而答应，后听苏秦而撤销，与赵相约"伐秦去帝"。尽管天下舆论对秦称"帝"极其不利，然而秦昭王箭在弦上，不得不发，仍于十月一日（秦历岁首）在宜阳僭称"西帝"。

由于强赵、强齐共同策动"伐秦去帝"，因此天下诸侯不惧秦伐，均不遣使参加宜阳"西帝"大典[①]。仅有弱小的二周畏惧秦伐，遣使

---

① 《吕氏春秋·应言》："秦（昭）王立帝宜阳，许绾诞魏王，魏王将入秦。魏敬谓王曰：'以河内孰与梁重？'王曰：'梁重。'又曰：'梁孰与身重？'王曰：'身重。'又曰：'若使秦求河内，则王将与之乎？'王曰：'弗与也。'魏敬曰：'河内，三论之下也；身，三论之上也。秦索其下而王弗听，索其上而王听之，臣窃不取也。'王曰：'甚然。'乃辍行。"

参加宜阳"西帝"大典：东周国之使是公子周启，西周国之使是公子周佼（当为西周武公五庶子之一）。

宜阳"西帝"大典冷冷清清，秦昭王最怒首先反对称帝的赵相李兑，于是按照"来朝者赏，不朝者伐"的事先恐吓，发兵攻取赵地梗阳，立刻封给西周国公子周佼；西周原先敌秦，故实赏。又把尚未攻取的赵地平原，预封给东周国公子周启。"平原"（山东平原县西南）是赵惠文王之弟平原君赵胜之封地，此时尚非秦地；东周一向亲秦，故虚赏。

李兑大怒，加紧筹备合纵伐秦。燕、魏、韩纷纷加盟，五国"伐秦去帝"在即。

秦昭王眼看伐取赵地梗阳，不能吓退李兑和诸侯，为使诸侯失去伐秦理由，在称"帝"两个多月之后的十二月，被迫宣布取消"西帝"僭号。①

周赧王寄居的西周国，先从抗秦转为臣秦，至此又与东周国一样，不奉"周王"而转奉"秦帝"。秦灭二周已如探囊取物，只待排上日程。

---

① 《史记·六国年表》秦昭王十九年（前288）："十月为帝，十二月复为王。"《史记·乐毅列传》："齐湣王……与秦昭王争重为帝，已而复归之，诸侯皆欲背秦而服于齐。"《韩非子·内储说下》："穰侯相秦而齐强，穰侯欲立秦为帝，而齐不听，因请立齐为东帝，而不能成也。"

六　秦昭王灭西周国、东周朝，秦庄襄王灭东周国

　　周赧王寄居西周国的第二阶段，也是东周朝的最后阶段，即西周国、东周朝从臣秦到被秦伐灭的最后三十二年（前287—前256）；兼及东周国七年后（前249）被秦伐灭。

　　二周臣秦之后，已非天下中枢，因而最后阶段仅有史料十条（85—94）。平均四年一条，与东周国开国前的西周威公时期相当（在位四十八年，史料十二条），少于二周史料的平均数。二周史一百九十一年（前439—前249），史料九十四条，平均两年一条。其他朝代的灭亡期，都是史料集中期。历时最长的周朝，灭亡期史料却最少。主要原因是秦火汉黜，次要原因是衰亡期太长，死而不僵数百年，最后阶段已经无足轻重，唯一的悬念是谁将代周为王。

　　史料85，《史记·楚世家》：

　　　　（楚顷襄王）十八年……楚欲与（齐）［魏］、韩连和伐秦，因欲图（西）周。

　　　　周王赧使（西周）武公谓楚相昭子曰："三国以兵割周郊地以便输，而南器以尊楚，臣以为不然。夫弑共主（周赧王），臣世君（西周君），大国不亲；以众胁寡，小国不附。大国不亲，小国不附，不可以致名实。名实不得，不足以（伤）［饬］民。夫有图（西）周之声，非所以为号也。"

　　　　昭子曰："乃图（西）周则无之。虽然，（西）周何故不可图

也?"

对曰:"军不五不攻,城不十不围。夫一周为二十晋,公之所知也。韩尝以二十万之众辱于晋之城下,锐士死,中士伤,而晋不拔。公之无百韩以图周,此天下之所知也。夫怨结两周以塞邹鲁之心,交绝于齐,声失天下,其为事危矣。夫危两周以厚三川,方城之外必为韩弱矣。何以知其然也?西周之地,绝长补短,不过百里。名为天下共主,裂其地不足以肥国,得其众不足以劲兵。虽无攻之,名为弑君。然而好事之君,喜攻之臣,发号用兵,未尝不以周为终始。是何也?见祭器在焉,欲器之至而忘弑君之乱。今韩以器之在楚,臣恐天下以器仇楚也。臣请譬之。夫虎肉臊,其兵利身,人犹攻之也。若使泽中之麋蒙虎之皮,人之攻之必万于虎矣。裂楚之地,足以肥国;诎楚之名,足以尊主。今子将以欲诛残天下之共主,居三代之传器,吞三翮六翼,以高世主,非贪而何?《周书》曰'欲起无先',故器南则兵至矣。"

于是楚计辍不行。(按:"伤民"不通,当为"饬民"之讹)

——事在秦昭王二十六年、楚顷襄王十八年、魏昭王十五年、韩釐王十五年、齐襄王三年,即周赧王三十四年、西周武公三十一年、东周嗣君二十七年(前281);秦昭王称帝失败后七年。

秦昭王称帝失败后二年(前286),齐湣王听从为燕反间于齐的苏秦,灭宋。秦昭王称帝失败后四年(前284),燕将乐毅得到苏秦在齐反间之内应,弱燕击破强齐,攻取七十余城,齐地仅剩莒邑、即墨两座孤城;齐湣王车裂苏秦,逃到莒邑死去,其子齐襄王困守莒邑,宗室田单困守即墨。秦昭王称帝失败后九年(前279),燕昭王死,其子燕襄王以骑劫替换乐毅,田单击败骑劫,收复齐地,齐襄王从莒邑返回临淄,齐复国。

今年(前281)是秦昭王称帝失败后七年,齐襄王困守莒邑,尚未复国，不可能与楚、韩联合伐秦。因此《史记·楚世家》"楚欲与齐、韩连和伐秦"，"齐"当作"魏"。

楚顷襄王鉴于强齐已破，楚国又成秦军首伐目标，打算联合魏、韩伐秦。合纵伐秦之前，准备先灭西周国、东周朝，"弑共主"周赧王，"臣世君"西周武公，南运九鼎至楚，楚国代周为王，然后号令天下诸侯共同伐秦。

寄居西周国的周赧王，于是派遣西周武公使楚阻止。

西周武公臣秦以后，如今面对楚相昭子，也不称孤道寡，竟也称"臣"，不过仍然成功阻止了楚顷襄王灭周。因为周朝已有七百余年，近乎永恒存在，尽管周平王以降积弱五百年，周显王以降三代周王寄居二周百年，但是"弑共主"仍属冒天下之大不韪，楚顷襄王难下决心。

史料86，《战国策·西周策》六：

苏厉谓（东）周（嗣）君曰："败韩、魏，杀犀武（公孙喜）；攻赵，取蔺、离石、祁者，皆白起；是善用兵，又有天命也。今攻梁，梁必破，破则（东）周危，君不若止之。（使人）谓白起曰：'楚有养由基者，善射；去柳叶者百步而射之，百发百中。左右皆曰善。有一人过曰："善射！可教射也矣。"养由基曰："人皆善，子乃曰可教射，子何不代我射之也？"客曰："我不能教子支左屈右。夫射柳叶者，百发百中，而不已善息，少焉气力倦，弓拨矢钩，一发不中，前功尽矣。"今公破韩、魏，杀犀武，而北攻赵，取蔺、离石、祁者，公也。公之功甚多。今公又以秦兵出塞，过两周，践韩而以攻梁，一攻而不得，前功尽灭，公不若称病不出也。'"（《史记·周本纪》书于三十四年，略同）

——事在秦昭王二十六年，即周赧王三十四年、西周武公三十一

200

年、东周嗣君二十七年（前281）；与上同年。苏厉为东周国人，三年前（前284）与兄苏秦共同助燕破齐，苏秦被齐湣王车裂，苏厉返回东周国。刘向误编于《西周策》，应编入《东周策》。《史记·周本纪》书于周赧王三十四年，不误；旧多不明秦取赵蔺、离石共有两次①，妄疑有误。

秦昭王在孟尝君破秦（前296）之后，重用秦相魏冉提拔的平民白起，赢得伊阙大胜（前293），重新卷土东来。魏冉后来献策称帝失败（前288），又贪取宋地定陶为己封地，支持齐湣王灭宋（前286），为了保住齐封定陶，又消极参与五国伐齐，导致燕国独占齐地（前284），被秦昭王罢相（前283），连累白起不受重用。今年（前281）魏冉复相，重新启用白起攻魏，危及东周。

苏厉于是向东周嗣君进言。先言旧事，即相差十年的白起二事：十二年前（前293）白起败公孙喜于伊阙，为其首功；两年前（前283）白起攻赵取蔺、离石，为其新功。后献新策，即白起"今攻梁，梁必破，破则（东）周危，君不若止之"，建议东周嗣君派人以养由基之事讽喻白起，劝其"称病不出"。

东周嗣君可能采纳了苏厉之策，虽未立刻奏效，然而埋下了白起结局的伏笔（见下史料91）。

史料87，《战国策·西周策》十：

秦（昭王）召（西）周（武）君，（西）周（武）君难往。

或为（西）周（武）君谓魏（昭）王曰："秦召（西）周（武）君，将以使攻魏之南阳。王何不出兵于河南？（西）周（武）君闻之，将以为辞于秦而不往。（西）周（武）君不入秦，秦必不敢越河而攻南阳。"

---

① 秦第一次攻取赵之蔺、离石，已于赵助孟尝君伐秦之时收复。秦第二次攻取赵之蔺、离石，正是白起。

史料88，《史记·周本纪》：

（周赧王）八年（当作三十七年），秦召西周君，西周君恶
往，故令人谓韩（釐）王曰："秦召西周君，将以使攻王之南阳
也，王何不出兵于南阳？周君将以为辞于秦。周君不入秦，秦必
不敢逾河而攻南阳矣。"

史料89，《史记·秦本纪》：

（秦昭王）二十九年，（西）周（武）君来。

——根据《秦本纪》，事在秦昭王二十九年，即周赧王三十七年、
西周武公三十四年、东周嗣君三十年（前278）；秦昭王称帝失败后十
年。《周本纪》误书于周赧王八年（前307，秦武王四年），误前二十
九年；其时西周武公听从周最，敌秦甚坚，远未臣秦（详上），不可
能应秦武王之召入秦。

《秦本纪》记载西周武公入秦三次，均在秦昭王时。其一，秦昭
王十七年（前290），西周武公扣留然后释放入秦献地的韩相韩辰，被
迫入秦请罪（见上史料72），为西周臣秦之始，并非秦昭王召见。其
二，秦昭王二十九年（前278），西周武公入秦朝拜，亦即此处所言，
才是秦昭王召见。其三，秦昭王五十一年（前256），西周武公入秦献
地，西周国亡（见下史料92）。

西周武公十二年前（前290）首次入秦，被迫臣秦，仍不甘心事
秦。今年（前278）被秦召见，大概听从自齐归周的周最（《西周策》
十"或为周君谓魏王"、《周本纪》"人谓韩王"可能均为周最），不愿
入秦，所以"难往""恶往"，希望凭借魏、韩而拒绝入秦，但是魏、
韩今非昔比而不敢抗秦，最终只能应召入秦。

秦昭王对待西周武公已如臣仆，随时可灭二周。

史料90，《史记·周本纪》：

（周赧王）四十二年，秦破华阳约。

马犯谓（西）周（武）君曰："请令梁城周。"

（马犯为西周使魏，）乃谓梁（安釐）王曰："周（赧）王病若死，则犯必死矣。犯请以九鼎自入于王，王受九鼎而图犯。"

梁王曰："善。"遂与之卒，言戍周。

（马犯）因谓秦（昭）王曰："梁非戍周也，将伐周也。王试出兵，境以观之。"

秦果出兵。

（马犯）又谓梁王曰："周（赧）王病甚矣，犯请后可而复之。今王使卒之周，诸侯皆生心，后举事且不信。不若令卒为周城，以匿事端。"

梁王曰："善。"遂使城周。

——事在秦昭王三十四年、魏安釐王四年，即周赧王四十二年、西周武公三十九年、东周嗣君三十五年（前273）；秦昭王召见西周武公后五年。

今年秦将白起败魏于华阳，斩首十五万。[1]

---

[1] 《史记·秦本纪》："（秦昭王）三十三年（前274），客卿胡阳攻魏卷、蔡阳、长社，取之。[三十四年，白起]击芒卯华阳，破之，斩首十五万（前273）。"《史记·白起王翦列传》："昭王三十四年（前273），白起攻魏，拔华阳，走芒卯，而虏三晋将，斩首十（三）[五]万。"《史记·魏世家》："（安釐王）四年（前273），秦破我及韩、赵，杀十五万人，走我将芒卯。"《史记·韩世家》："（韩釐王）二十三年（前273），赵、魏攻我华阳。韩告急于秦……（白起）败赵、魏于华阳之下。"《史记·赵世家》："（赵惠文王）二十五年（前273），燕周将，攻昌城、高唐，取之。与魏共击秦。秦将白起破我华阳，得一将军。"《史记·穰侯列传》："穰侯与白起、客卿胡阳复攻赵、韩、魏，破芒卯于华阳下，斩首十[五]万，取魏之卷、蔡阳、长社，赵氏观津。"

西周武公担心秦军败魏之后移师灭周。马犯于是请命使魏，对魏安釐王声称"周（赧）王病若死"，诱其出兵西周，夺取九鼎。

魏安釐王不知是计，发兵西周，声称助其防秦。

马犯随即使秦，告诉秦昭王：魏军前往西周，并非助其防秦，而是欲取九鼎。请秦出兵。

秦昭王不愿九鼎归魏，立刻发兵。

马犯再次使魏，告诉魏安釐王：夺取九鼎，必将激怒秦国。不如改为帮助西周筑城，掩盖欲取九鼎之心。

魏安釐王无奈，改命魏军为西周筑城。

马犯两面使诈，借力打力，推迟了秦灭西周的日程。

马犯虽然对魏使诈，但其所言"周（赧）王病若死""周（赧）王病甚矣"，当属实情，因为周赧王已经在位四十二年。不过周赧王尽管年老病重，又苟延残喘了十七年，东周朝、西周国亦然。

史料91，《史记·周本纪》：

> （周赧王）五十九年，于是秦取韩阳城、负黍，西周恐，倍秦，与诸侯约从，将天下锐师出伊阙攻秦，令秦无得通阳城。秦昭王怒，使将军摎攻西周。西周（武）君奔秦，顿首受罪，尽献其邑三十六，口三万。秦（昭王）受其献，归其君于（西）周。（西）周君、王赧卒①，（西）周民遂东亡。秦取九鼎宝器，而迁西周公于悬狐。

史料92，《史记·秦本纪》：

---

① 旧或不明二周史，不明王赧居西周，故而不明此处"周君、王赧"分指二人，遂以"君"为衍文而删之，"周君、王赧"变成"周王赧"。《史记·周本纪·索隐》："此周君，即西周武公也。"可证唐时尚作"周君、王赧"，且知"周君"非"王赧"。

（秦昭王）五十一年……于是秦使将军摎攻西周。西周君走来自归，顿首受罪，尽献其邑三十六城，口三万。秦（昭）王受献，归其君于（西）周。五十二年，周民东亡，其器九鼎入秦。周初亡。

——事在秦昭王五十一年，即周赧王五十九年、西周武公五十六年、东周嗣君五十二年（前256）；秦昭王召见西周武公后二十二年，马犯诈魏后十七年。此为西周国、东周朝的最后史料。

前年（前258）秦将白起在长平大败强赵，坑杀四十五万赵军降卒，秦灭六国已无逆转可能。去年（前257）秦昭王命令白起领兵灭赵，白起"称病不出"（苏厉伏笔生效，见上史料86），秦昭王被迫另命秦将进围赵都邯郸。

今年（前256）魏信陵君、楚春申君应赵平原君之请，共同救赵击秦。秦围邯郸失败，秦昭王怒杀白起。

西周武公大概又听从自齐归周的周最，趁机背叛秦国，再次成为诸侯合纵抗秦的"谋主"（《西周策》十一，见上史料66），"与诸侯约纵，将天下锐师出伊阙攻秦"。秦昭王于是决意伐灭西周国、东周朝，彻底斩断六国抗秦的神经中枢。白起已被赐死，遂命将军摎伐灭西周。

西周武公不得不第三次（最后一次）入秦，纳土降秦。所献三十六邑其实极小，人口仅有三万，因为"西周之地，绝长补短，不过百里"（《史记·楚世家》，见上史料85）。

纳土降秦不久，西周武公、周赧王同时死去。二人同年同时而死，必非正常死亡，或是同被秦昭王赐死，或是羞为秦臣而同时自杀。

《史记·周本纪》"周民遂东亡"，乃指不愿臣秦、羞为秦民的三万西周国民众，东逃至东周国。

《史记·周本纪》"秦取九鼎宝器"，《史记·秦本纪》"九鼎入

秦"，当属虚语①，否则秦始皇后来不必再去泗水寻找过宋沉没的运齐
之鼎。沉没之鼎，加上秦武王所举龙纹赤鼎，仅知东周朝二鼎，而且
必非大禹所铸九鼎。后来刘邦灭秦，项羽入咸阳，均未发现九鼎。因
此秦昭王虽灭西周国、东周朝，实未得到九鼎，对外声称"九鼎入
秦"，意在夸示天命归秦，消解列强抗秦意志。司马迁轻信秦之虚言，
采入《史记》。后来秦始皇伐灭六国，收聚天下兵器，熔为九大金人，
意在遮掩未得九鼎（暗示九鼎熔为金人）。深究其实，"禹铸九鼎"仅
是传说，并无史证；"商灭夏而九鼎归商，周灭商而九鼎归周，秦灭
周而九鼎归秦"，或许都是"君权神授"的愚民谎言。

《史记·周本纪》"秦迁西周公于𢠺狐"，这是西周武公死后的
"西周公"，当指西周武公的太子姬咎，然而不应再称"西周公"。《史
记·周本纪·索隐》曰："西周，盖武公之太子文公也；武公卒而立，
为秦所迁，而东周亦不知其名号。《战国策》虽有周文君，亦不知灭
时定当何主。盖周室衰微，略无纪录，故太史公虽考众书以卒其事，
然二国代系甚不分明。"所注均为不明二周史之妄言。西周武公卒前，
西周国已灭，太子姬咎被秦迁至𢠺狐，废为庶民，怎能再"立"？《战
国策》之"周文君"，乃是已死甚久的东周国昭文君，怎能变成西周
国"武公之太子文公"？"盖周室衰微"以下四句评论，则是实情。

《史记·秦本纪》"周初亡"，乃是不明二周史的误书，暗示七年
后"秦庄襄王灭东周"是"周再亡"。

秦昭王五十一年，西周国纳土降秦；在位五十六年（前311—前
256）的西周武公，寄居西周国五十二年（前307—前256）、在位五
十九年（前314—前256）的末代天子周赧王同年同时而死。西周国、
东周朝，同年同时灭亡。西周国之灭，即东周朝之灭。

---

① 《史记·秦本纪·正义》："禹贡金九牧，铸鼎于荆山下，各象九州之物，故言九鼎。
历级至周赧王[五]十九年，秦昭王取九鼎，其一飞入泗水，余八入于秦中。"甚
谬。"其一飞入泗水"，事在八十年前的秦惠王二年（前336，见上史料26）。"余八
入于秦中"，并无实证。

史料93，《史记·周本纪》：

（周赧王五十九年）后七岁，秦庄襄王灭东周（国）。东、西周皆入于秦，周既不祀。

史料94，《史记·秦本纪》：

（秦）庄襄王元年，大赦罪人，修先王功臣，施德厚骨肉而布惠于民。东周（嗣）君与诸侯谋秦，秦使相国吕不韦诛之，尽入其国。秦不绝其祀，以阳人地赐（东）周（嗣）君（之子），奉其祭祀。

——事在秦庄襄王元年，即东周嗣君五十九年（前249）；秦昭王灭西周国、东周朝后七年。此为东周国的最后史料。

秦庄襄王灭东周国，《史记·秦本纪》书于"（秦）庄襄王元年"，《史记·周本纪》不书东周朝纪年，而书秦昭王灭东周朝"后七岁"，乃因七年前末代天子周赧王死后，东周朝已无纪年。

《史记·周本纪》"秦庄襄王灭东周"，乃是秦灭东周国，并非秦灭东周朝，也非七年前"周初亡"之后的"周再亡"。

《史记·周本纪》"东、西周皆入于秦，周既不祀"，也是不明二周史的误书，因为东周朝七年前已经绝祀。西周国、东周国与七雄一样，都是周封诸侯国，其祀不能等同于周祀。东周国七年来所奉之祀，并非东周朝历代先王，而是东周国两位先君东周惠公、昭文君，此后所奉之祀亦然。

《史记·秦本纪》"秦不绝其祀，以阳人地赐（东）周君（之子），奉其祭祀"，并非不绝东周朝之祀，而是不绝东周国之祀。《史记·秦本纪》明言秦相吕不韦诛杀东周嗣君，因此奉祀者必非东周嗣君，而是东周嗣君之子。

秦灭东周国，晚于秦灭西周国七年，而且秦绝西周国、东周朝之祀，不绝东周国之祀。一是因为秦惠王、秦武王、秦昭王三世，东周国长期亲秦、臣秦，从未叛秦。二是因为西周国长期敌秦、抗秦，周赧王从东周国迁至西周国之后，西周武公成为诸侯抗秦的"谋主"，其子周最成为首屈一指的"以天下辱秦者"，被迫臣秦之后，又策动诸侯合纵抗秦。

二周对秦态度尽管截然不同，但都无法避免被秦伐灭，仅是善后处置小异。

结语　西周国、东周国世系及其国祚

西周朝从周武王灭商之年（周武王十一年）至周幽王十一年，共计二百七十六年（前 1046—前 771）；东周朝从周平王元年至周赧王五十九年，共计五百十五年（前 770—前 256）；合计七百九十一年。后人常称"八百年"，一是为了方便，泛言整数；二是计入周武王在位的最初十年（前 1056—前 1047），即为八百零一年；三是再计入周文王在位的五十年（前 1106—前 1057），即为八百五十一年；四是不明二周史，把东周国灭亡之年（前 249）误视为东周朝灭亡之年，误多七年，即为七百九十八年。

西周国于周考王元年（前 440）受封开国，翌年（前 439）始计元年，周赧王五十九年（前 256）被秦昭王伐灭，共历四君（或五君）：第一君，西周桓公姬揭，在位二十五年（前 439—前 415）。第二君，西周威公姬竈，在位四十八年（前 414—前 367）。第三君，西周惠公姬朝，元年确定，卒年推定，在位五十五年（前 366—前 312）。第四君，西周武公姬某，其名不详，元年推定，卒年确定，在位五十六年（前 311—前 256），国灭身死。国祚一百八十四年（前 439—前 256）。

君主晚年爱其幼子，废长立幼乃是常事，但是西周威公、西周惠公、西周武公三世合计在位一百五十九年，全都在位五十年上下，不太合于常理。由于西周威公的年数、其长子为西周惠公均可确定，而西周惠公的年数、西周武公是否西周惠公幼子、西周武公的年数均难确定，所以西周惠公、西周武公之间，很有可能脱漏一君，史阙其文，姑且存疑。

东周国于周显王二年（前367）受封开国，翌年（前366）始计元年，周赧王五十九年后七年（前249）被秦庄襄王伐灭，共历三君（或四君）：第一君，东周惠公姬根，在位七年（前366—前360）。第二君，东周昭文君姬杰，元年确定，卒年推定，在位五十二年（前359—前308）。第三君，东周嗣君姬某，其名不详，元年推定，卒年确定，在位五十九年（前307—前249），国灭身死。国祚一百十八年（前366—前249），开国比西周国晚七十三年，亡国比西周国晚七年，国祚比西周国短六十六年，国君比西周国少一代（或二代）。东周昭文君、东周嗣君在位也都超过五十年，前者卒年、后者元年均难确定，所以两者之间也有可能脱漏一君，史阙其文，姑且存疑。

周显王二年"周分为二"之后，最后三王已无寸地，寄居二周一百十二年（前367—前256）[①]，列强纷纷叛周称王，秦昭王甚至僭号称帝，东周朝早已名存实亡。因而孔子曾往洛阳问礼，自明"为东周（朝）"之志。自命孔子私淑弟子的孟子（前369—前287），却因三岁之时"周分为二"（前367），一生历仕齐、宋、滕、魏，从未前往洛阳。《孟子·公孙丑》明言："五百年必有王者兴，其间必有名世者。由周而来，七百有余岁矣，以其数则过矣。"认为东周朝早该灭亡了。《韩非子·备内》则如此评论已成傀儡的周天子："有主名而无实，臣专法而行之，周天子是也。"

2012年11月30日至12月26日（初稿）

2012年12月27日至2013年1月8日（二稿）

2013年2月1日至11日（三稿）

2013年2月22日至3月2日（四稿）

2021年3月23日至24日（五稿）

---

① 《东周西周两国史研究》："从二周分立到西周为秦所灭，共经历一百一十二年。"（吴荣曾：《先秦两汉史研究》，中华书局，1995，第137页）

以"王"僭"帝"的秦汉秘史

——辛亥革命百年祭

弁言　宗教演进与哲学突破

人类宗教演进，分为三大阶段：植根于泛灵崇拜的多神教，植根于日月崇拜的二神教，植根于太阳崇拜的一神教；均以人格神的主观意志，解释世界形成和万物变化的偶然原因和非规律性。

人类哲学演进，也分三大阶段：脱胎于多神教的多元论，脱胎于二神教的二元论，脱胎于一神教的一元论；均以非人格的客观力量，解释世界形成和万物变化的必然原因和客观规律。

多数民族对宇宙客观规律的认知，诉诸感性直观，囿于万物表象，未达万物本质，知识零散多元，把尚未认知其规律性的广大领域让渡给宗教，因而止步于宗教，未能实现哲学突破。个别民族对宇宙客观规律的认知，诉诸理性逻辑，超越万物表象，抵达万物本质，知识系统一元，把尚未认知其规律性的广大领域留存于哲学，坚信一元论之"道"总摄已知、未知的一切规律，因而超越宗教，实现哲学突破。哲学突破是信仰、探索、认知、发现宇宙客观规律的前提。没有哲学突破，就没有哲学信仰。没有哲学信仰，就不会坚信宇宙万物均有客观规律。不坚信宇宙万物均有客观规律，就不可能有意识地探索、认知、发现宇宙客观规律。轴心时代的中国、希腊、印度全都实现了哲学突破，成为人类认知宇宙客观规律的三大源头。然而希腊、印度的宗教演进、文化传统、政治制度，全都不利于哲学突破，哲学突破很快就被宗教收复了失地。

从泰勒斯到苏格拉底，希腊实现一元论的哲学突破。然而希腊的宗教演进滞后，止步于多神教的希腊神话；希腊的文化传统断裂，传统的自然哲学与苏格拉底的精神哲学不能相续；雅典的政治制度极端，直接民主极端平等。苏格拉底同时攻击希腊多神教、前苏格拉底哲学、雅典直接民主制，革命性太强，力量对比悬殊，尤其是苏格拉底的一元论与希腊神话的多神教势不两立，因此在少数服从多数的直接民主制下，被信仰多神教的雅典民众以"侮慢众神，毒害青年"的罪名处死，希腊多神教收复一半失地。苏格拉底死后，古罗马征服古希腊，继承其三大遗产，即宗教层面的多神教，哲学层面的一元论，政治层面的民主制。古罗马从共和制退回君主制，从多神教进至一神教，为一元论的希腊哲学披上一神教的基督教外衣，希腊哲学千年雪藏于基督教神学，基督教收复全部失地。

从沙门思潮到释迦牟尼，印度实现一元论的哲学突破。然而印度的宗教演进滞后，止步于多神教的婆罗门教；印度的文化传统断裂，传统吠陀哲学与释迦牟尼佛学不能相续；印度的政治制度极端，四大种姓极不平等。释迦牟尼同时攻击婆罗门教、外道哲学、种姓制度，革命性太强，力量对比悬殊，尤其是"众生平等"的佛学宗旨与极不平等的种姓制度势不两立，因此释迦牟尼不得不吸纳婆罗门教安慰低等种姓的"六道轮回"，为一元论的佛学披上多神教的佛教外衣，婆罗门教收复一半失地。释迦牟尼死后，佛教虽对婆罗门教、外道哲学、种姓制度不断妥协，仍然无法在印度扎根，婆罗门教收复全部失地。

从伏羲到老聃，中国实现一元论的哲学突破。由于中国的宗教演进与哲学演进基本同步，伏羲易道与道家哲学能够相续，温和君主制度与道家哲学成果能够相容，所以哲学突破未被先秦宗教收复失地，但被秦汉政治葬送了硕果。秦汉以后的悖道君主，利用哲学层面的以"道"代"帝"，转向政治层面的以"王"僭"帝"，迫使以"道"代"帝"的哲学信仰成为秘密信仰，迫使崇拜"上帝"的宗教信仰转向以"佛"代"帝"的佛教和以"真"代"帝"的道教，直到辛亥革命终结"帝"制。

一　以"道"代"帝"的哲学突破

先秦宗教遵循宗教演进的客观规律，从多神教演进至二神教，又从二神教演进至一神教。人文古史"黄帝与炎帝战于阪泉之野"，原属多神教的"五帝"神话。商代《归藏》的初文是"黄神与炎神战于涿鹿之野"，炎、黄二族的祖先均被升格为"神"。稍后转写为"黄神与炎帝战于涿鹿之野"，二"神"变成了一"神"一"帝"。再后转写为"黄帝与炎帝战于涿鹿之野"①，二"神"变成了二"帝"，抵达二神教。二神教的二"神"必须一善一恶，而把战败一族的祖先神"炎帝"视为恶神不利于炎、黄二族融合，于是用炎帝族的"蚩尤"替代"炎帝"，转写为二神教的标准神话"黄帝与蚩尤战于涿鹿之野"（《史记·五帝本纪》），"黄帝"遂成二神教的"善神"，"蚩尤"遂成二神教的"恶神"；同时改写黄帝、炎帝所战之地，定格于后世熟知的人文古史"黄帝与炎帝战于阪泉之野"（《史记·五帝本纪》）。西周抵达一神教，于是又用黄帝族的"颛顼"替代"黄帝"，又用炎帝族的"共工"替代"蚩尤"，把二神教的标准神话"黄帝与蚩尤战于涿鹿之野"，改写为一神教的标准神话"共工与颛顼争为帝"（《淮

---

① 马国翰辑《归藏·郑母经》十一（《御览》七九引）："昔黄神与炎神争斗涿鹿之野。"严可均辑《归藏·郑母经》（《路史·前纪三》《后纪四》注引）："黄神与炎帝战于涿鹿。"1993年湖北荆州秦墓出土的王家台《归藏·同人》："黄啻与炎啻战于涿鹿之野。"

南子·天文训》），"颛顼"遂成一神教的"上帝"，"共工"遂成一神教的"魔鬼"。

先秦哲学遵循哲学演进的客观规律，从多元论演进至二元论，又从二元论演进至一元论。夏、商以前多神教的"五帝"，被商代先哲转化为多元论的"五行"。商、周时代二神教的"黄帝""蚩尤"，被商、周先哲转化为二元论的"阴""阳"。西周抵达一神教之"帝"，被东周先哲转化为一元论之"道"。道家祖师老聃认为，道"象帝之先"。道家集大成者庄子认为，道"神鬼神帝"。道家以东周一元论之"道"取代西周一神教之"帝"，实现了以"道"代"帝"的哲学突破。

"帝""蒂"的形义，也证明商代多神教的祖先"神"，先演进至西周一神教之"帝"，再转化为东周一元论之"道"。"帝"字原是焚柴祭神之象形，由于祖先"神"无形，故以祭神仪式名之，祭仪之名另加"示"作"禘"。"禘""帝"音同易混，又把"禘祭"转写为"柴祭"，复归本义焚柴祭神。"帝"又通"蒂"（王国维），"蒂""根"义近，祖先是子孙之"根""蒂"，子孙是祖先之"花""果"。商代多神教的祖先"神"，演进至西周一神教之"帝"，"帝"就成为宇宙万物之"根""蒂"。东周一元论之"道"取代西周一神教之"帝"以后，"道"就成为宇宙万物之"根""蒂"，《老子》遂言"深根固蒂之道"。

华夏文明始祖伏羲，创造了独一无二的伏羲六十四卦。夏有《连山》，商有《归藏》，周有《周易》，均为六十四①。尽管六十四卦爻变之"道"不尽符合现代科学，但在很多民族尚以人格神的主观意志解释未知规律之时，中华先哲就用不被人、神意志左右的自然力量，解

---

① 夏代《连山》久佚。商代《归藏》于秦汉亡佚，西晋太康年间汲冢魏襄王墓出土；唐宋以后再佚，清代马国翰、严可均均辑有佚文。1993年湖北王家台秦墓重新出土《归藏》简。《周易》流传至今，但是汉后《易传》混入《易经》，导致《经》《传》不分，鲜有人知《易传》大悖《易经》。

释已知、未知的一切规律。以"阴阳消息"为变化规律的六十四卦爻变之"道"，正是东周一元论之"道"的源头。道家继承易道又不囿于易道，把六十四卦爻变之"道"提炼为一元论之"道"，总摄二元论的阴阳之"气"多元论的万物殊"理"。《老子》的终极表述是："道生一，一生二，二生三，三生万物。"《庄子》的简明表述是："万物一气，同道殊理。"①

先秦中国的君主制度较为温和，上下分层的等级差别也较为温和，既不像希腊民主制度那样极端平等，也不像印度种姓制度那样极不平等，因此中华先哲既没有被难以教化的下层民众以"渎神"罪名处死的希腊式危险，也没有被难以改变的政治制度逐出本土的印度式危险，终将哲学成果普及到上层士人，形成上下分层的信仰格局：作为周代贵族的上层士人，信仰西周一神教之"帝"和东周一元论之"道"；作为商代遗民的下层民众，信仰商代多神教之"五帝"和初民萨满教之迷信。儒家祖师孔子因而推崇"君仁—臣忠"的温和君主制度与"君子—小人"的温和等级差别，儒家集大成者荀况因而推崇"君子以为文，百姓以为神"的上下分层信仰格局。

希腊和印度，宗教演进滞后，文化传统断裂，政治制度极端，因而哲学突破是火温骤升的突变式爆破，由于敌对力量强大，变成自杀性爆炸，只开花不结果即已夭折，未能推进文明，宗教收复失地以后，反而文明衰退。唯有中国，宗教演进同步，文化传统相续，政治制度温和，因而哲学突破是水温渐升的渐变式煮沸，由于敌对力量微弱，成为建设性改良，既开花又结果得到普及，有力推进了文明，未被宗教收复失地。

---

① 参看《庄子·大宗师》："天地之一气。"《庄子·知北游》："通天下一气。"《庄子·齐物论》："物之所同是。"《庄子·大宗师》："托于同体""同于大通"，《庄子·则阳》："万物殊理。"

二 称"王"为"帝"的先秦讹典

秦汉君主利用哲学层面的以"道"代"帝",转向政治层面的以"王"僭"帝",辛亥革命以前两千两百年,辛亥革命至今一百年,中国人全都不以为非。主要原因是秦始皇的"焚书坑儒"和汉武帝的"罢黜百家",逐步剿灭了先秦常识,彻底遮蔽了秦汉秘史。次要原因是后人以为先秦已有称"王"为"帝"的诸多先例,不知所有先例均属似是而非的讹典。

先秦讹典之一:尧、舜、禹禅让,尧、舜的名号为"帝",禹的名号为"王"。

一切民族的初民口传文化,均以多神教的叙事方式,把远古祖先升格为众神,把近古酋长升格为英雄。文明民族发明文字以后,倘若止步于宗教信仰,被升格的众神、英雄就无望还原为远古、近古的祖先。唯有实现哲学突破以后,被升格的众神、英雄才有望还原为远古、近古的祖先。

希腊初民的远古祖先神话、近古酋长神话,保留于盲诗人荷马的口传史诗。荷马史诗共有三层叙事:一是远古的祖先神话,祖先被神化为保佑子孙的天庭众神。二是中古的酋长神话,酋长被神化为半人半神、上天入地的英雄。三是近古的人间历史,如希腊、特洛伊之战。所谓"史诗",就是把原本按时间先后排列的历时性叙事,即属于"诗"的远古祖先神话、中古酋长神话,属于"史"的近古民族历史,按多神教的叙事方式,转换为按空间上下并置的共时性叙事。这一转换经不起哲学质疑，因此苏格拉底实现哲学突破以后，弟子柏拉图就对荷马史诗启动了哲学质疑。然而不久古希腊亡于古罗马，希腊哲学来不及把多神教的神话还原为人文化的祖先史。

中华初民的口传史诗，同样按多神教的叙事方式，把远古祖先升格为"三皇"神话，把中古酋长升格为"五帝"神话，与近古"三王"历史并置为共时性叙事。汉字发明以后，"三皇五帝"神话仍然长期口传，但是实录商、周王室文告的《尚书·商周书》从不提及。西周抵达一神教，东周抵达一元论，道家祖师老聃实现哲学突破。其后儒家祖师孔子反对春秋"五霸之道"，推崇近古"三王之道"，"子不语怪力乱神"，所以不言"三皇五帝"神话。其后墨家祖师墨子反对儒家"三王之道"，推崇中古"五帝之道"，把"五帝"神话还原为中古酋长史。其后道家后学反对儒家"三王之道"和墨家"五帝之道"，推崇远古"三皇之道"，把"三皇"神话还原为远古祖先史。西周以前按空间上下并置的共时性多神教神话叙事，东周以后遂被还原为按时间先后排列的历时性一元论人文叙事。中华民族因而没有"史诗"，仅有时间最长的不间断编年史。

顾颉刚认为，"三皇五帝"古史是"层累叠加"的"造伪"。"层累叠加"确切，就是"三皇五帝"的口传神话在先，文字古史在后，墨家把"五帝"叠加在"三王"以前，道家又把"三皇"叠加在"五帝"以前。"造伪"不确，文字古史均非凭空杜撰，均以口传神话为据。只不过道家"以道代帝"，对"三皇"神话的人文还原非常彻底。墨家"崇信鬼神"，对"五帝"神话的人文还原不够彻底，残存"五后"曾被升格为"五帝"的神话遗迹，仍称"五后"为"五帝"。

墨家反对儒家推崇的"三王"，是因为"三王"开启了君主世袭、卿相世袭，导致君主非圣、卿相非贤而天下大乱，所以推崇"五帝"（实为"五后"）的君主禅圣、卿相让贤而天下大治，核心叙事是"尧、舜、禹禅让"（《墨子·尚贤上》）。君主世袭始于禹之子启，可见墨家所言"禅让"必非造伪。禅让既禅其位，又让其号，然而墨家却称尧、舜的名号为"帝"，禹的名号为"王"，可见墨家所称尧、舜、禹名号必非史实。尧、舜非"帝"，禹也非"王"，三者的名号均为"后"。部落酋长谓之"后"，众多部落酋长谓之"群后"，部落联盟领袖谓之"元后"。《尚书·虞夏书·大禹谟》明确记载，舜命禹继任"元后"，领袖"群后"。夏后启以降，夏代君主的名号仍均为"后"①，商代君主的名号才升格为"王"②，周代君主袭之。商、周追称禹和夏代君主为"王"，以便统称夏、商、周为"三王"。墨家既沿袭"五帝"神话，把尧、舜的名号升格二级，称之为"帝"，又沿袭商、周传统，把禹的名号升格一级，称之为"王"，成为"五帝禅让"（实为"五后禅让"）的破绽。

先秦讹典之二："王"死称"帝"。

《礼记·曲礼》："（王）崩，曰'天王崩'。……措之庙，立之主，曰'帝'。" 所言"王"死称"帝"，仅为商代史实。夏代君主生前无一称"王"，全都称"后"。周代君主死后无一称"帝"，全都称谥。唯有商代君主生前称"王"，死后称"帝"。

商代崇信鬼神，信仰作为祖先神的多神教"五帝"，认为"人—鬼—神"相通，庶"人"死而为"鬼"，君"王"死而为"神"，因此商"王"死后成"神"而称"帝"，一如信仰多神教的罗马君主死后即入万神殿。但是商代多神教只许"王"死称"帝"，不许活"王"称帝。妄称活"王"为"帝"，乃是咒"王"速死。活"王"自僭"帝"号，则是自咒速死。商代"王死称帝"的另一原因是，尚多母权制遗风，尚未确立父权制和嫡长子继承制，宗法尚"舅"，《归藏》

---

① 即时实录的《今文尚书·商书·汤誓》："我后不恤我众"，商汤称夏桀为"后"。后世伪撰的《古文尚书·商书·汤诰》（《今文尚书》无）"夏王灭德作威"，商汤称夏桀为"夏王"。

② 《尚书·商书·盘庚》盘庚称商代先君为"古我前后""古我先后""我先神后""古后""高后"，可证商代君主称"王"不早于盘庚。参看《庄子·让王》称尧、舜、禹、汤为"后"。

首"坤"（次"乾"）①，母权、女权颇尊。所以商王继承，常常兄终弟及。商高宗武丁的王后妇好，挂帅出征。出土最大商代青铜器，是后母戊鼎。

周代崇尚人文，信仰并非祖先神的一神教"上帝"，认为"人—鬼"相通，"人—神"不相通，"人"死只可为"鬼"，不能成"神"称"帝"。此义著于《尚书·周书·吕刑》："绝地天通，罔有降格。群后之逮在下，明明棐常，鳏寡无盖。"孔传："人神不扰，各得其序，天神无有降地。"周人贬斥商人植根于多神教信仰的"王"死称"帝"，导致地、天相通，人、神相扰，天"帝"降格于人"王"。西周一神教之"帝"，是唯一至高之神，人"王"不可僭窃天"帝"之号，因此周"王"死后无一称"帝"，全部称谥。周代"王不僭帝"的另一原因是，肃清了母权制遗风，确立了父权制和嫡长子继承制，宗法尚"父"，《周易》首"乾"（次"坤"），天"帝"对应于"乾"之至高爻"上九"，即"天父"，人"王"对应于"乾"之次高爻"九五"，即"天子"，"帝"权既尊，"王"权遂卑，父权既尊，子权遂卑，母权、女权亦卑，所以周武王伐商以"牝鸡司晨"为罪名（《尚书·周书·牧誓》）。"王不僭帝"是周礼的根本基石，侯不僭王，下不僭上，礼、乐规格不可逾制等等，无不从中推衍而出。

商"王"死后称"帝"，模糊人、神界线，人文义涵全无。周"王"死后称谥，划清人、神界线，人文义涵强烈。西周一神教的人文化转向，开启了东周一元论的人文化思潮，直到东周一元论之"道"取代西周一神教之"帝"，实现以"道"代"帝"的哲学突破。

先秦讹典之三：《尚书·虞夏书·尧典》有"帝尧""帝舜"。

古今学者举证无数，早已证明《尚书·虞夏书》并非即时实录，

---

① 《归藏》首"坤"次"乾"，孔子称为《坤乾》。《礼记·礼运》："孔子曰：'我欲观殷道，吾得《坤乾》焉。'"孔子死后，子夏携带《坤乾》至魏，钞本之一葬入汲冢魏襄王墓，西晋太康年间与《竹书纪年》《穆天子传》等同时出土。

而是后世追述。《尚书·虞夏书·尧典》撰者根据《礼记·曲礼》所言"王"死称"帝",遂称早已死去的尧、舜为"帝尧""帝舜"。尽管撰者不知"王"死称"帝"始于商代,但是"帝尧""帝舜"之"帝"属于死称则无可疑。《尚书·虞夏书·大禹谟》明确区分了生称、死称:禹对舜言,对舜用生称,称舜为"后";客观叙述,对舜用死称,称舜为"帝"。①

后人或是不知《虞夏书》并非尧、舜时代的即时实录,或是虽知《虞夏书》出于后世追述,却不知《尧典》"帝尧""帝舜"之"帝"属于死称,又受初民"五帝"神话、墨家"五帝"(五后)古史的双重误导,误以为尧、舜生前均已称"帝"。

至此已明,初民"五帝"神话,商代"王"死称"帝",《尧典》"帝尧""帝舜",其"帝"均为死称②,均非秦始皇活"王"僭"帝"的可据先例。

---

① 《古文尚书·商书·说命》(《今文尚书》无)"厥后惟尧、舜",傅说(商高宗武丁之相)对尧、舜均用生称,均称为"后"。

② 越王勾践的死称是"菼执",越王不寿的死称是"盲姑",越王无余之的死称是"莽安",越王无颛的死称是"菼蠋卯"(陈梦家:《六国纪年》,中华书局,2005,第156页)。庶人没有专用死称,仅有通用死称,父死称"考",母死称"妣"。

三　使"王"称"帝"的商鞅变法

秦始皇活"王"僭"帝",源于五世祖秦孝公的商鞅变法(前359)。

商鞅(前390—前338)是法家,法家乃从儒家分出。孔子是儒家祖师,弟子子夏是法家始祖。孔子死后,子夏从鲁至魏,为魏文侯师。魏文侯以子夏弟子李悝为相,在战国初期率先变法。卫人吴起从卫至鲁,师从曾参之孙曾西,先为鲁将,后被弃用;于是从鲁至魏,师从子夏弟子,为魏文侯将;因被魏武侯弃用,又从魏至楚,为楚悼王相,实行变法。卫人商鞅从卫至魏,师从子夏弟子;因被魏惠王弃用,于是携带李悝《法经》从魏至秦,为秦孝公相,实行变法。

商鞅游说秦孝公,既非先言法家"霸道",也非先言儒家"王道",而是冒着不再有第二次第三次进言机会的危险,先言墨家"帝道",次言儒家"王道",后言法家"霸道",这是何故?因为商鞅既想迎合秦孝公好恶,又无法预知秦孝公好恶,于是遵循经其修正的中原主流价值,依次进言"三道"。

有操守的中原士人,均有中原文明优越感,固守"夷夏之辨",独善其身,兼济天下,首先求仕于母邦之君,其次求仕于中原之君,决不求仕于夷狄之君。即使求仕于母邦和中原之君,也持道甚坚,决不迎合君主,仅言自家之道,不言别家之道,君主愿闻则仕,厌闻则去。

商鞅是全无操守的中原无行士人,既无独善其身之德,又无兼济天下之志，仅求一己功名，求仕于母邦之君、中原之君失败，不顾"夷夏之辨"，转而求仕于夷狄之君，成为主动仕秦为相的首位中原无行士人。不仅求仕于夷狄之君，而且持道不坚，主动迎合夷狄之君，仅因无法尽知秦孝公好恶，于是遵循经其修正的中原主流价值，依次进言"三道"，任凭秦孝公选择，然后贯彻实行。

　　商鞅据以进言的中原主流价值"三皇（道家）↘五帝（墨家）↘三王（儒家）↘五霸（法家）"，是东周哲学突破的重要成果，其中居于首位的道家"三皇之道"，独属形上层面的哲学之"道"；居于第二至第四位的墨家"五帝之道"、儒家"三王之道"、法家"五霸之道"，均属形下层面的政治之"术"。这一中原主流价值，产生于百家争鸣互动，成形于齐国稷下学派，结晶于齐国稷下众多中原士人托名齐相管仲而集体编纂的《管子》。齐国稷下学宫延续百年，聚散无数中原士人，把中原主流价值传播四方，普及天下。不属一家而有操守的中原士人，无不遵循中原主流价值。专属一家而有操守的中原士人，把自家之道视为至高，遂不遵循中原主流价值。商鞅专属一家却无操守，因而修正中原主流价值，迎合秦孝公。

　　商鞅对中原主流价值的根本修正，就是不言居于中原主流价值首位的道家"三皇之道"。因为道家主张"虚君"（老子），"无君"（庄子），推崇尚无君主的"三皇之道"，主张"无君于上，无臣于下"（《庄子·马蹄》），"知天子之与己，皆天之所子"（《庄子·人间世》），"天子不得臣，诸侯不得友"（《庄子·让王》）。商鞅无须试探，即可预知秦孝公厌闻。

　　商鞅首言居于中原主流价值次位的墨家"五帝之道"，乃因墨家祖师墨子是宋人，宋国是商代遗邦，秦国则野蛮落后，所以墨家、宋国、秦国共同信仰商代"五帝"多神教。尽管先秦中国的信仰格局是上下分层，但是先秦"中国"仅指中原，战国后期则指与秦对言的"山东六国"，包括春秋以降中原化程度渐高的楚国。秦国直到战国后期仍然野蛮落后，中原化程度极低，没有士人群体，没有信仰分层，上下一心共同信仰商代"五帝"多神教，所以仅有秦国以"五畤"分祭"五帝"（《史记·封禅书》）。宋人墨子反对"崇周道，尚人文"的儒家，创立"背周道，崇鬼神"的墨家，鄙弃西周一神教，复兴商代多神教。所以墨家总部尽管因应时势而不断转移，但是从不设在信仰西周一神教且儒家势力强大的周室嫡系诸侯国，始终设在信仰商代多神教且儒家势力微弱的周室非嫡系诸侯国。墨子生时设在宋国，墨子死后移至中原以南、商代多神教遗风尚存的楚国，楚国吴起变法进一步中原化以后再次移回宋国，最后移至中原以西、上下一心信仰商代"五帝"多神教的秦国[①]，与迎合秦孝公而首言墨家"五帝之道"的商鞅殊途同归。

商鞅为了迎合秦孝公而首言墨家"五帝之道"，结果秦孝公厌闻，原因有三：一是墨家既复兴商代多神教，又受西周一神教影响而改革商代多神教，所以《墨子·尚贤中》引用了《尚书·周书·吕刑》"群后之肆在下，明明不常，鳏寡不盖"，赞成西周一神教的"王不僭帝"教义，反对商代多神教的"王死称帝"教义。二是墨家主张"君主禅让"，严厉批判君主世袭。三是墨家集团"以武犯禁"，严重威胁君主专制。

商鞅迎合未成，只好改言居于中原主流价值第三、法家从中分出的儒家"三王之道"，亦即导致西周以降中原文明领先周边夷狄的温和君主制度，结果只想强化君主专制制度的秦孝公仍然厌闻，于是商鞅最后才言居于中原主流价值最末、自己术业专攻的法家"五霸之道"。

东周"王道"式微，齐相管仲开创"尊王攘夷"的"霸道"，作为"王道"的辅助。子夏开创的法家"霸道"，仍是儒家"王道"的

---

① 第一任巨子（墨子继承人）禽滑釐居宋，参看《墨子·公输》。第二任巨子孟胜居楚，第三任巨子田襄子居宋，参看《吕氏春秋·上德》。第四任巨子腹䵍居秦，与秦惠王同时，参看《吕氏春秋·去私》。此后虽有独立墨者之记载，然而墨家巨子无考。

辅助，宗旨仍是"尊王攘夷"。所以固守"夷夏之辨"的中原士人，拒绝履足夷狄之秦。商鞅的"霸道"，异于管仲、子夏的"霸道"，迎合夷狄之君好恶，仅言"霸道"之"尊王"，不言"霸道"之"攘夷"，反对道家、墨家、儒家的"法先王"（道家法三皇、墨家法五帝、儒家法三王），变成法家的"法后王"（法五霸），又将儒家的相对"尊君"，变成法家的绝对"尊君"，于是秦孝公一闻"霸道"立刻大悦。

尽管商鞅既求仕于夷狄之君，又迎合夷狄之君，但是初入秦国之时，中原文明烙印尚在，不仅遵循经其修正的中原主流价值之高低顺序，依次进言居后的"三道"，而且服膺中原主流价值的高低顺序，对秦孝公选择法家"霸道"予以负面评价，认为法家"五霸之道"仅是"强国之术"，预言秦国必将"难以比德于殷周"（《史记·商君列传》）。商鞅担任秦相以后，官至极品，爵至封君，食君之禄，忠君之事，居移其体，养移其气，中原其身，夷狄其心，鄙弃中原价值，敌视中原文明，踏上了"用夷变夏"的不归之路。

战国七雄无不变法，共同倾向是军国主义化，但是由于宗教信仰、哲学基础、君主制度、社会结构不同，变法以后的战国七雄，军国主义程度差别极大。

东方六国变法以后，保留温和君主制度，固守中原文明底线，遵循中原主流价值，以法家"五霸之道"为末，仅仅相对军国主义化，比如仅以割敌之耳作为计功方式，所以与秦交战丧师失地，节节败退。

秦国在商鞅变法以后，鄙弃温和君主制度，强化君主专制制度，无视中原主流价值，纯用法家"五霸之道"，实行绝对军国主义化，成为全民皆兵的战争机器。古朴一如兵马俑的秦国下层民众，只会商鞅允许的耕、战两件事，又凭借商鞅"二十等爵"制度，以割敌一首、晋爵一级的计功方式，不断跻身上层成为军功贵族，进一步弱化了原本极低的中原化程度，进一步缩短了上层贵族、下层民众的信仰差异。秦相商鞅领兵攻魏，欺骗诱杀游魏之时的故友魏将公子卬。秦将白起领兵攻赵，活埋坑杀赵军降卒四十五万。秦昭王以会晤为名诱捕劫持楚怀王，勒索未成扣押至死等等。无耻程度，残忍程度，失信程度，一再突破中原文明底线，被东方六国共同视为"虎狼之秦"。①

东方六国信仰"王不僭帝"的西周一神教、"以道代帝"的东周一元论，其"王"即使统一天下，也不可能僭窃"帝"号。秦国信仰"王死称帝"的商代多神教，秦"王"一旦统一天下，就有可能僭窃"帝"号。商鞅变法以后，秦灭六国和秦"王"僭"帝"，已非可能问题，仅是时间问题。

《史记》言及"帝王术"和"帝王之术"各仅一次，《商君列传》言及"商君欲干孝公以帝王术"，《李斯列传》言及"李斯从荀卿学帝王之术"，极具深意。

"帝王术"的创立者并非商鞅，而是比商鞅小七十余岁的荀况，但是荀况被迫专为秦国设计"帝王术"（意为"使王称帝之术"，见下五使"王"称"帝"的儒法方"术"），原因正是商鞅主动迎合夷狄之君秦孝公，不言道家"三皇之道"，仅言墨家"五帝之道"、儒家"三王之道"、法家"五霸之道"，为秦国设定了征服中原、"用夷变夏"的未来进路：

由"霸"而"王"，由"王"而"帝"。

---

① 《史记》记秦国战胜均有"斩首"记录，记东方六国战胜均无"斩首"记录。乃因东方六国信仰西周一神教，战争方式较文明，杀敌仅割左耳计功，谓之"聝"；士兵死仅失耳，得存全尸，无碍为"鬼"为"考"，子孙尚可祭祀，所以六国互战，士兵怯逃者少。秦国信仰商代多神教，战争方式极野蛮，杀敌则斩首计功，谓之"馘"（首级）；士兵死即失首，不存全尸，不能为"鬼"为"考"，子孙无法祭祀，而六国下层民众同样信仰商代多神教，所以每与秦战，士兵怯逃者众。

四 秦"王"僭"帝"的失败预演

秦孝公之子秦惠王继位以后，出于私怨立刻车裂商鞅，但是虽杀商鞅之身，不废商鞅之法。商鞅变法以后百余年间，秦国七位君主秦孝公、秦惠王、秦武王、秦昭王、秦孝文王、秦庄襄王、秦始皇，坚定不移地遵循商鞅设定的"霸↗王↗帝"进路。

商鞅变法以后十六年（前343），秦孝公称"霸"。"霸"即"伯"，意为"诸侯之长"，是诸侯可有的顶级名号。春秋秦穆公称"霸"，战国秦孝公称"霸"，性质完全不同。秦穆公虽是夷狄之君，然而夷狄其身，中原其心，怀有文化自卑，慕效中原文明，用五张羊皮买来楚人百里奚，拜为秦相。从奴隶变成秦相的百里奚，热爱中原文明，忠于中原价值。秦穆公以有操守的中原士人百里奚为相，遵循管仲开创的"霸道"，扶助周室的"王道"，继齐桓公、晋文公以后成为春秋第三"霸"，启动秦国的中原化进程，然而秦国后无贤君贤相，复归野蛮。秦孝公以无操守的中原士人商鞅为相，遵循商鞅修正的法家"霸道"，背叛孔子开创的儒家"王道"，敌视中原文明，鄙弃中原价值，拒绝中原化、文明化，更加夷狄化、野蛮化。

商鞅变法以后三十四年（前325），秦惠王叛周称"王"。"王"为"沟通天地人"之象形，是君主可有的顶级名号。夏商周仅有一王，唯有改朝换代，方可后王替代前王。西周灭亡、平王东迁（前770）以后，东周王权日衰，于是前704年楚武王率先叛周称"王"。其后楚庄王问鼎轻重，公开了替代周"王"之志，引发齐、晋、秦三

228

"霸"的"尊（周）王，攘（楚）夷"。其后孔子推崇"礼乐征伐自天子出"的西周"王道"，贬斥"礼乐征伐自诸侯出"的东周"霸道"。其后吴、越二"霸"不再"尊（周）王，攘（楚）夷"，而是效法楚王，索性因"霸"而"王"。诸侯称"霸"并未僭越，周"王"无不予以承认。诸侯称"王"则是僭越，周"王"从不予以承认。春秋时代仅有南方夷狄楚、吴、越三国叛周称"王"，中原诸侯无一叛周称"王"。战国时代列国"变法"（变革王法）以后，三十年间（前353—前323）中原内外的齐、魏、宋、秦、韩、赵、燕、中山八国先后叛周称"王"。春秋、战国之异，就是春秋诸侯尊周称"霸"，战国诸侯叛周称"王"。战国中期以后诸"王"并立，乃是改朝换代的正常过渡。按照夏商周传统，逐鹿中原一旦尘埃落定，天下仍将归于一"王"。

商鞅变法以后五十二年（前307），秦武王前往周都洛阳，试举龙文赤鼎，绝膑而死。试鼎轻重，公开了替代周"王"僭称秦"帝"之志。

商鞅变法以后七十一年（前288），秦昭王僭称"西帝"，同时拉上齐湣王僭称"东帝"。名号取自秦人多神教的五方天帝"东帝""西帝""南帝""北帝""中帝"。主谋者是秦昭王之相，楚人魏冉。楚人春秋时代仍属夷狄，战国以降中原化程度渐高，抛弃商代多神教，皈依西周一神教，所以楚武王以后数百年，楚"王"死后无一遵循商代多神教之礼称"帝"，仍然遵循西周一神教之礼称"谥"；楚人屈原的《九歌》，把象征太阳的"东皇泰一"，尊为唯一至高之"神"，遵循的正是植根于太阳崇拜的西周一神教。秦昭王、魏冉即使不知东周一元论的"以道代帝"，但是秦昭王至少知道商代多神教的"王死称帝"，魏冉至少知道西周一神教的"王不僭帝"，所以秦惠王叛周称"王"无须心虚，不拉异国诸侯共同称"王"，秦昭王僭用"帝"号极其心虚，拉上齐湣王同时僭窃"帝"号。

为燕昭王出使齐国充当间谍的苏秦（前350—前284），是周都洛阳人，深知东方六国共同信仰"王不僭帝"的西周一神教、"以道代帝"的东周一元论，看破秦昭王意在试探东方六国的信仰强度，又不敢独冒天下之大不韪，欲与齐湣王分担悖道恶名。于是苏秦假装忠心，劝谏齐湣王主动撤销了"东帝"僭号。秦昭王不愿独负悖道恶名，也被迫撤销了"西帝"僭号①。魏冉导演的二"王"僭称二"帝"闹剧，月余即告失败②。然而秦"王"欲僭"帝"号，从此天下皆知，所以另有两次动机不同的迎合秦昭王之余波。

前286年，齐灭宋。全无操守、仅求功名的纵横家苏秦，明知故犯地向欲报齐仇的燕昭王献策，鼓动秦昭王再次僭称"西帝"，同时赵惠文王僭称"中帝"，燕昭王僭称"北帝"。名号仍然取自秦人多神教的五方天帝，所以燕、赵陪秦僭"帝"实为障眼法，以秦昭王所好为饵，诱其同意组建伐齐联盟才是目的③。前284年，燕将乐毅率领燕、赵、秦、魏、韩五国联军伐齐，齐湣王终于醒悟，苏秦乃是燕国间谍，立刻车裂苏秦。五国伐齐成功以后，虚悬三"王"僭称三"帝"的主谋者苏秦已死，赵惠文王、燕昭王均无背叛西周一神教信仰、僭窃"帝"号之意，秦昭王手持苏秦所开空头支票而无法兑现。

---

① 《史记·敬仲完世家》："（齐湣）王为东帝，秦昭王为西帝。苏代自燕来……齐王曰：'秦使魏冉致帝，子以为何如？'对曰：'……与秦为帝，而天下独尊秦而轻齐；释帝，则天下爱齐而憎秦。……'于是齐去帝，复为王，秦亦去帝位。""苏代"为苏秦之误，《战国策·齐策四》十《苏秦自燕之齐章》不误。参看马王堆帛书《战国纵横家书》第四章《苏秦自齐献书燕王》："齐、赵遇于阿……臣与于遇，约攻秦去帝。"

② 《史记·秦本纪》："（秦昭王）十九年，王为西帝，齐为东帝，皆复去之。"《史记·穰侯列传》："（秦）昭王十九年，秦称西帝，齐称东帝。月余，吕礼来，而齐、秦各复归帝为王。"《史记·魏世家》："（魏昭王）八年，秦昭王为西帝，齐湣王为东帝，月余，皆复称王归帝。"《史记·楚世家》："（楚顷襄王）十一年，齐、秦各自称为帝；月余，复归帝为王。"

③ 马王堆帛书《战国纵横家书》第二十章《为燕反间于齐的苏秦自齐致燕昭王秘信》："谓燕王曰：……秦为西帝，燕为北帝，赵为中帝……。秦王闻若说，必如刺心。……然则王何不使辩士以如说说秦？秦必取，齐必伐矣。"《史记·苏秦列传》《战国策·燕策一》第十三章《齐伐宋宋急》略同，但均误为"苏代"。

前257年，秦军携长平之战坑杀四十五万赵军降卒之余威，进围赵都邯郸。赵相平原君赵胜（前307—前252）向楚、魏求救。魏安釐王既不愿出兵救赵，又忧虑秦灭赵后移师灭魏，于是派遣新垣衍出使赵国，以"秦王意欲复求为帝"为由，劝说平原君向秦昭王再进"帝"号，以解邯郸之围。平原君同样深知东方六国共同信仰"王不僭帝"的西周一神教、"以道代帝"的东周一元论，不愿成为遗臭万年的秦"王"僭"帝"主谋者，但也不愿直接拒绝魏安釐王，以免断绝魏军救赵之可能，于是把不该外泄的魏王密议，告知其时正在邯郸的齐人鲁仲连（前305—前245）。鲁仲连同样深知东方六国共同信仰"王不僭帝"的西周一神教、"以道代帝"的东周一元论，一闻便知平原君欲其代为拒绝魏使新垣衍，当即表示"吾请为君责而归之"。由于平原君已泄魏王密议，新垣衍被迫会见原本无缘置喙的局外人鲁仲连，并被鲁仲连所言之"义"折服，立刻擅自违背君命，信从"天下之士"："吾乃今日知先生为天下之士也。吾请出，不敢复言帝秦。"魏安釐王出于自保的秦"王"独僭"帝"号密议，就此胎死腹中。①

　　秦昭王僭窃"帝"号三次失败，平原君宁可灭国拒绝"帝秦"，新垣衍违背君命放弃"帝秦"，鲁仲连布衣片言制止"帝秦"，唯一的原因是"天下之士"共知之"义"。由于汉承秦制，同样活"王"僭"帝"，司马迁不能在《鲁仲连邹阳列传》明言"天下之士"共知之"义"，只能晦藏于别篇，此篇仅用诸多曲笔加以暗示。比如鲁仲连痛斥秦国野蛮残忍，"弃礼义而上首功"（背弃礼义而斩首计功），"权使其士，虏使其民"，强硬表示一旦秦"王"僭"帝"，自己必将"蹈东海而死"，"不忍为之民"。又如魏信陵君窃符救赵，楚春申君发兵救赵，东方六国联合击退秦兵以后，平原君以封君、千金重谢别无寸功

---

① 《史记·鲁仲连邹阳列传》："平原君遂见新垣衍曰：'东国有鲁仲连先生者，今其人在此，胜请为绍介，交之于将军。'新垣衍曰：'吾闻鲁仲连先生，齐国之高士也。衍人臣也，使事有职，吾不愿见鲁仲连先生。'平原君曰：'胜既已泄之矣。'新垣衍许诺。"

的鲁仲连，遭到坚拒①。更为重要的是，《史记》不为无数王侯将相、宗师巨子特设专传，却为别无大事的一介布衣鲁仲连特设专传，乃因"义不帝秦"兹事体大。

商鞅变法以后一百零三年（前256），秦昭王灭周，五年后死去。秦昭王前288年僭称"西帝"，前251年死去，三十七年间秦兵东进节节胜利，终结八百年周祚更是重大胜利，尽管底气越来越足，实力越来越强，然而秦昭王再也没敢挑战东方六国的共同信仰，再也没敢主动僭窃"帝"号。

---

① 《史记·鲁仲连邹阳列传》："平原君欲封鲁连，鲁连辞让者三，终不肯受。平原君乃置酒，酒酣起前，以千金为鲁连寿。鲁连笑曰：'所贵于天下之士者，为人排患释难解纷乱而无取也。即有取者，是商贾之事也，而连不忍为也。'遂辞平原君而去，终身不复见。"参看《战国策·赵策三》十三章《秦围赵之邯郸》。

五　使"王"称"帝"的儒、法方"术"

道家集大成者庄子（前369—前286），亲历秦昭王僭窃"帝"号的首次失败，预见秦"王"僭"帝"很快就会成功，于是预斥其终极悖道。庄子的预见预斥，在其死后六十五年应验于秦王嬴政。

儒家集大成者荀况（前313—前238），亲历秦昭王僭窃"帝"号的三次失败，预见秦"王"僭"帝"很快就会成功，为了挽救中原文明，被迫专为秦国创立了"帝王术"。"帝王术"的"帝王"二字，自古以来均被错误连读成词，那就意味着荀况创立"帝王术"，荀况弟子韩非、李斯和后世士人王闿运、杨度研治"帝王术"，全都志在"自为帝王"。其实研治"帝王术"的古今士人无一志在"自为帝王"，无不进献尚未称"帝"之"王"。错误连读"帝王术"的"帝王"二字，乃是用秦"王"僭"帝"成功以后的史实，谬解秦"王"僭"帝"成功以前的名相。秦"王"僭"帝"成功以前，"帝王"二字不具备连读成词的现实条件①。鲁仲连"义不帝秦"，"帝"是动词，"义不帝秦"意为"捍卫王不僭帝、以道代帝的天下共知之义，不许秦王僭窃帝号"。荀况"帝王术"，"帝"也是动词，"帝王术"意为"使王称帝之术"；"王"则是名词，现实指向正是秦"王"。

荀况创立"帝王术"以前，不仅考察了母邦赵国，而且遍游天

_____

① 庄子先于鲁仲连、荀况，《庄子·应帝王》"帝王"二字同样不可连读。参看拙著《庄子奥义》《庄子复原本注译》。

下，考察了有望统一天下的齐、楚、秦列强。荀况早年思想立足于儒家"三王之道"，晚年思想吸收了法家"五霸之道"，转折点正是中年游秦①。《荀子·强国》记载其事如下：

> 应侯问孙卿子曰："入秦何见？"
>
> 孙卿子曰："其固塞险，形势便，山林川谷美，天材之利多，是形胜也。入境，观其风俗，其百姓朴，其声乐不流污，其服不佻，甚畏有司而顺，古之民也。及都邑官府，其百吏肃然，莫不恭俭、敦敬、忠信而不楛，古之吏也。入其国，观其士大夫，出于其门，入于公门，出于公门，归于其家，无有私事也；不比周，不朋党，倜然莫不明通而公也，古之士大夫也。观其朝廷，其朝闲，听决百事不留，恬然如无治者，古之朝也。故四世有胜，非幸也，数也。是所见也。故曰：佚而治，约而详，不烦而功，治之至也，秦类之矣。虽然，则有其諰矣。兼是数具者而尽有之，然而县之以王者之功名，则倜倜然其不及远矣！是何也？则其殆无儒邪？故曰：粹而王，驳而霸，无一焉而亡。此亦秦之所短也。"

魏人范雎（前266—前255相秦），在楚人魏冉以后成为秦昭王之相，提出"远交近攻"战略，秦军东进急剧提速，因功封为应侯。荀言"四世有胜"，即秦孝公、秦惠王、秦武王、秦昭王四世。

荀况回答范雎之问，一方面盛赞商鞅变法以降秦国"四世有胜"的诸多成就，另一方面批评秦国仅行法家"霸道"，不行儒家"王道"，"秦之所短"在于"无儒"。

秦国"无儒"，可举八证：

其一，秦国上下一心共同信仰商代多神教，没有上下分层的信仰

---

① 范雎前266年至前255年任秦相，荀况时年47岁至58岁。

格局，原因正是"无儒"，即没有信仰西周一神教之"帝"、东周一元论之"道"的士人阶层。

其二，春秋时代的秦穆公之所以能够成为秦国唯一贤君，原因正是以楚国士人百里奚为相。

其三，秦穆公、百里奚以后秦国终止中原化，复归野蛮化，原因仍是"无儒"。

其四，战国中后期的齐国稷下学宫汇聚无数士人，均为中原士人，仍然无一秦人。

其五，商鞅变法以后，嬴政称"帝"以前，秦相均为中原士人，仍然无一秦人。唯一曾任右丞相的秦国贵族樗里疾（秦惠王弟），被秦人极誉为"智囊"，却无智言智行流传后世。

其六，无论西周、东周，春秋、战国，秦国以外的列国之相，既有母邦士人，也有异邦士人，然而均为中原士人，同样无一秦人。

其七，中原的诸子百家灿若繁星，学派、大师出现的密度之高，数量之多，超过此后两千年总和，然而秦人从立国至灭亡五百余年，没有出过一家一子。

其八，秦国击败六国，仅仅凭借斩首计功的野蛮威慑力，所以也未出过一位兵家、一部兵法。

先秦三大儒宗孔子、孟子、荀子，均有中原文明优越感，无不固守"夷夏之辨"。

孔子所处春秋末期，列国尚未"变革王法"，孟子所处战国中期，列国正在"变革王法"，其时夷狄之秦尚无威胁，无须担忧"用夷变夏"。孔、孟周游列国求仕，均不履足野蛮落后的夷狄之秦。孔子十分自豪："夷狄之有君，不如诸夏之亡（无）也。"（《论语·八佾》）孟子仍然乐观："吾闻用夏变夷者，未闻变于夷者。"（《孟子·滕文公上》）

荀况所处战国末期，列国"变革王法"已毕，他仍求仕于中原之赵、齐、楚，不求仕于夷狄之秦，但是鉴于秦国"四世有胜"，"用夷变夏"日益逼近，被迫前往夷狄之秦考察，以便知己知彼，寻找对策。实地考察以后，荀况已知秦国必灭六国，秦"王"必欲称"帝"，于是不再死守孔子的儒家"王道"，转而吸收并且修正商鞅的法家"霸道"，为秦国重新设计了"王霸兼用，礼法并重"的未来进路；同时因材施教，对症下药，把晚年思想命名为"帝王术"，以"使（秦）王称帝"为饵，行"用夏变夷"之实。因此荀况弟子李斯"从荀卿学帝王之术"，学毕不赴母邦楚国，立刻前往秦国。

李斯（前280—前208）告别荀况之言"秦王欲吞天下，称帝而治"（《史记·李斯列传》），不仅挑明了荀况"帝王术"意为"使王称帝之术"，而且揭示了荀况专为秦国创立"帝王术"的良苦用心：既然秦"王"僭"帝"难以阻止，只能因势利导挽救中原文明。

仕秦为相的中原士人大多遵循商鞅的法家"霸道"，推助秦国"用夷变夏"；唯有卫人吕不韦（前290—前235）贬抑商鞅的法家"霸道"，不愿看到秦国"用夷变夏"。

吕不韦的见解与荀况相同，同样深知秦国必灭六国，秦"王"必欲称"帝"，"秦之所短"在于"无儒"且纯用法家"霸道"。

吕不韦的目标也与荀况相同，同样希望"用夏变夷"，挽救中原文明。

但是吕不韦的方法，与荀况不同——

荀况派弟子李斯孤身入秦为相，与此前孤身仕秦为相的中原士人商鞅、张仪、魏冉、范雎一样，未能改变秦国"无儒"且纯用法家"霸道"的百年格局。

吕不韦先居赵经商，后弃商从政，辅佐在邯郸做人质的秦昭王之孙子楚成为秦庄襄王，自己成为秦相，随后招致三千中原士人作为门客，全面渗透秦廷担任客卿，秦国从此不再"无儒"。

吕不韦的立场，也与荀况不同——

荀况是儒家集大成者，认为秦"王"僭"帝"难以阻止，而予因势利导，欲以儒家"王道"之长，补法家"霸道"之短。

吕不韦是普通中原士人，信仰"王不僭帝"的西周一神教、"以道代帝"的东周一元论，认为秦"王"僭"帝"必须阻止，秦国"霸道"必须贬抑，于是组织门客编纂"黄老学派"晚期代表作《吕氏春秋》，与"黄老学派"早期代表作《管子》一样，遵循中原主流价值"道家（三皇）↘墨家（五帝）↘儒家（王道）↘法家（霸道）"，欲以道家、墨家之长，补儒家、法家之短。

荀、吕方法、立场之不同，决定了长远结果之不同——

吕不韦的"黄老学派"方案，被汉初君主采纳而暂行数十年。

荀况的"王霸杂用"方案，经过董仲舒转换，被汉武帝采纳而沿用两千年。

荀、吕见解、目标之相同，决定了暂时结果之相同——

荀况暂时败于弟子韩非，吕不韦暂时败于门客李斯。

韩非（前280—前233）对"儒"的看法与师相反，认为"以文乱法"的"儒"是"五蠹"之一，东方六国败于秦国，正是因为有儒；"无儒"并非"秦之所短"，实为秦之所长；秦"王"称"帝"失败，正是因为怀有文化自卑，未能彻底发挥"无儒"之长。于是韩非颠覆了荀况"使王称帝之术"的内涵。

荀况版"使王称帝之术"，贬抑法家"霸道"，主张"王霸兼用，礼法并重"，"使（秦）王称帝"仅是手段，挽救中原文明才是目标。

韩非版"使王称帝之术"，极化法家"霸道"，主张"以法为教，以吏为师"（《韩非子·五蠹》），"使（秦）王称帝"也是手段，消灭中原文明才是目标。

李斯告别老师荀况和师兄韩非，身怀荀、韩两种"使王称帝之术"入秦。入秦之初，李斯忠于荀况版"使王称帝之术"，投靠秦相吕不韦，得到赏识，任为郎官，参与编纂《吕氏春秋》。秦王嬴政不能容忍《吕氏春秋》遵循中原主流价值"三皇（道家）↘五帝（墨家）↘三王（儒家）↘五霸（法家）"，把商鞅以降七世有胜的法家"霸道"贬抑至末，竟敢阻止秦"王"僭"帝"，于是黜退吕不韦逼其自杀,同时颁布"逐客令",驱逐吕氏门客和中原士人。

全无操守、仅求功名的李斯,立刻无耻变节,背叛吕不韦,上《谏逐客书》,逃脱了对吕氏门客的清洗,阻止了对中原士人的驱逐,从清洗对象变成了嬴政宠臣。

嬴政读毕《韩非子》,对韩非版"使王称帝之术"心悦诚服①,立刻攻韩,韩王安求和,嬴政点名要求韩非出使。韩非出使秦国,嬴政大悦,未及重用,误信李斯谗言而将韩非下狱,嫉妒师兄高才的李斯立刻毒死了韩非。李斯既知荀况像吕不韦一样反对法家"霸道"而为嬴政不喜,韩非像商鞅一样极化法家"霸道"而为嬴政所喜,于是抛弃荀况版"使王称帝之术",转向韩非版"使王称帝之术",虽杀韩非之身,仍用韩非之术,成为嬴政实践韩非版终极"霸道"的强力推手。

秦"王"僭"帝"三次失败以后,荀况创立儒家版"使王称帝之术",弟子韩非颠覆为法家版"使王称帝之术",弟子李斯实践韩非版"使王称帝之术"。秦"王"僭"帝"具备了从理论到实践的充分条件,迅速走向成功。

---

① 《韩非子》五见"帝王","帝"字均为动词,义同荀况、李斯,无一例外。《和氏》"特帝王之璞未献耳",意为"只是使王称帝之璞未献而已"。《定法》"皆帝王之具也",意为"都是使王称帝的工具";又"数十年而不至于帝王",意为"数十年而不能抵达使王称帝"。《六反》"此帝王之政也",意为"这是使王称帝的政策"。《外储说右下》"致帝王之功也",意为"达至使王称帝之功"。

六 秦"王"僭"帝"的最后障碍

秦昭王在位五十六年（前306—前251），其子秦孝文王在位一年（前250）死去，其孙秦庄襄王在位三年（前249—前247）死去。曾孙嬴政继位，二十六年后（前221），实现了曾祖活"王"僭"帝"的遗志。

商鞅变法以后一百三十八年（前221），实行君主专制制度的虎狼之秦，尽灭实行温和君主制度的东方六国。嬴政认为"名号不更，无以称成功"，命令群臣另拟尊号。秦廷群臣无人不知"秦王意欲复求为帝"（新垣衍），但是仍以"古有天皇，有地皇，有泰皇，泰皇最贵"为据，仅进尊号"泰皇"，不进四世秦"王"朝思暮想的"帝"号。

秦廷群臣所言"天皇""地皇""泰皇"，即居中原主流价值首位的道家"三皇之道"。百余年前商鞅为了迎合秦孝公而故意不言，百余年后秦廷群臣为了阻止秦"王"僭"帝"而特予补言。

道家"三皇之道"，正是《老子》一元论之道："道生一，一生二，二生三，三生万物；万物负阴而抱阳，冲气以为和。"

"道"，即"泰道"（〇）。

"一"，即"泰一"（☯）。

"二"，即"阴"（坤☷，天之质，地之位）＋"阳"（乾☰，地之质，天之位）。

"三"，即"阴"（坤☷，天皇）＋"阳"（乾☰，地皇）＝"阴＋阳"（泰䷊，泰皇）。

"万物负阴而抱阳"，即泰卦之象；"冲气以为和"，即泰卦之义。

与泰卦对立的是否卦："阳"（乾☰）＋"阴"（坤☷）＝"阳＋阴"（否䷋）。

《老子》五千言，字字句句紧扣扬"泰"抑"否"之宗旨。"柔弱胜刚强""知雄守雌""重为轻根"等等，无不褒扬"泰道"。"坚强者，死之徒"等等，无不贬斥"否术"。

为何坤是天之质，地之位？为何乾是天之位，地之质？为何《归藏》《周易》都把泰卦视为揭示天地本质的至吉之卦？为何《归藏》《周易》都把否卦视为囿于天地表象的至凶之卦？[①]

因为天之质唯有柔弱轻清，天之位方能居上而覆盖万物。倘若天之质刚强重浊，天之位必将下坠，无法覆盖万物。地之质唯有刚强重浊，地之位方能居下而承载万物。倘若地之质柔弱轻清，地之位必将下陷，无法承载万物。

天之位属阳而居上，地之位属阴而居下，仅是天地表象；无须哲学智慧，古今愚人尽知。天之质属阴而为柔，地之质属阳而为刚，才是天地本质；哲学突破以后，中华先哲始知。

天地表象非道，天地本质乃道。

"上坤下乾"的泰卦䷊，象征"天柔地刚，君柔民刚"的"泰道"："上"合天之位，"坤"合天之质；"下"合地之位，"乾"合地之质。天之质，阴而柔，阴气柔而下行；地之质，阳而刚，阳气刚而上行；天气下行，地气上行，方能天地相交，阴阳相和，刚柔相济，万物得生。所以《泰卦·象传》说："天地交，泰。"《老子》说："万

---

① 《归藏》（马国翰辑本、严可均辑本、王家台简本）和《周易》均有六十四卦，卦序全异，卦名全同。旧说周文王叠八经卦为六十四卦，甚误。近人高亨认为周文王时六十四卦尚无卦名，西周中后期据卦爻辞拟定，亦误。

物负阴而抱阳，冲气以为和。"顺道君主对应于"上坤"，效天之位而居上，效天之质而阴柔。顺道民众对应于"下乾"，效地之位而居下，效地之质而阳刚。泰卦的阳位阴质，阴位阳质，君位民质，民位君质，符合天地之道，符合物无纯阴、物无纯阳的宇宙之道，是夏商周两千年一贯的泰皇式温和君主制度的终极依据。

"上乾下坤"的否卦䷋，象征"天尊地卑，君尊臣卑"的"否术"："上"合天之位，"乾"悖天之质；"下"合地之位，"坤"悖地之质。天地之位虽合，天地之质均悖。天悖其质则阳刚，阳气刚而上行；地悖其质则阴柔，阴气柔而下行；天气上行，地气下行，必将天地不交，阴阳不和，刚柔不济，万物得死。所以《否卦·象传》说："天地不交，否。"《老子》说："坚强者，死之徒。"悖道君主对应于"上乾"，效天之位而居上，悖天之质而阳刚。悖道民众对应于"下坤"，效地之位而居下，悖地之质而阴柔。否卦的阳位阳质，阴位阴质，君位君质，民位民质，违背天地之道，违背物无纯阴、物无纯阳的宇宙之道，是秦汉以后两千年一贯的否王式君主专制制度的悖道实质。

道家集大成之作《庄子》，抉发《老子》扬"泰"抑"否"之宗旨，如《应帝王》"有虞氏（"五帝"之虞舜）不及泰氏（"三皇"之伏羲）"，《徐无鬼》黄帝称"泰隗（伏羲）"为"天师"，《田子方》以"至阴肃肃出乎天，至阳赫赫发乎地"阐发泰卦的卦象、卦义。

道家后学之作《文子·上德》，也抉发《老子》扬"泰"抑"否"之宗旨："天气下，地气上（泰卦之象）；阴阳交通，万物齐同；君子用事，小人消亡，天地之道也（泰卦之义）。天气不下，地气不上（否卦之象）；阴阳不通，万物不昌；小人得势，君子消亡，五谷不植，道德内藏（否卦之义）。"①

扬"泰"抑"否"是东周哲学突破的核心成果，是《归藏》《周易》《老子》《庄子》道家后学一脉相承的共同宗旨，且非道家独有，而是东周哲学突破以后中原士人共有的普通常识。

比如儒家经典《礼记·乐记》也推崇"泰道"："地气上齐，天气下降（泰卦之象），阴阳相摩，天地相荡，鼓之以雷霆，奋之以风雨，动之以四时，暖之以日月，而百化兴焉（泰卦之义）。"

又如黄老学派晚期代表作《吕氏春秋》卷一《孟春纪》也推崇"泰道"："天气下降，地气上腾（泰卦之象），天地和同，草木繁动……无变天之道，无绝地之理，无乱人之纪（泰卦之义）。"

先秦宗教演进，同样留有扬"泰"抑"否"的鲜明烙印。商代多神教在"五岳"分祭"五帝"，把象征"东皇泰一"的东岳命名为"泰山"。西周一神教不在"五岳"分祭"五帝"，仅在东岳"泰山"祭祀"泰一"上帝。东岳"泰山"，商代多神教"东皇泰一"，西周一神教"泰一"上帝，东周一元论"泰道"，无不植根于"泰卦"，因此道家又称中华文明始祖伏羲为"泰氏""泰隗""泰皇"。

至此已明，秦廷群臣为了阻止秦"王"僭"帝"，根据扬"泰"抑"否"的东周哲学突破核心成果，特地补言商鞅故意不言的道家"三皇之道"，强调"泰皇最贵"，其义有四：

其一，规劝秦王嬴政放弃商鞅以降的法家"五霸之道"，改行东方六国视为至高的道家"三皇之道"，遵循中原士人共同信仰的东周一元论之"道"，亦即"泰道"。

其二，规劝秦王嬴政放弃秦人信仰的商代多神教之"五帝"，皈依东方六国共同信仰的西周一神教之"帝"，亦即"泰一"。

① 《老子》初始本"德经"在前，"道经"在后。马王堆帛书甲本、乙本，首句均为"上德不德，是以有德"。《文子·上德》以《老子》开篇二字名篇，以泰、否二卦总释《老子》扬"泰"抑"否"之宗旨。详见即出拙著《老子奥义》。

其三，规劝秦王嬴政放弃秦国的君主专制制度，改行东方六国的温和君主制度，亦即放弃"君刚民柔"的"否术"，改行"君柔民刚"的"泰道"。

其四，规劝秦"王"更名"泰皇"，然后祭祀"泰山"，举行就职仪式，宣誓遵循"泰道"。

秦廷群臣胆敢阻止嬴政成为"千古一帝"，原因有五：

其一，吕氏门客和中原士人曾因吕案而被驱逐，又因嬴政采纳李斯《谏逐客书》而留仕秦廷，其中七十人成了秦国出于文化自卑而特设的博士。这些幸免被逐的吕氏门客和中原士人，如今成了嬴政僭窃"帝"号的最后障碍。

其二，众多仕秦中原士人不会集体放弃自幼信仰的西周一神教、东周一元论和中原主流价值。正如商鞅尽管信奉法家"霸道"，仍然遵循经其修正的中原主流价值，依次进言"三道"。

其三，众多仕秦中原士人不会集体放弃中原文明优越感，东方六国尽管在战场上彻底失败，仍想在文化上赢得最终胜利。正如荀况尽管专为秦国设计"使王称帝之术"，目标却是挽救中原文明。

其四，秦国贵族不会集体放弃自幼信仰的商代多神教之"王死称帝"教义，同时怀有文化自卑，对于众多中原客卿的集体公议，或不愿阻止，或不敢阻止，或无法阻止。正如新垣衍一闻鲁仲连所言"天下之士"共知之"义"，立刻违背君命而放弃"帝秦"。

其五，唯有全无操守、仅求功名的李斯，铁杆支持"秦王欲吞天下，称帝而治"，竭力推行韩非版"使王称帝之术"，只是孤掌难鸣。

在实行温和君主制度的东方六国，一位中原士人就足以制止君主的严重悖道。然而在实行君主专制制度的秦国，众多中原士人却无法阻止君主的终极悖道。嬴政不为"泰皇最贵"所动，去"泰"，留"皇"，加"帝"，自加尊号"皇帝"，越过人神鸿沟，不顾生死大限，开启了活"王"僭"帝"的两千年中华伪"帝"史。

"王"为政治领袖，"巫"为宗教领袖。远古政教合一，"王"必兼"巫"，君主必兼祭司，所以"王""巫"形义皆通，均训"沟通天地人"，上通神意，下达民意，仅是神意、民意的沟通者，绝非神灵本身。嬴政开启的以"王"僭"帝"，导致祭祀者变成祭祀对象，是人类决不可有的终极僭越，莫此为甚的终极悖道。

嬴政即使不知东周一元论的"以道代帝"，但是必知商代多神教的"王死称帝"，而且必知商代多神教的"王死称帝"已被西周一神教的"王死称谥"彻底否定，因此僭窃"帝"号之时，立刻废除了秦庄公（前821—前778）以降秦君业已遵循五百余年的周礼谥法。

嬴政或是不知，或未想到，《诗经》仅言"王天下"，不言"帝天下"，《尚书》宣布"绝地天通，罔有降格"，东周百家均言"王死称帝""王不僭帝""以道代帝"，先秦古籍全都不利于"活王僭帝"；经由唯一支持活"王"僭"帝"而晋升秦帝国首任丞相的李斯提醒，才回过神来，于是颁布"焚书令"："天下敢有藏《诗》、《书》、百家语者，悉诣守尉杂烧之。有敢偶语《诗》《书》者弃市，以古非今者族。"（《史记·秦始皇本纪》）所谓"以古非今"，即以古之"王死称帝"（商代）、"王不僭帝"（西周）、"以道代帝"（东周），非议今之"活王僭帝"。

嬴政僭窃"帝"号以后，又对秦廷群臣所言"泰道"买椟还珠，皮相模仿中原"泰道"传统，装模作样祭祀"泰山"。司马迁斥为"无其德而用事"（《史记·封禅书》），言其毫无遵循"泰道"之德，却有祭祀"泰山"之事。

嬴政纯用法家"霸道"打天下，纯用否王"否术"治天下，应验了道家"泰道"的哲学洞见：天刚则不覆万物而坠，地柔则不载万物而陷；君刚则不覆其民而崩，民柔则不载其君而叛。

秦"王"僭"帝"十一年，侥幸躲过荆轲剑刺、张良椎击的嬴政暴死，年仅五十一岁（前260—前210），应验了活"王"僭"帝"，自速其死的商代多神教教义。

李斯受到赵高胁迫，再次无耻变节，背叛秦始皇，矫诏赐死太子扶苏。少子胡亥篡位，杀尽兄弟姐妹。李斯腰斩灭族，陈胜吴广起义①。赵高指鹿为马，逼迫胡亥自杀。嬴政骨血尽灭，仅遗万世尸臭。

秦"王"僭"帝"十四年（前207），刘邦入咸阳，秦帝国崩溃，应验了"坚强者，死之徒"的东周一元论预见。

---

① 陈胜、吴广虽处活"王"僭"帝"之世，但其造反口号"王侯将相，宁有种乎"，植根于先秦之顺道常识，故言"王侯将相"，异于后世之悖道常言"帝王将相"。

七　活"王"僭"帝"的汉后延续

刘邦汉承秦制，继续活"王"僭"帝"。齐王田横及其五百壮士，共赴东海自杀，为"东皇泰一"集体殉道①。一如齐人鲁仲连所言，"蹈东海而死"，"不忍为之民"。

刘邦浑然不知嬴政废除谥法的原因，一方面汉承秦制，活"王"僭"帝"，另一方面汉革秦制，恢复谥法。自相抵牾，不通之至！"帝"是神，不可批评褒贬。"王"是人，可以批评褒贬。谥法之善谥、恶谥，原本用于对君主一生善恶，进行盖棺论定，以便后世君主以史为鉴；然而秦汉君主僭窃"帝"号以后，不许臣民批评褒贬，只许臣民盲目崇拜，谥号的褒贬矫正功能全废。刘邦不废"帝"号而恢复谥法，导致汉代以后对于本朝君主，只许善谥，不许恶谥，恶谥仅用于前朝末代君主。周代谥法原是批评君主的利器，汉后谥法沦为谄媚君主的工具。

刘邦不废"帝"号，原因有三：

一是无限企羡嬴政活"王"僭"帝"的否王威仪，久有"大丈夫当如此"的痞民俗志。

二是并非出身于信仰西周一神教、东周一元论的上层士人，而是

---

① 《史记·田儋列传》："汉王立为皇帝……田横惧诛，而与其徒属五百余人入海，居岛中。……（田横）遂自刭……'吾闻其余尚五百人在海中'，使使召之。至则闻田横死，亦皆自杀。"

出身于信仰商代多神教的下层民众。

三是并非顺应天道的天民，仅是粗鄙无文的痞民。因此否王前车虽覆，痞民后志不改。

《史记·封禅书》先言秦以"五畤"分祭"五帝"，后言刘邦信仰"五帝"：

> 汉兴，高祖之微时，尝杀大蛇。有物曰："蛇，白帝子也，而杀者赤帝子。"高祖……与诸侯平咸阳，立为汉王。……二年，东击项籍而还入关，问："故秦时上帝祠何帝也？"对曰："四帝，有白、青、黄、赤帝之祠。"高祖曰："吾闻天有五帝，而有四，何也？"莫知其说。于是高祖曰："吾知之矣，乃待我而具五也。"乃立黑帝祠，命曰北畤。

刘邦先据商代多神教的"黄帝与炎帝战"神话，伪造"赤帝子杀白帝子"神话；后据商代多神教的"五帝"之数，妄减秦国"五畤"为"四畤"，另立"北畤"祭祀黑帝，以此自诩汉"帝"替代秦"帝"上应天命。前一谎言自居"赤帝"之子，后一谎言自居"黑帝"之子，自曝谎言，破绽百出。

刘邦出身下层民众，所以信仰商代多神教。刘邦的子孙已非出身下层民众，而且秦祚仅有短短十四年，战国士人远未死绝，先秦古籍大量重出，士人群体不断言及先秦文明常识和中原主流价值，因此刘邦之子汉文帝，汉文帝之妻窦太后，汉文帝之子汉景帝，均已抛弃下层民众信仰的商代多神教，皈依上层士人信仰的西周一神教、东周一元论，信仰层次迅速提升；同时鉴于秦代迅速崩溃，因而抛弃法家"五霸之道"，转向道家"三皇之道"，抛弃否王"否术"，转向泰皇"泰道"，遂有与民休息、无为而治的"文景之治"，成为吕不韦"黄老"方案的短暂回光返照。

但是汉武帝在崇信"黄老"的祖母窦太后死后，再次转回法家

"霸道"，再次转回否王"否术"，于是重新面对两大难题：如何既实行法家"霸道"、否王"否术"，又免于像秦代一样迅速崩溃？如何避免秦后重出的先秦古籍，再次成为活"王"僭"帝"难以逾越的观念障碍？

汉代新儒家董仲舒（前179—前104）提供了解决两大难题的一揽子方案，专为汉武帝设计了终极版"使王称帝之术"。"罢黜百家"，专用于避免秦后重出的先秦古籍再次成为活"王"僭"帝"的观念障碍；"独尊儒术"，专用于对法家"霸道"、否王"否术"进行意识形态包装。董仲舒《春秋繁露·基义》鼓吹"阳为阴纲之谓道"，前承《易传·系辞》鼓吹"天尊地卑"，后启《白虎通·三纲六纪》鼓吹"君为臣纲，父为子纲，夫为妻纲"，表面是儒家，实质是法家。汉代新儒家像法家一样，仅仅鼓吹植根于天地表象"天尊地卑"的"君尊民卑"否术，竭力遮蔽植根于天地本质"天柔地刚"的"君柔民刚"泰道，既违背中华元典《归藏》《周易》，又违背道家经典《老子》《庄子》，更违背先秦旧儒家经典《礼记·乐记》。董仲舒所谓"道之大原出于天，天不变，道亦不变"，意为"君尊臣卑出于天尊地卑，天尊地卑不变，君尊臣卑亦不变"。因此董仲舒的终极版"使王称帝之术"，被悖道君主"独尊"两千年，成为中华帝国的永恒意识形态。

秦始皇"焚书坑儒"，汉武帝"独尊儒术"，表面相反，实质相同。秦始皇"坑儒"是消灭反对活"王"僭"帝"的中原士人之肉身，仅用法家刑教治身，不用儒家名教治心，因其"霸王硬上弓"而失败。汉武帝"尊儒"是改造反对活"王"僭"帝"的上层士人之思想，既用法家刑教治身，又用儒家名教治心，因其"温柔敦厚"而成功。经过秦始皇治标和汉武帝治本，反对活"王"僭"帝"的先秦旧儒家，变成了拥护活"王"僭"帝"的汉代新儒家。

然而汉武帝对于同时代的司马迁（前145—前90），来得及阉割其肉身，来不及改造其思想。司马迁熟读百家古籍，通晓先秦常识，尽知秦汉秘史，深知活"王"僭"帝"违背"王死称帝"的商代多神教、"王不僭帝"的西周一神教、"以道代帝"的东周一元论，仅因汉承秦制仍然活"王"僭"帝"，不能于《秦始皇本纪》明斥，只能在《太史公自序》隐斥秦始皇"尊号称帝"是"擅其号"，隐晦点破《鲁仲连邹阳列传》无法明言的"义不帝秦"之"义"。

《史记·孝武本纪》对后人（比如班固《汉书·武帝纪》）津津乐道、大书特书的汉武帝之文治武功，一字不书，仅仅详录汉武帝像秦始皇一样信仰商代多神教及其"神仙"迷信，以及汉武帝效法秦始皇祭祀"泰山"的本末细节。

汉武帝信仰的多神教，与秦始皇信仰的多神教略有不同。

一是汉武帝受到汉代新儒家董仲舒影响，把初民萨满教的"天人感应"迷信，掺入商代多神教。

二是汉武帝受到祖父汉文帝、祖母窦太后、父亲汉景帝、士人群体综合影响，把西周一神教的"泰一"上帝，加在商代多神教的"五帝"之上。

薄诱忌等众多士人不断上书进言，贬斥秦人信仰的商代多神教之"五帝"，捍卫中原信仰的西周一神教之"泰一"："天神贵者泰一，泰一佐曰五帝"，"五帝，泰一之佐也，宜立泰一而上亲郊之"，"天一，地一，泰一"（天皇、地皇、泰皇）。

汉武帝迫于众议，不得不在"五帝"坛之上，增立"泰一"坛。

传承伏羲"泰道"、道家"天道"的司马迁之父司马谈，又与士人宽舒共同进言为"泰一"另建专畤。

汉武帝迫于众议，又不得不在象征"五帝"的秦代"五畤"之上，增立象征"泰一"的汉代"泰畤"。

秦始皇拒绝"泰皇"名号，汉武帝增立"泰一""泰畤"，仍是表面相反，实质相同，两者同样毫无遵循"泰道"之德，却有祭祀"泰山"之事。

司马迁所言"无其德而用事"，"尊号称帝"是"擅其号"，均为明斥秦始皇，隐斥汉武帝。

司马迁忍耻以腐刑免死，而撰著《史记》，正是为了完成司马谈的文化托命，秘传伏羲"泰道"、道家"天道"，隐斥活"王"僭"帝"否王"否术"，"悉论先人所次旧闻"，以供后世抉隐发微。[①]

因此思想已被改造、拥护活"王"僭"帝"、臣服否王"否术"的西汉新儒家扬雄，直斥《史记》"不与圣人同，是非颇谬于经"（《汉书·扬雄传》）。东汉新儒家王允，痛斥《史记》为"谤书"（《后汉书·蔡邕传》）。东汉明帝，怒斥《史记》"微文刺讥，贬损当世"（班固《典引序》）。

秦灭六国，是中华大地首次野蛮征服文明的"用夷变夏"。

汉承秦制，是秦国"用夷变夏"的完成。

"百代都行秦政法"（毛泽东），是秦国"用夷变夏"的延续。

活"王"僭"帝"的悖道政体，由信仰多神教的秦始皇开启，由信仰多神教的汉武帝奠定，两者合力遮蔽了伏羲"泰道"的"君柔民刚"，商代多神教的"王死称帝"，西周一神教的"王不僭帝"，东周一元论的"以道代帝"，成功抹去了先秦中国两千年的历史记忆，迫使中华民族陷入秦汉以后两千年的失忆失语。

---

① 《史记·太史公自序》："天子始建汉家之封，而太史公留滞周南，不得与从事，故发愤且卒。……太史公执迁手而泣曰：'……余死，汝必为太史；为太史，无忘吾所欲论著矣。……'迁俯首流涕曰：'小子不敏，请悉论先人所次旧闻，弗敢阙。'"

八 以"王"僭"帝"的逻辑后果

战国儒宗荀况专为秦始皇设计的"使王称帝之术",内涵是"王霸兼用,礼法并重"。

西汉儒宗董仲舒专为汉武帝设计的"使王称帝之术",内涵是"王霸杂用,外儒内法"。

后者实为前者之变体,因而谭嗣同认为"两千年国学皆荀学"(《仁学》)。

秦始皇采纳韩非版"使王称帝之术",不仅导致秦代迅速崩溃,而且导致荀况版"使王称帝之术"延迟百年以后,转换为董仲舒版"使王称帝之术"。

这一费时百年的历史绕道,不仅没能改变活"王"僭"帝"的终极悖道,而且额外支付了其他层面的诸多代价,因为荀况是儒家集大成者,韩非是法家集大成者,两者差异极大;荀况是先秦旧儒家,董仲舒是汉代新儒家,两者差异也极大。

历史绕道的代价之一,是韩非为"两千年国学皆荀学"打下了君主专制、法家"霸道"、否王"否术"的底色。

历史绕道的代价之二,是董仲舒为"两千年国学皆荀学"染上了"天人感应"的巫术迷信色彩和意识形态包装。

历史绕道的代价之三,是荀况、韩非信仰东周一元论,信仰层次高于西周一神教,而董仲舒信仰商代多神教、初民萨满教,信仰层次低于西周一神教、东周一元论。

秦汉之际三位士人的个体信仰差异，造成了秦汉前后两大时代的整体信仰差异，导致了中华民族的整体信仰降格，成为历史绕道的最大代价，因为信仰降格是野蛮征服文明的根本标志。

　　秦汉中国是先秦中国的降格性延续，秦汉信仰也是先秦信仰的降格性延续，先秦中国上下分层的信仰格局，也降格性延续到秦汉以后，只不过秦汉之际信仰格局的上下分层略有模糊：原本拥有哲学信仰的上层士人，原本拥有宗教信仰的下层民众，全体降格，上下一心，把信奉僭主伪"帝"的政治伪信仰，作为哲学信仰、宗教信仰的代用品。

　　由于僭主伪"帝"并非高于人类的超越性存在，信奉僭主伪"帝"不具精神超拔作用；由于汉代新儒家仍以先秦旧儒家祖师孔子为名义祖师，而"天人感应"与孔子"不语怪力乱神"抵牾，消解了汉代新儒家的正统性，彰显了"独尊儒术"的欺骗性；由于上层庙堂的"天人感应"，东汉以后进一步降至初民萨满教的谶纬巫蛊，与下层民众自古以来的巫术迷信难分高下，动摇了社会结构按照"君子—小人"上下分层的合理性；因此政治伪信仰的代用品效应，东汉以后日渐消失，信仰真空急需填补，信仰分层急需重建。然而以"王"僭"帝"霸占了宗教信仰的观念空间，禁绝了哲学信仰的公开传播，东汉以后的中华民族被迫选择了另外三条信仰路径。

　　第一条信仰路径，是秘密信仰作为先秦至高信仰的道家哲学。

　　先秦道家把哲学信仰传播、普及到全体上层士人，成为百家士人的普遍信仰。经过秦始皇"焚书坑儒"治标和汉武帝"独尊儒术"治本，百家士人基本剿灭，唯有拥有至高信仰的道家士人无法剿灭。但是悖道君主的以"王"僭"帝"，迫使秦汉以后的道家士人只能秘密信仰以"道"代"帝"。公开信仰道家的嵇康遭到诛杀，秘密信仰道家的陶渊明终其天年，成为道家只能秘密信仰的示范性标本。或隐于江湖、或寄身庙堂的道家士人，各守秘密而无法交流，不能结成公开合法的信仰团体，因而跳出了上下分层的信仰格局。

第二条信仰路径，是公开信仰印度输入中国的佛教。

先秦信仰抵达一神教、一元论，证明中华信仰不可能止步于多神教、萨满教。秦汉庙堂迫使中华信仰降至多神教、萨满教，只能是暂时现象。中华民族必然从多神教、萨满教重新起步，再次向更高的信仰层次演进。西汉把"泰一"加于"五帝"之上，业已显露多神教再次向一神教演进的先兆。东汉以后，信仰层次高于多神教、萨满教的众多外来宗教，如二神教的祆教（拜火教）、摩尼教（明教），一神教的犹太教、基督教（景教）、伊斯兰教（回教），先后输入中国，但是传播广度远逊佛教。佛教的以"佛"代"帝"，天然避开了君主的以"王"僭"帝"，既有"为上根说法"的一元论哲学成分，又有"为下根说法"的多神教宗教成分，既能规避上层士人的政治禁忌，又能满足下层民众的精神需求，上层士人、下层民众可以各取所需，因此在印度本土无法扎根的佛教，东汉以后凭借天然的名相优势成功移植中国，迅速普及朝野上下，经过六朝数百年磨合，唐宋以后本土化，并且顺势两分，融入中国固有的上下分层信仰格局。

上层士人信仰的禅宗，正是一元论的哲学性佛学，同时又是一元论的本土道家哲学披上印度佛教外衣的变体。佛家哲学与道家哲学极易相通，因此佛学观念只能用道家名相对译和格义。信仰禅宗的上层士人知"佛"非"神"，仅是人之"觉者"。只要"明心见性"，即可"顿悟成佛"。"菩萨"自觉兼觉人，"罗汉"自觉不觉人。觉者以"道"代"帝"，必然"沙门不敬王者"（东晋慧远），承认君主为"王"，否定君主为"帝"。

下层民众信仰的净土宗，正是多神教的宗教性佛教。"佛""菩萨""罗汉"，仅被视为等第有差的"众神"，不知其为心性有差的"觉者"。多神教的"众神"，与人同形同性，因而崇拜人形偶像。一神教的"上帝"，非人而且无形，因而拒绝崇拜人形偶像。先秦中国抵达一神教，早已拒绝偶像崇拜。秦汉以后降至多神教，因而净土宗的偶像崇拜席卷中国。禅师和信仰禅宗的上层士人对下层民众拜

"佛"为"神"不以为然,遂有"诃佛骂祖"的"狂禅"。"狂禅"为中国禅宗独有,印度禅宗所无,乃因主要哲学成分取自先秦道家。

第三条信仰路径,是公开信仰作为道家变体的道教。

佛教大举输入,激起不同层次的本土信仰之反抗。信仰层次低于佛教的秦汉多神教毫无竞争力,唯有信仰层次高于佛教的道家一元论独具竞争力。若非佛教东来,秦汉以后的道家很有可能长期固守秘密信仰。既然佛教东来,若无恰当因应,秘密信仰也难固守。悖道君主的以"王"僭"帝",迫使道家无法用哲学层面的以"道"代"帝"与佛教竞争,于是道家披上宗教外衣,变成以"真"代"帝"、以"清"代"帝"、以"尊"代"帝"、以"仙"代"帝"的道教。东汉道教尽管创立于佛教传入以后,又出于竞争需要而大量模仿佛教表象,但其近源是印度佛教创立以前的东周道家,其远源是夏商周以前的伏羲易道。道教的"真""清""尊""仙"名相,避开了悖道君主僭窃的"帝"号,既有披上道教外衣的道家哲学成分,又有秦汉多神教和初民萨满教成分,既能规避上层士人的政治禁忌,又能满足下层民众的精神需求,上层士人、下层民众可以各取所需,因此成为唯一可与佛教竞争的本土宗教,东汉以后发展壮大,并且顺势两分,融入中国固有的上下分层信仰格局。

上层士人信仰的道教,早期是天师道,后期是全真教。所拜之"神",不称"帝"而称"真君"。修成正果,不称"圣"而称"真人"。"真君""真人"无不取自《庄子》。先秦道家集大成者庄子,以"无君于上,无臣于下"的"真君",讽刺僭窃"帝"号、代大匠斫的否王"假君",以"不臣天子,不友诸侯"的"真人",讽刺全无"特操"、臣服僭主的痞民"假人"。东晋道家传人陶渊明,以天师道的宗教信仰,掩护道家的哲学信仰,像庄子、司马迁一样不能明斥以"王"僭"帝",只能像庄子、司马迁一样支离其言,晦藏其旨,向往"避秦"隐居的"桃花源",主张"不知有汉,无论魏晋",暗示"此中有真意,欲辨已忘言"。

下层民众信仰的道教，早期是五斗米道，后期是正一教。所拜之"神"，不称"帝"而称"三清"（玉清、上清、太清）、"三尊"（元始天尊、灵宝天尊、道德天尊），均为"三皇"之变体。所拜"八仙"，则是"八卦"之变体。下层民众信仰的道教，盲从庙堂伪道，迎合悖道君主，鼓吹秦始皇、汉武帝痴迷的"神仙"迷信，不知其违背已用"气之聚散"解释"生死物化"的先秦道家哲学。西汉加于"五帝"之上的"泰一"，则被改写为"太乙"，再无《易经》"泰卦"、西周一神教"泰一"、东周一元论"泰道"的影子。至高无上的"泰一"上帝，变成了不入流品的"太乙真人"，俯首称臣于"元始天尊"。"元始天尊"的名号，取自《易传》"大哉乾元，万物资始""天尊地卑"，鼓吹"天尊地卑，君尊臣卑"的"否术"。信仰者浑然不知《易传》"否术"违背《易经》"泰道"，浑然不知道教外衣之下的道家哲学，浑然不知《庄子》颂扬的"兀者"乃因反抗伪道而被刖足，浑然不知"铁拐李"是"兀者"之变体，浑然不知天道"真君"、人道"假君"不能共用"帝"号，仍称所拜"玉清"为"玉皇大帝"。上层士人对下层民众混淆"上帝""下帝"同样不以为然，因此《西游记》戏称"玉皇大帝"为"玉帝老儿"。先秦中国实行"王不僭帝"的温和君主制度，可以不敬国王，不能轻慢上帝。秦汉以后实行"以王僭帝"的君主专制制度，可以不敬"玉帝"，不能轻慢"皇帝"。

佛教、道教影响日益深广，融入民族血脉，不断成为农民起义的造反旗帜和组织形式，悖道君主多次辟佛、灭道，仍然难以剿灭。唐宋以后的悖道君主不得不修正汉武帝的"独尊儒术"，鼓吹儒、释、道"三教合一"的庙堂意识形态，迫使佛教、道教的宗教真信仰，支持御用儒家的政治伪信仰。以"王"僭"帝"导致伪信仰僭居真信仰之上，不仅信仰层次大为降格，而且精神信仰毫无强度。信仰层次的高低，决定文明层次的高低。精神信仰的强弱，决定民族性格的强弱。因此秦汉君主的以"王"僭"帝"，是中华历史的根本拐点，导致中华文明全面衰落，中华民族整体虚弱。略举其要如下。

其一，先秦"以道代帝"的哲学突破以后，形成中原主流价值"三皇（道家）↘五帝（墨家）↘三王（儒家）↘五霸（法家）"。秦汉"以王僭帝"的政治悖道以后，悖道君主窃取道家"三皇"之"皇"、墨家"五帝"之"帝"，以儒家"王道"之名，行法家"霸道"之实。

其二，推崇"三皇之道"的先秦道家，秦汉以后被悖道君主严厉打压。散人隐士远离庙堂，逍遥江湖，以文化托命的方式，秘密传承道家哲学，"一气化三清"地化为秘密信仰，化入佛教禅宗，化入本土道教。道家哲学仅对秘密信仰者具有精神超拔作用，对浑然不知者不具精神超拔作用，只能阻止秦汉以后坠至彻底野蛮，无法阻止秦汉以后退至半文明半野蛮。

其三，推崇"五帝之道"的先秦墨家，秦汉以后被悖道君主残酷剿灭。墨家虽与秦国一样信仰商代"五帝"多神教，但其初衷并非希望野蛮的秦国征服文明的中原。墨家作为哲学突破以后的先秦重要学派之一，不仅赞成西周一神教的"王不僭帝"教义，反对商代多神教的"王死称帝"教义；而且遵循东周一元论的"以道代帝"宗旨，探索科学规律，建构逻辑体系。仅因墨家反对"活王僭帝"，主张"君主禅让"，同时"以武犯禁"，对君主世袭的专制政体形成公然挑战，构成最大威胁，秦汉以后遂被残酷剿灭。

其四，秦汉以后道家隐遁，墨家剿灭，导致先秦已露端倪的科学萌芽和逻辑萌芽中绝，无法演进为现代科学。先秦中国"天柔地刚，君柔民刚"的泰皇"泰道"，已使中华宇宙论从"天圆地方"的"盖天说"，演进至"天地浑沌如鸡子"的"浑天说"。秦汉以后"天尊地卑，君尊臣卑"的否王"否术"，迫使中华宇宙论从"浑天说"退回"盖天说"。中世纪欧洲的基督教，由于囿于人类中心主义，仅是不许错误的"地心说"演进至正确的"日心说"。中华帝国的伪信仰，由于陷溺僭主中心主义，则是不许错误的"盖天说"演进至正确的"浑天说"，因此中华文明不可能从"浑天说"演进至"地心说"，遑论演进至"日心说"和现代科学。

其五，秦汉以后儒家变质，法家独霸，导致先秦真道彻底遮蔽。战国中期儒、法一家分为两宗，秦汉之际儒、法两宗合为一家，变成名为儒家、实为法家的御用儒家。秦始皇"焚书坑儒"治标、汉武帝"独尊儒术"治本以后，御用儒家继续遮蔽难以剿灭的易学"泰道"、道家"天道"，亦即遮蔽《易》《老》《庄》"三玄"一脉相承的中华道术。先是西汉末年的御用儒家扬雄采用"弃象"方式，抛弃《易经》泰、否之象，另造伪经《太玄》。随后三国时代的御用儒家王弼主张"得意忘象"，亦即得《易传》"天尊地卑"之意，忘《易经》泰、否之象；篡改反注《老子》，妄言《老子》宗旨是"名教本于自然"，亦即鼓吹"君尊臣卑"本于"天尊地卑"。稍后西晋初年的御用儒家郭象又篡改反注《庄子》，妄言《庄子》宗旨是"名教即自然"，亦即鼓吹"君尊臣卑"即"天尊地卑"。此后上层士人、下层民众盲信"君尊臣卑"植根于"天尊地卑"，盲信"天尊地卑"植根于"天圆地方"（盖天说），奉为天经地义，视为永恒真理，无限臣服僭主，不知其为僭主，不知"以王僭帝"之非。

其六，秦汉以后延续"君子以为文，百姓以为神"的上下分层信仰格局，然而信仰层次整体降格。自居"君子"的上层痞士信奉政治伪信仰，鼓吹"天尊地卑，君尊臣卑"的伪真理，宣扬"人性本善""人皆尧舜""仁义道德"的伪道学。自居"小人"的下层痞民一方面盲从政治伪信仰，伪装相信"人性本善"而无恶不作，伪装相信"人皆尧舜"而为桀为纣，伪装相信"仁义道德"而不仁不义；另一方面沉溺于多神教、萨满教迷信，又毫无虔诚性和坚定性，抱持"宁可信其有，不可疑其无"的疑神疑鬼态度，采取"平时不烧香，临时抱佛脚"的实用态度。

其七，秦汉以后信仰层次降格，导致民族性格虚弱。

有信仰者必有人格操守，有至高信仰者必有至高人格操守，既谋求个体利益，又追求群体利益，更向往超越价值，因此拥有至高信的先秦中国人和秦汉中国人，大多个性勇毅，人格伟岸，精神剽悍，大度淡定，极有操守。顺道人物遍布朝野，悖道人物屈指可数。文明发展强健，文化元气磅礴。士有士气，民有民气。君有君样，人有人样。中华哲学教化周边民族。

无信仰者必无人格操守，无至高信仰者必无至高人格操守，仅谋求个体利益，不顾及群体利益，更鄙弃超越价值，因此失去至高信仰的秦汉以后中国人，大多个性卑怯，人格萎缩，精神孱弱，虚浮刁滑，全无操守。悖道人物充斥朝野，顺道人物陆沉潜隐。文明发展停滞，文化元气耗散。士无士气，民无民气。君无君样，人无人样。虎狼之秦衍生虎狼之族。

其八，秦汉君主以"王"僭"帝"，导致此后两千年的中华民族臣服于大一统的政治伪信仰，不再知道先秦中国曾经抵达一神教的宗教真信仰、一元论的哲学真信仰，不再了解先秦中国的温和君主制度植根于"君柔民刚"的泰皇"泰道"，不再明白秦汉以后的君主专制制度植根于"君尊臣卑"的否王"否术"。以"王"僭"帝"的终极悖道和终极失范，导致中国社会一切层面的严重悖道，一切领域的严重失范，不再是偶然意外，而是覆巢之下必无完卵的逻辑必然。

结语　拜"帝"称"王"与废"帝"共和

　　以"王"僭"帝"的两千年中华帝国，失去宗教信仰、哲学信仰的双重制衡，君主专制日益强化，逐渐走向政治末日。与此同时，欧洲的宗教形态已从希腊、罗马的多神教，演进至普及全欧的基督教，欧洲的政治形态已从希腊民主制退回罗马共和制，退回温和君主制，政治"王"权受到宗教"帝"权强力制衡，从未出现以"王"僭"帝"的终极悖道。

　　欧洲的信仰演进之路，异于中国的信仰演进之路：中华帝国是先秦中国的降格性延续，信仰格局始终一成不变，上下始终信仰分层，上层之信仰层次始终高于下层之信仰层次，因而社会格局也一成不变。然而近代欧洲则是罗马帝国的提升性转型，因为居于上层的罗马征服者信仰"希腊—罗马"多神教，居于下层的异族被征服者信仰"犹太—基督"一神教（上下之信仰分层与中国相似），前者信仰层次较低，后者信仰层次较高（上下之信仰高低与中国相反），因而按照宗教演进的客观规律，前者皈依了后者，信仰格局遂从上下分层，提升性转型为上下一心。由于信仰层次决定文明层次，信仰格局决定社会格局，因而随着信仰格局的提升性转型，欧洲的文明层次、社会格局同样产生了提升性转型。其提升性转型的大要为二：较为次要的是政治层面，古代的温和君主制度，文艺复兴以后转型为现代的宪政民主制度。至关重要的是哲学层面，中世纪雪藏于基督教的希腊哲学，披着宗教外衣普及欧洲全境，经过千年退火不再具有爆破性，文艺复兴以后脱下宗教外衣，以"日心说"取代"地心说"为突破口，演进为探索宇宙之"道"的现代科学。[①]

大一统的秦汉帝国一成不变地延续两千年以后，脱胎于罗马帝国又分裂为民族国家的欧洲列强，用现代科学武装到牙齿，用洋枪洋炮攻破中国大门，基督教传教士随之大量涌入，向退回多神教的中华伪"帝"及其臣民，大力传播一神教真"帝"，成为终结中华帝国的重要外力。

1851年，"拜上帝会"在"天高皇帝远"的广西金田发动起义。1853年，"拜上帝会"攻占南京，建立太平天国，重建悖道政体，仍以商鞅、韩非的法家"霸道"为实质，以荀况、董仲舒的儒家"王道"为表象，像历代农民起义一样毫无新意。但是中华帝国的最后一次农民起义，有史以来第一次以"拜上帝"为造反旗帜和组织形式，终于不再以"王"僭"帝"，洪秀全不称"天帝"，仅称"天王"[②]。拜"帝"称"王"的太平天国，遂成以"王"僭"帝"的中华帝国掘墓者，辛亥革命废"帝"共和的先声。

中华编年史，始于公元前841年周、召共和。中华新纪元，始于公元后1911年辛亥革命。天道原始返终，历史无往不复，中华否极泰来。此后王闿运、杨度师徒，效法荀况、韩非、李斯师徒，研治"使王称帝之术"，导演袁世凯称"帝"闹剧，妄想重建悖道政体，献丑百日即告散场，因为中华民族已与僭主伪"帝"永别。

辛亥革命废"帝"共和，使中华民族有望恢复先秦至高信仰：普

---

① 政治形态、宗教形态、科学形态,乃至人类文化各个领域、各个层面的一切形态,无不取决于哲学视野。

② 《天父天兄圣旨》:"天兄基督又谕天王云:'洪秀全胞弟,凡天兵天将砍妖魔头,亦要奉天父上主皇上帝命,奉救世主基督命,奉天王大道君王全命。但尔称王,不得称帝,天父才是帝也。'天王曰:'遵天兄命。小弟作《黜邪崇正书》,亦辨惟天父称帝;天父之外,皆不得僭称帝也。'"(王庆成编注,辽宁人民出版社,1986,第9—10页)

通民众有望摆脱政治伪信仰，皈依一神教的宗教至高信仰，有助于超越自我中心主义，热爱全体人类，避免戕害同类，预防人道主义灾难；知识阶层有望摆脱政治伪信仰，抵达一元论的哲学至高信仰，有助于超越人类中心主义，热爱宇宙万物，避免毁灭异类，预防生态环境灾难。

辛亥革命以前两千两百年，"王"不僭"帝"、以"道"代"帝"、道家"泰道"的先秦常识，秦汉先哲狙击以"王"僭"帝"、贬斥否王"否术"的秦汉秘史，不能言说，言必灭族。辛亥革命至今一百年，先秦常识仍然无人道破，秦汉秘史仍然不为人知，以致庙堂伪号虽除，僭主心态未去，江湖民众虽立，臣民心态未尽，模糊了辛亥革命的断代意义，增加了废"帝"共和的历史曲折。

值此辛亥革命百年之际，谨以本文祭奠秦汉前后传承真道、狙击伪道的中华先哲，致敬辛亥前后传承真道、狙击伪道的中华后贤，寄望至高信仰重新引领中华民族精神超拔，遵循"负阴抱阳"的中华泰道，走向"冲气为和"的人民共和。

2010 年 11 月 24 日至 2011 年 2 月 22 日（九稿）

参考文献

一、古籍和出土简帛

[1]《尚书》。

[2]《春秋》。

[3]《左传》。

[4]《礼记》。

[5] 战国魏简《竹书纪年》。

[6] 战国楚简《系年》。

[7]《世本》。

[8]《史记》。

[9]《战国策》。

[10] 马王堆帛书《战国纵横家书》。

[11]《国语》。

[12]《管子》。

[13]《老子》。

[14]《论语》。

[15]《墨子》。

[16]《庄子》。

[17]《荀子》。

[18]《韩非子》。

［19］《文子》。

［20］《吕氏春秋》。

［21］《淮南子》。

［22］《韩诗外传》。

［23］《说苑》。

［24］《新序》。

［25］《逸周书》。

［26］《汉书》。

［27］《列子》。

［28］《水经注》。

［29］《潜夫论》。

［30］《太平寰宇记》。

［31］《路史》。

［32］王家台秦简《归藏》。

［33］《资治通鉴》。

［34］马国翰辑《归藏·郑母经》。

［35］严可均辑《归藏·郑母经》。

［36］《天父天兄圣旨》。

二、学术著作

［1］雷学淇：《竹书纪年义证》，艺文印书馆，1977。

［2］朱右曾、王国维等：《竹书纪年古本辑证》，辽宁教育出版社，1997。

［3］范祥雍：《竹书纪年古本辑校订补》，上海人民出版社，1957。

［4］方诗铭、王修龄：《古本竹书纪年辑证》，上海古籍出版社，1981。

［5］钱穆：《先秦诸子系年》，商务印书馆，1935。

［6］陈梦家：《六国纪年》，上海人民出版社，1956。

［7］杨伯峻：《春秋左传注》，中华书局，1981。

［8］程恩泽：《国策地名考》，中华书局，1991。

［9］［清］苏时学：《墨子刊误》，中华书局，1928。

［10］［清］沈钦韩等：《汉书疏证》，上海古籍出版社，2006。

［11］杨宽：《战国史料编年辑证》，上海人民出版社，2001。

［12］杨宽：《战国史》，上海人民出版社，1998。

［13］王先谦撰，吕苏生补释《鲜虞中山国事表、疆域图说补释》，上海古籍出版社，1993。

［14］段连勤：《北狄族与中山国》，河北人民出版社，1982。

［15］何艳杰：《中山国社会生活研究》，中国社会科学出版社，2009。

［16］吴荣曾：《先秦两汉史研究》，中华书局，1995。

［17］李学勤：《新出青铜器研究》，文物出版社，1990。

［18］张守中：《中山王𰻝器文字编》，中华书局，1981。

［19］蒙文通：《蒙文通文集》，巴蜀书社，1993。

［20］蒙文通：《蒙文通中国古代民族史讲义》，天津古籍出版社，2008。

［21］沈长云等：《赵国史稿》，中华书局，2000。

［22］诸祖耿：《战国策集注汇考》（增订本），凤凰出版社，2008。

［23］缪文远：《战国策考辨》，中华书局，1984。

［24］缪文远：《战国策新校注》，巴蜀书社，1987。

附录一：白狄中山大事年表

公元前	白狄中山纪年	白狄中山史事
662	开国前一年 周惠王十五年	白狄酋长姮某，伐灭以邢丘为都的邢国 中山亡邢（《吕氏春秋》首言"中山"）
661	开国元年（1年） 齐桓公二十五年 晋献公十六年	白狄中山开国于邢，迁都顾邑（河北定县） 齐桓公救邢，失败 晋灭霍、耿、魏。耿封赵夙，魏封毕万
660	开国2年 齐桓公二十六年	齐国联络诸侯，筹备救邢
659	开国3年 齐桓公二十七年	正月，齐、宋、曹联军次于聂北，救邢 六月，齐桓公迁邢人于夷仪（山东聊城西南）
658	开国4年	
657	开国5年	
656	开国6年	
655	开国7年 晋献公二十二年	晋献公杀太子申生，白狄女狐季姬所生晋公子重耳出奔母国白狄中山。同行五贤：狐偃、赵衰、贾佗、先轸、魏武子
654	开国8年 晋献公二十三年	重耳居白狄中山第二年，白狄女狐氏所生晋公子夷吾出奔梁邑
653	开国9年 晋献公二十四年	重耳居白狄中山第三年 白狄中山伐廧咎如（赤狄），获其二女叔隗、季隗 重耳娶赤狄女季隗，生伯儵、叔刘 赵衰娶赤狄女叔隗，生赵盾
652	开国10年 晋献公二十五年	重耳居白狄中山第四年 春，晋卿里克败白狄中山于采桑 夏，白狄中山以重耳故，击晋于啮桑，晋兵解而去
651	开国11年 晋献公二十六年（卒）	重耳居白狄中山第五年，晋献公卒 晋卿里克诛杀赤狄女骊姬所生晋太子奚齐，先迎白狄女狐季姬所生晋公子重耳于白狄中山未果，再迎白狄女狐氏所生晋公子夷吾于梁邑

公元前	白狄中山纪年	白狄中山史事
650	开国12年 晋惠公元年	重耳居白狄中山第六年 白狄女狐氏所生晋公子夷吾返晋继位,即晋惠公
649	开国13年 晋惠公二年	重耳居白狄中山第七年
648	开国14年 晋惠公三年 齐桓公三十八年	重耳居白狄中山第八年 齐相管仲死
647	开国15年 晋惠公四年	重耳居白狄中山第九年
646	开国16年 晋惠公五年	重耳居白狄中山第十年
645	开国17年 晋惠公六年	重耳居白狄中山第十一年
644	开国18年 晋惠公七年 卫文公十六年 齐桓公四十二年	重耳居白狄中山十二年,晋惠公派履鞮刺杀重耳,未遂重耳避祸往齐,临别谓赤狄女季隗:"待我二十五年,不来而后嫁。"重耳过卫,卫文公不礼。至齐,齐桓公礼之,娶齐女白狄中山以重耳故,伐晋,取狐、厨、受铎、涉汾及昆都
643	开国19年 齐桓公四十三年 (卒)	重耳居齐第二年,齐桓公卒
642	开国20年 齐孝公元年	重耳居齐第三年
641	开国21年 齐孝公二年	重耳居齐第四年
640	开国22年 齐孝公三年	重耳居齐第五年,离齐
639	开国23年 曹共公十四年 宋襄公十二年 郑文公三十四年 楚成王三十三年 秦穆公二十一年	重耳过曹,曹共公不礼 重耳过宋,宋襄公礼之 重耳过郑,郑文公礼之 重耳过楚,楚成王礼之 重耳至秦,秦穆公礼之

公元前	白狄中山纪年	白狄中山史事
638	开国24年 秦穆公二十二年	重耳居秦第一年,娶秦女怀嬴,生公子雍
637	开国25年 晋惠公十四年(卒) 秦穆公二十三年	重耳居秦第二年,晋惠公卒 晋惠公太子圉继位为晋怀公,诛杀重耳外公、 白狄中山人狐突,三月被废
636	开国26年 晋文公元年 秦穆公二十四年	秦穆公护送重耳返晋继位,即晋文公 白狄中山遣使祝贺,进献封狐、文豹之皮 赵衰任晋国执政
635	开国27年 晋文公二年	晋文公重用生母狐季姬之弟、白狄中山人狐 毛、狐偃,晋国、白狄中山结盟
634	开国28年 晋文公三年	
633	开国29年 晋文公四年 楚成王三十九年 宋成公四年 齐孝公十年(卒) 秦穆公二十七年 曹共公二十年 卫成公二年	楚成王伐宋 晋率齐、秦伐曹、卫,以救宋
632	开国30年 晋文公五年 楚成王四十年 齐昭公元年 宋成公五年 秦穆公二十八年 周襄王二十年	夏四月己巳,晋、楚城濮之战 晋国、中山(中山之盗、群戎之师)联军(狐毛、 狐偃领上军),得齐军、宋军、秦军之助,在城濮 击败楚军 晋文公召来周襄王,举行践土之盟,晋、齐、宋、 蔡、郑、陈、莒、邾、秦与会
631	开国31年 晋文公六年	
630	开国32年 晋文公七年	
629	开国33年 晋文公八年	
628	开国34年 晋文公九年(卒)	晋文公姬重耳卒,晋人立齐女所生少子姬欢, 即晋襄公

公元前	白狄中山纪年	白狄中山史事
627	开国35年 晋襄公元年	白狄中山送归白狄女所生公子乐争位,到达箕地受阻于晋师,晋将先轸战死
626	开国36年 晋襄公二年	
625	开国37年 晋襄公三年	
624	开国38年 晋襄公四年	
623	开国39年 晋襄公五年	晋国执政赵衰卒,其子赵盾继任晋国执政
622	开国40年 晋襄公六年	
621	开国41年 晋襄公七年(卒)	晋襄公姬欢卒,太子夷皋年少,议立长君 赵盾欲立晋文公与秦女怀嬴所生公子雍 狐射姑欲立晋文公与白狄女所生公子乐 白狄中山送归公子乐至陈,被赵盾诛杀 狐射姑逃归白狄中山,白狄中山怒而伐晋
620	开国42年 晋灵公元年	晋襄公太子夷皋继位,即晋灵公
619	开国43年 晋灵公二年	
618	开国44年 晋灵公三年	
617	开国45年 晋灵公四年	
616	开国46年 晋灵公五年	
615	开国47年 晋灵公六年	
614	开国48年 晋灵公七年	

公元前	白狄中山纪年	白狄中山史事
613	开国 49 年 晋灵公八年	
612	开国 50 年 晋灵公九年	
611	开国 51 年 晋灵公十年	
610	开国 52 年 晋灵公十一年	
609	开国 53 年 晋灵公十二年	
608	开国 54 年 晋灵公十三年	
607	开国 55 年 晋灵公十四年（弑）	赵盾出奔,堂弟赵穿弑杀晋灵公姬夷皋 赵盾立晋文公与周女所生少子姬黑臀,即晋成公
606	开国 56 年 晋成公元年	晋成公与白狄中山续盟,又与赤狄联姻,嫁其长女于赤狄潞氏 晋师与白狄中山联合伐秦,擒秦将赤
605	开国 57 年 晋成公二年	
604	开国 58 年 晋成公三年	
603	开国 59 年 晋成公四年	
602	开国 60 年 晋成公五年	
601	开国 61 年 晋成公六年	
600	开国 62 年 晋成公七年（卒）	晋成公姬黑臀卒,太子姬据继位,即晋景公
599	开国 63 年 晋景公元年	
598	开国 64 年 晋景公二年	晋景公与白狄中山之君会于欑函,续盟

公元前	白狄中山纪年	白狄中山史事
597	开国65年 晋景公三年	晋司寇屠岸贾诛赵盾
596	开国66年 晋景公四年	先毂擅伐赤狄而败,惧诛,出奔白狄中山
595	开国67年 晋景公五年	
594	开国68年 晋景公六年	赤狄潞氏之执政酆舒,杀晋成公长女、晋景公之姐 晋师怒而伐灭赤狄潞氏,酆舒奔卫,卫人归诸晋,晋人杀之
593	开国69年 晋景公七年	晋将随会伐灭赤狄之甲氏、留吁、铎辰
592	开国70年 晋景公八年	
591	开国71年 晋景公九年	
590	开国72年 晋景公十年	
589	开国73年 晋景公十一年	晋作六卿:范氏、中行氏、知氏、韩氏、魏氏、赵氏
588	开国74年 晋景公十二年	
587	开国75年 晋景公十三年	
586	开国76年 晋景公十四年	
585	开国77年 晋景公十五年	
584	开国78年 晋景公十六年	
583	开国79年 晋景公十七年	

公元前	白狄中山纪年	白狄中山史事
582	开国80年 晋景公十八年	白狄中山与秦联合伐晋
581	开国81年 晋景公十九年(卒)	晋景公姬据卒,太子寿曼继位,即晋厉公
580	开国82年 晋厉公元年 秦桓公二十四年	晋厉公与秦桓公夹河而盟,归而背盟,约白狄中山联合伐秦
579	开国83年 晋厉公二年	
578	开国84年 晋厉公三年	
577	开国85年 晋厉公四年	
576	开国86年 晋厉公五年	
575	开国87年 晋厉公六年	
574	开国88年 晋厉公七年	
573	开国89年 晋厉公八年(弑)	晋大夫栾书弑晋厉公姬寿曼,立公子姬纠,即晋悼公
572	开国90年 晋悼公元年	
571	开国91年 晋悼公二年	
570	开国92年 晋悼公三年	老子约于此年生于陈
569	开国93年 晋悼公四年	
568	开国94年 晋悼公五年	
567	开国95年 晋悼公六年	

公元前	白狄中山纪年	白狄中山史事
566	开国96年 晋悼公七年	
565	开国97年 晋悼公八年	
564	开国98年 晋悼公九年	
563	开国99年 晋悼公十年	韩献子韩厥卒,韩宣子继任韩氏宗长、晋卿
562	开国100年 晋悼公十一年	晋悼公赐魏氏地,魏昭子徙治安邑
561	开国101年 晋悼公十二年	
560	开国102年 晋悼公十三年	
559	开国103年 晋悼公十四年	
558	开国104年 晋悼公十五年(卒)	
557	开国105年 晋平公元年	
556	开国106年 晋平公二年	
555	开国107年 晋平公三年 鲁襄公十八年	白狄中山改姓姮为姓姬,自称与周同宗 遣使朝鲁,鲁襄公受之
554	开国108年 晋平公四年	白狄中山遣使朝晋,晋平公受之
553	开国109年 晋平公五年	
552	开国110年 晋平公六年	
551	开国111年 晋平公七年	孔子生于鲁

公元前	白狄中山纪年	白狄中山史事
550	开国112年 晋平公八年	
549	开国113年 晋平公九年	
548	开国114年 晋平公十年	
547	开国115年 晋平公十一年	
546	开国116年 晋平公十二年	赵盾之孙赵武(赵文子)为晋正卿
545	开国117年 晋平公十三年	
544	开国118年 晋平公十四年 吴王余祭四年	吴季札使晋,曰:"晋国之政卒归于赵武子、韩宣子、魏献子之后矣。"
543	开国119年 晋平公十五年	
542	开国120年 晋平公十六年	
541	开国121年 晋平公十七年	
540	开国122年 晋平公十八年	
539	开国123年 晋平公十九年 齐景公九年	齐景公使晏婴于晋,晏婴与晋叔向语。晏婴曰:"齐之政后卒归田氏。"叔向曰:"晋国之政将归六卿。六卿侈矣,而吾君不能恤也。"
538	开国124年 晋平公二十年	
537	开国125年 晋平公二十一年	
536	开国126年 晋平公二十二年	郑相子产颁布刑鼎
535	开国127年 晋平公二十三年 齐景公十三年	孙武生于齐

公元前	白狄中山纪年	白狄中山史事
534	开国128年 晋平公二十四年	
533	开国129年 晋平公二十五年	
532	开国130年 晋平公二十六年 （卒）	晋平公姬彪卒，太子姬夷继位，即晋顷公
531	开国131年 晋昭公元年	
530	开国132年 晋昭公二年	晋将荀吴（中行穆子）向白狄中山借道，伐灭长狄之肥国（今河北肥乡）
529	开国133年 晋昭公三年	晋将荀吴征伐白狄中山之边邑中人（今河北唐县西北），未克
528	开国134年 晋昭公四年	
527	开国135年 晋昭公五年	晋将荀吴征伐白狄中山之边邑鼓邑，擒鼓子鸢鞮
526	开国136年 晋昭公六年（卒）	晋昭公姬夷卒，太子姬去疾继位，即晋顷公昭公卒而六卿强，公室卑
525	开国137年 晋顷公元年	
524	开国138年 晋顷公二年	
523	开国139年 晋顷公三年	
522	开国140年 晋顷公四年	郑相子产卒
521	开国141年 晋顷公五年	白狄中山之边邑鼓邑叛晋，复归白狄中山
520	开国142年 晋顷公六年 周景王二十五（卒）	鼓邑又叛白狄中山，复归晋 周景王姬贵卒，王子姬朝与王子姬匄争位
519	开国143年 晋顷公七年	王子姬朝与王子姬匄争位战争

公元前	白狄中山纪年	白狄中山史事
518	开国144年 晋顷公八年	王子姬朝与王子姬匄争位战争
517	开国145年 晋顷公九年 赵简子元年	赵武(赵文子)之孙赵鞅(赵简子)继任赵氏宗长、晋卿
516	开国146年 晋顷公十年	晋卿赵鞅送王子姬匄入周继位,即周敬王 王子姬朝奔楚,老子离周返陈
515	开国147年 晋顷公十一年 楚昭王元年 吴王僚十二年(弑)	晋、吴联合伐楚,吴公子光弑吴王僚自立,即吴王阖闾 晋卿荀吴联合诸侯征伐白狄中山,大疫且饥,人相食,惨败 楚史《系年》此年首言"中山"
514	开国148年 晋顷公十二年	韩宣子老,魏献子任晋国执政 晋宗室祁氏、羊舌氏相恶,六卿诛之,尽取其邑为十县,六卿各令其子为之大夫 魏献子、赵简子、中行文子、范献子并为晋卿
513	开国149年 晋顷公十三年	
512	开国150年 晋顷公十四年(卒)	晋顷公姬去疾卒,太子姬午继位,即晋定公
511	开国151年 晋定公元年	
510	开国152年 晋定公二年	
509	开国153年 晋定公三年	
508	开国154年 晋定公四年	
507	开国155年 晋定公五年	白狄中山伐晋,在平中(今河北唐县附近)击败晋师,擒获晋将观虎 孔子弟子、卫人子夏生于卫
506	开国156年 晋定公六年 吴王阖闾九年 楚昭王十年	晋卿士鞅(范献子)、卫卿孔圉联合征伐白狄中山(《左传》此年首言"中山")—— 白狄中山大夫司马子期奔楚,游说楚昭王征伐白狄中山,白狄中山之君出亡,后返国 吴王阖闾命伍子胥、孙武伐楚,入郢,楚昭王出亡,后返国

公元前	白狄中山纪年	白狄中山史事
505	开国157年 晋定公七年	晋卿士鞅征伐白狄中山
504	开国158年 晋定公八年	
503	开国159年 晋定公九年	
502	开国160年 晋定公十年	
501	开国161年 晋定公十一年	郑人邓析卒
500	开国162年 晋定公十二年	阳虎奔晋,晋卿赵鞅留之。孔子相鲁 齐相晏婴卒
499	开国163年 晋定公十三年	
498	开国164年 晋定公十四年	
497	开国165年 晋定公十五年	
496	开国166年 晋定公十六年	
495	开国167年 晋定公十七年	
494	开国168年 晋定公十八年	
493	开国169年 晋定公十九年	
492	开国170年 晋定公二十年 赵简子二十六年	晋卿范氏、中行氏与赵氏冲突,知氏、魏氏、韩氏支持赵氏,齐景公联合鲁、卫、白狄中山支持范氏、中行氏,晋六卿爆发全面内战 《左传》此年再言"中山"
491	开国171年 晋定公二十一年 赵简子二十七年	晋国六卿内战

公元前	白狄中山纪年	白狄中山史事
490	开国172年 晋定公二十二年 赵简子二十八年	晋卿赵鞅击败范氏、中行氏,荀寅(中行文子)出奔白狄中山
489	开国173年 晋定公二十三年 赵简子二十九年	晋卿赵鞅征伐白狄中山
488	开国174年 晋定公二十四年	晋卿赵鞅嫁女于长狄代国之君
487	开国175年 晋定公二十五年	
486	开国176年 晋定公二十六年	
485	开国177年 晋定公二十七年	
484	开国178年 晋定公二十八年	吴王夫差诛伍子胥
483	开国179年 晋定公二十九年	
482	开国180年 晋定公三十年	晋定公、吴王夫差会于黄池,晋卿赵鞅随行
481	开国181年 晋定公三十一年	齐相田常弑齐简公 《春秋》绝笔此年
480	开国182年 晋定公三十二年	老子约于此年卒于秦,遗著《老子》 墨子约于此年生于宋
479	开国183年 晋定公三十三年	孔子卒于鲁,遗著《春秋》
478	开国184年 晋定公三十四年	
477	开国185年 晋定公三十五年	
476	开国186年 晋定公三十六年	

公元前	白狄中山纪年	白狄中山史事
475	开国187年 晋定公三十七年 (卒) 赵简子四十三年 (卒)	晋定公姬午卒,太子姬凿继位,即晋出公 赵简子赵鞅卒,世子赵毋恤继位,即赵襄子
474	开国188年 晋出公元年 赵襄子二年	赵襄子杀代王,平代地(河北蔚县周边),其姐 (代王之妻)自杀
473	开国189年 晋出公二年 赵襄子三年	赵襄子征伐白狄中山,胜于左人、中人
472	开国190年 晋出公三年 赵襄子四年	赵襄子率徒十万,狩于白狄中山
471	开国191年 晋出公四年	
470	开国192年 晋出公五年	
469	开国193年 晋出公六年	
468	开国194年 晋出公七年	
467	开国195年 晋出公八年	
466	开国196年 晋出公九年	
465	开国197年 晋出公十年	
464	开国198年 晋出公十一年	
463	开国199年 晋出公十二年	
462	开国200年 晋出公十三年	

公元前	白狄中山纪年	白狄中山史事
461	开国201年 晋出公十四年	
460	开国202年 晋出公十五年	
459	开国203年 晋出公十六年	
458	开国204年 晋出公十七年	晋卿知伯荀瑶与赵襄子、韩康子、魏桓子共分范氏、中行氏之地
457	开国205年 晋出公十八年	晋卿知伯荀瑶欲伐白狄中山,道难不通,佯赠仇由以大钟,仇由之主斩岸、堙溪以迎钟,知伯大军以送钟为名进军,攻取仇由
456	开国206年 晋出公十九年 魏简子卒 韩贞子卒	
455	开国207年 晋出公二十年 魏桓子元年 韩康子元年 赵襄子二十一年	晋卿知伯荀瑶向魏、韩、赵索地 魏桓子、韩康子献之,赵襄子拒之 晋卿知伯荀瑶联合魏桓子、韩康子伐赵,围攻赵都晋阳 李悝(子夏弟子)生于魏
454	开国208年 晋出公二十一年 魏桓子二年 韩康子二年 赵襄子二十二年	晋卿知伯荀瑶水灌赵都晋阳
453	开国209年 晋出公二十二年 魏桓子三年 韩康子三年 赵襄子二十三年	魏桓子、韩康子倒戈,与赵襄子共灭知氏,三分其地,史称"三家分晋"

公元前	白狄中山纪年	白狄中山史事
452	开国210年 晋出公二十三年 (出) 魏桓子四年 韩康子四年 赵襄子二十四年	晋出公怒伐三晋,三晋反攻晋出公,出公奔齐,道死 晋卿魏桓子成为晋国执政,与韩康子、赵襄子共立晋昭公曾孙姬娇,即晋哀公(《竹书纪年》"晋敬公")
451	开国211年 晋哀(敬)公元年 魏桓子五年 韩康子五年 赵襄子二十五年	
450	开国212年 晋哀公二年 魏桓子六年 韩康子六年 赵襄子二十六年	列子(御寇)约于此年生于郑
449	开国213年 晋哀公三年 魏桓子七年 韩康子七年 赵襄子二十七年	
448	开国214年 晋哀公四年 魏桓子八年 韩康子八年 赵襄子二十八年	
447	开国215年 晋哀公五年 魏桓子九年 韩康子九年 赵襄子二十九年	

公元前	白狄中山纪年	白狄中山史事
446	开国216年 晋哀公六年 魏桓子十年(卒) 韩康子十年 赵襄子三十年	魏桓子卒,其孙魏斯继任魏氏宗长、晋国执政
445	开国217年 晋哀公七年 魏文侯旧元元年 韩康子十一年 赵襄子三十一年	晋卿魏斯(后为魏文侯)起计旧元 二十二年后僭号称"侯",起计新元
444	开国218年 晋哀公八年 魏文侯旧元二年 韩康子十二年 赵襄子三十二年	
443	开国219年 晋哀公九年 魏文侯旧元三年 韩康子十三年 赵襄子三十三年	
442	开国220年 晋哀公十年 魏文侯旧元四年 韩康子十四年 赵襄子三十四年	
441	开国221年 晋哀公十一年 魏文侯旧元五年 韩康子十五年 赵襄子三十五年	
440	开国222年 晋哀公十二年 魏文侯旧元六年 韩康子十六年 赵襄子三十六年	

公元前	白狄中山纪年	白狄中山史事
439	开国223年 晋哀公十三年 魏文侯旧元七年 韩康子十七年 赵襄子三十七年	
438	开国224年 晋哀公十四年 魏文侯旧元八年 韩康子十八年 赵襄子三十八年	
437	开国225年 晋哀公十五年 魏文侯旧元九年 韩康子十九年 赵襄子三十九年	
436	开国226年 晋哀公十六年 魏文侯旧元十年 韩康子二十年 赵襄子四十年	
435	开国227年 晋哀公十七年 魏文侯旧元十一年 韩康子二十一年 赵襄子四十一年	
434	开国228年 晋哀公十八年 魏文侯旧元十二年 韩康子二十二年 赵襄子四十二年	
433	开国229年 幽公元年 魏文侯旧元十三年 韩康子二十三年 赵襄子四十三年	

公元前	白狄中山纪年	白狄中山史事
432	开国 230 年 晋幽公二年 魏文侯旧元十四年 韩康子二十四年 赵襄子四十四年	
431	开国 231 年 晋幽公元年 魏文侯旧元十五年 韩康子二十五年 赵襄子四十五年	
430	开国 232 年 晋幽公四年 魏文侯旧元十六年 韩康子二十六年 赵襄子四十六年	
429	开国 233 年 晋幽公五年 魏文侯旧元十七年 韩康子二十七年 赵襄子四十七年	晋哀公姬骄卒,太子姬柳继位,即晋幽公
428	开国 234 年 晋幽公六年 魏文侯旧元十八年 韩康子二十八年 赵襄子四十八年	晋幽公之时,反朝韩、赵、魏之君。独有绛、曲沃,余皆入三晋
427	开国 235 年 晋幽公七年 魏文侯旧元十九年 韩康子二十九年 赵襄子四十九年	

公元前	白狄中山纪年	白狄中山史事
426	开国236年 晋幽公八年 魏文侯旧元二十年 韩康子三十年 赵襄子五十年	
425	开国237年 晋幽公九年 魏文侯旧元二十一年 韩康子三十一年（卒） 赵襄子五十一年（卒）	韩康子韩虎卒，世子韩启章继任韩氏宗长、晋卿，即韩武子 赵襄子赵毋恤卒，世子赵嘉继任赵氏宗长、晋卿，即赵桓子
424	开国238年 晋幽公十年 魏文侯旧元二十二年 韩武子元年 赵桓子元年（卒）	赵桓子赵嘉卒，世子赵浣继任赵氏宗长、晋卿，即赵献子
423	开国239年 晋幽公十一年 魏文侯新元元年 韩武子二年 赵献侯元年	晋卿魏斯（魏文侯）僭号称"侯"，起计新元 师子夏，友田子方、段干木
422	开国240年 晋幽公十二年 魏文侯新元二年 韩武子三年 赵献侯二年	
421	开国241年 晋幽公十三年 魏文侯新元三年 韩武子四年 赵献侯三年	

公元前	白狄中山纪年	白狄中山史事
420	开国242年 晋幽公十四年 魏文侯新元四年 韩武子五年 赵献侯四年	孔子弟子、魏文侯师、卫人子夏死于魏
419	开国243年 晋幽公十五年 魏文侯新元五年 韩武子六年 赵献侯五年	
418	开国244年 晋幽公十六年 魏文侯新元六年 韩武子七年 赵献侯六年	
417	开国245年 晋幽公十七年 魏文侯新元七年 韩武子八年 赵献侯七年	
416	开国246年 晋幽公十八（弑）年 魏文侯新元八年 韩武子九年 赵献侯八年	
415	开国247年 晋烈公元年 魏文侯新元九年 韩武子十年 赵献侯九年	

公元前	白狄中山纪年	白狄中山史事
414	开国248年 晋烈公二年 魏文侯新元十年 韩武子十一年 赵献侯十年 白狄中山武公元年	晋太史屠黍离晋,出奔西周国,对西周威公预言晋国将亡 白狄中山武公初立
413	开国249年 晋烈公三年 魏文侯新元十一年 韩武子十二年 赵献侯十一年 白狄中山武公二年	
412	开国250年 晋烈公四年 魏文侯新元十二年 韩武子十三年 赵献侯十二年 白狄中山武公三年	魏文侯以子夏为师,以李悝为相,实行变法 李悝颁布《法经》,魏国大治
411	开国251年 晋烈公五年 晋幽公元年 魏文侯新元十三年 韩武子十四年 赵献侯十三年 白狄中山武公四年	晋幽公半夜出宫,淫于妇人,被其秦国夫人嬴氏弑杀 晋卿魏斯平定晋乱,另立晋烈公,当年改元 屠黍又对西周威公预言白狄中山将亡
410	开国252年 晋烈公六年 魏文侯新元十四年 韩武子十五年 赵献侯十四年 白狄中山武公五年	

公元前	白狄中山纪年	白狄中山史事
409	开国253年 晋烈公七年 魏文侯新元十五年 韩武子十六年(卒) 赵献侯十五年 白狄中山武公五年	韩武子韩启章卒,世子韩虔继位,即韩景侯 赵献子赵浣卒,世子赵籍继位,即赵烈侯
408	开国254年 晋烈公八年 魏文侯新元十六年 韩景侯元年 赵烈侯元年 白狄中山武公七年	魏文侯以李悝为相,以乐羊为将,借道于赵,征伐白狄中山
407	开国255年 晋烈公九年 魏文侯新元十七年 韩景侯二年 赵烈侯二年 白狄中山武公八年	乐羊征伐白狄中山第二年,其子在中山。中山之君烹其子而遗之羹,乐羊坐于幕下啜之,尽一杯
406	开国256年 晋烈公十年 魏文侯新元十八年 韩景侯三年 赵烈侯三年 白狄中山武公九年 (灭)	乐羊征伐白狄中山第三年,灭之 白狄中山国祚256年(前661—前406) 181年(前661—前481)属于春秋 75年(前480—前406)属于战国

附录二：魏属中山大事年表

公元前	魏属中山纪年	魏属中山史事
406	晋烈公十年 魏文侯新元十八年 赵烈侯三年 韩景侯三年 白狄中山武公九年（灭）	白狄中山人乐羊(晋文公与白狄女所生公子乐后裔)担任魏将，伐灭白狄中山 晋卿魏斯亲往白狄中山之都顾邑巡视，命令长子魏击驻守顾邑，然后返回安邑(山西夏县)，田子方同行
405	中山武公元年 魏文侯新元十九年 赵烈侯四年 韩景侯四年 晋烈公十一年	中山武公魏击驻守白狄中山之都顾邑(河北定县)，赵苍唐为傅，李悝为相，乐羊为将
404	中山武公二年 魏文侯新元二十年 赵烈侯五年 韩景侯五年 晋烈公十二年	李悝治中山，罢免了搜刮民脂民膏多交赋税的苦陉县令 乐羊守中山，剿灭了白狄中山武公之子公子倾图谋复国的残部 常庄谈建议赵烈侯支持公子倾复国，赵烈侯未允
403	中山武公三年 周威烈王二十三年 魏文侯新元二十一年 赵烈侯六年 韩景侯六年 晋烈公十三年	周威烈王册封三晋为诸侯 三晋宗长魏斯、韩虔、赵籍，成为魏文侯、韩景侯、赵烈侯 中山武公魏击派遣太傅赵苍唐使魏，魏文侯召回长子魏击，立为魏太子，册封少子魏挚为中山君，即中山桓公
402	中山桓公元年 魏文侯新元二十二年 赵烈侯七年 韩景侯七年 晋烈公十四年	中山桓公魏挚迁都灵寿(河北平山) 铸中山侯钺，铭曰："天子建邦，中山侯谨作兹军钺，以警厥众。"
401	中山桓公二年 魏文侯新元二十三年 赵烈侯八年 韩景侯八年 晋烈公十五年	田悼子卒，田和继位，即田齐太公

288

公元前	魏属中山纪年	魏属中山史事
400	中山桓公三年 魏文侯新元二十四年 赵烈侯九年 韩景侯九年（卒） 晋烈公十六年	韩景侯韩虔卒，太子韩取继位，即韩烈侯 魏太子魏击，生子魏䓨（后为魏惠王）
399	中山桓公四年 魏文侯新元二十五年 赵烈侯十年 韩烈侯元年 晋烈公十七年	
398	中山桓公五年 魏文侯新元二十六年 赵烈侯十一年 韩烈侯二年 晋烈公十八年	
397	中山桓公六年 魏文侯新元二十七年 赵烈侯十二年 韩烈侯三年 晋烈公十九年	
396	中山桓公七年 魏文侯新元二十八年 （卒） 赵烈侯十三年 韩烈侯四年 晋烈公二十年	魏文侯魏斯卒，太子魏击继位，即魏武侯 魏属中山尊魏文侯、魏武侯为"中山文 公""中山武公"，"皇祖文、武"
395	中山桓公八年 魏武侯元年 赵烈侯十四年 韩烈侯五年 晋烈公二十一年	前魏相、前魏属中山相李悝（子夏弟子） 死于魏，遗著《法经》 杨朱约于此年生于魏

公元前	魏属中山纪年	魏属中山史事
394	中山桓公九年 魏武侯二年 赵烈侯十五年 韩烈侯六年 晋烈公二十二年	
393	中山桓公十年 魏武侯三年 赵烈侯十六年 韩烈侯七年 晋烈公二十三年	
392	中山桓公十一年 魏武侯四年 赵烈侯十七年 韩烈侯八年 晋烈公二十四年	
391	中山桓公十二年 魏武侯五年 赵烈侯十八年 韩烈侯九年 晋烈公二十五年	
390	中山桓公十三年 魏武侯六年 赵烈侯十九年 韩烈侯十年 晋烈公二十六年	
389	中山桓公十四年 魏武侯七年 赵烈侯二十年 韩烈侯十一年 晋烈公二十七年(卒)	

公元前	魏属中山纪年	魏属中山史事
388	中山桓公十五年 魏武侯八年 赵烈侯二十一年 韩烈侯十二年 晋桓(孝)公元年	
387	中山桓公十六年 魏武侯九年 赵烈侯二十二年(卒) 韩烈侯十三年(卒) 晋桓公二年	赵烈侯赵籍卒,太子赵章继位,即赵敬侯 韩烈侯卒,太子继位,即韩文侯
386	中山桓公十七年 魏武侯十年 赵敬侯元年 韩文侯元年 晋桓公三年	赵敬侯元年,把赵都从晋阳(山西太原) 南迁邯郸(河北邯郸)
385	中山桓公十八年 魏武侯十一年 赵敬侯二年 韩文侯二年 晋桓公四年	申不害约于此年生于郑
384	中山桓公十九年 魏武侯十二年 赵敬侯三年 韩文侯三年 晋桓公五年	
383	中山桓公二十年 魏武侯十三年 赵敬侯四年 韩文侯四年 晋桓公六年	魏武侯伐赵兔台
382	中山桓公二十一年 魏武侯十四年 赵敬侯五年 韩文侯五年 晋桓公七年 周安王二十年	周安王册封田齐太公田和为诸侯

291

公元前	魏属中山纪年	魏属中山史事
381	中山桓公二十二年 魏武侯十五年 赵敬侯六年 韩文侯六年 晋桓公八年	赵敬侯伐魏,取棘蒲 前魏将、前楚相、卫人吴起死于楚
380	中山桓公二十三年 魏武侯十六年 赵敬侯七年 韩文侯七年 晋桓公九年	孙膑约于此年生于齐 惠施约于此年生于宋 张仪约于此年生于魏
379	中山桓公二十四年 魏武侯十七年 赵敬侯八年 韩文侯八年 晋桓公十年	赵敬侯伐魏,拔黄城
378	中山桓公二十五年 魏武侯十八年 赵敬侯九年 韩文侯九年 晋桓公十一年	
377	中山桓公二十六年 魏武侯十九年 赵敬侯十年 韩文侯十年(卒) 晋桓公十二年	赵伐中山,战于房子(河北高邑) 韩文侯卒,太子继位,即韩哀侯
376	中山桓公二十七年 魏武侯二十年 赵敬侯十一年 韩哀侯元年 晋桓公十三年	赵伐中山,战于中人(河北唐县西南) 墨子约于此年死于宋,遗著《墨子》
375	中山桓公二十八年 魏武侯二十一年 赵敬侯十二年 韩哀侯二年 晋桓公十四年	韩哀侯灭郑,把晋都从平阳迁至郑 列子(御寇)约于此年死于郑,遗著《列子》

公元前	魏属中山纪年	魏属中山史事
374	中山桓公二十九年 魏武侯二十二年 赵敬侯十三年（卒） 赵成侯元年 韩哀侯三年（刺） 韩懿侯元年 晋桓公十五年	赵敬侯赵章卒，太子赵种继位，即赵成侯，当年改元 聂政刺杀韩相韩傀，兼及韩哀侯，太子韩若山继位，即韩懿侯，许异相韩
373	中山桓公三十年 魏武侯二十三年 赵成侯二年 韩懿侯二年 晋桓公十六年	
372	中山桓公三十一年 魏武侯二十四年 赵成侯三年 韩懿侯三年 晋桓公十七年	孟轲生于邹
371	中山桓公三十二年 魏武侯二十五年 赵成侯四年 韩懿侯四年 晋桓公十八年	
370	中山桓公三十三年 魏武侯二十六年（卒） 赵成侯五年 韩懿侯五年 晋桓公十九年	魏武侯卒，公中缓与魏惠王争位 赵成侯、韩懿侯联合出兵支持公中缓，大败魏惠王于浊泽，围之 赵成侯欲杀魏惠王，韩懿侯欲分魏为二，所谋不合，韩懿侯半夜撤兵，魏惠王趁机突围
369	中山桓公三十四年 魏惠王前元元年 赵成侯六年 韩懿侯六年 晋桓公二十年（迁、卒）	魏惠王平定公中缓争位之乱 赵成侯、韩懿侯把晋桓公逐出晋都曲沃（山西闻喜），迁至屯留（山西长治） 晋桓公卒，晋悼公继位，娶韩懿侯之女韩姬

公元前	魏属中山纪年	魏属中山史事
368	中山桓公三十五年 魏惠王前元二年 赵成侯七年 韩懿侯七年 晋悼公元年	赵成侯、韩懿侯出兵攻周
367	中山桓公三十六年 魏惠王前元三年 赵成侯八年 韩懿侯八年 晋悼公二年	赵成侯、韩懿侯分周为二 （详见附录五《西周国、东周国大事年表》）
366	中山桓公三十七年 魏惠王前元四年 赵成侯九年 韩懿侯九年 晋悼公三年	
365	中山桓公三十八年 魏惠王前元五年 赵成侯十年 韩懿侯十年 晋悼公四年	
364	中山桓公三十九年 魏惠王前元六年 赵成侯十一年 韩懿侯十一年 晋悼公五年	
363	中山桓公四十年 魏惠王前元七年 赵成侯十二年 韩懿侯十二年(卒) 晋悼公六年	韩懿侯韩若山卒,太子韩武继位,即韩昭侯

公元前	魏属中山纪年	魏属中山史事
362	中山桓公四十一年 魏惠王前元八年 赵成侯十三年 韩昭侯元年 晋悼公七年	
361	中山桓公四十二年 魏惠王前元九年 赵成侯十四年 韩昭侯二年 晋悼公八年 秦孝公元年	魏惠王把魏都从安邑(山西夏县)东迁大梁(河南开封)
360	中山桓公四十三年 魏惠王前元十年 赵成侯十五年 韩昭侯三年 晋悼公九年(迁) 秦孝公二年 周安王二十二年 田齐太公二十一年	韩昭侯奉魏惠王之命,把晋悼公从屯留(山西长治)迁至端氏(山西沁水) 秦孝公颁布招贤令 周安王册封田齐太公田和为侯
359	中山桓公四十四年 魏惠王前元十一年 赵成侯十六年 韩昭侯四年 晋悼公十年 秦孝公三年	卫人公孙鞅自魏入秦,说秦孝公 公孙鞅相秦,秦国变法
358	中山桓公四十五年 魏惠王前元十二年 赵成侯十七年 韩昭侯五年 晋悼公十一年	魏将庞涓伐韩,攻取朱邑(今地不详),围攻宅阳 韩昭侯命韩相许异之弟许息使魏献地,庞涓解围宅阳

公元前	魏属中山纪年	魏属中山史事
357	中山桓公四十六年 魏惠王前元十三年 赵成侯十八年 韩昭侯六年 齐威王元年 晋悼公十二年	韩昭侯在巫沙朝拜魏惠王,魏、韩结盟 齐威王弑姜齐幽公,姜齐绝祀
356	中山桓公四十七年 魏惠王前元十四年 赵成侯十九年 韩昭侯七年 晋悼公十三年	韩昭侯、宋桓公、鲁恭公、卫成公朝魏
355	中山桓公四十八年 魏惠王前元十五年 赵成侯二十年 韩昭侯八年 晋悼公十四年	
354	中山桓公四十九年 魏惠王前元十六年 赵成侯二十一年 韩昭侯九年 齐威王四年 秦孝公八年 晋悼公十五年	魏将庞涓一围赵都邯郸,赵成侯向齐威王求救
353	中山桓公五十年 魏惠王前元十七年 赵成侯二十二年 韩昭侯十年 齐威王五年 晋悼公十六年	魏将庞涓攻克赵都邯郸,赵成侯出亡 齐将田忌、孙膑围魏救赵,败魏桂陵,擒庞涓 齐威王胜魏称霸,叛周称"王"

公元前	魏属中山纪年	魏属中山史事
352	中山桓公五十一年 魏惠王前元十八年 赵成侯二十三年 韩昭侯十一年 秦孝公十年 晋悼公十七年	魏败齐于襄陵,魏、齐和解 秦相公孙鞅伐魏,拔安邑
351	中山桓公五十二年 魏惠王前元十九年 赵成侯二十四年 韩昭侯十二年 晋悼公十八年	魏惠王归还邯郸,赵成侯返国 申不害相韩,韩国变法
350	中山桓公五十三年 (卒) 魏惠王前元二十年 赵成侯二十五年(卒) 韩昭侯十三年 晋悼公十九年	赵成侯赵种卒,太子赵语继位,即赵肃侯 苏秦约于此年生于东周国
349	中山成公元年 魏惠王前元二十一年 赵肃侯元年 韩昭侯十四年 晋悼公二十年(弑)	韩姬(韩昭侯之女)弑夫晋悼公于端氏 赵肃侯立晋悼公太子姬俱酒,即晋静公
348	中山成公二年 魏惠王前元二十二年 赵肃侯二年 韩昭侯十五年 晋静公元年	赵肃侯把晋静公迁回屯留

公元前	魏属中山纪年	魏属中山史事
347	中山成公三年 魏惠王前元二十三年 赵肃侯三年 韩昭侯十六年 晋静公二年（灭）	魏惠王支持赵成侯庶子赵范，与赵肃侯争位 晋静公卒于屯留，赵肃侯立晋出公后裔声氏为晋君 魏惠王出兵屯留，拘捕声氏，囚禁于铜鞮（山西沁县），晋国绝祀
346	中山成公四年 魏惠王前元二十四年 赵肃侯四年 韩昭侯十七年 周显王二十三年	赵肃侯朝觐周显王
345	中山成公五年 魏惠王前元二十五年 赵肃侯五年 韩昭侯十八年	
344	中山成公六年 魏惠王前元二十六年 赵肃侯六年 韩昭侯十九年	魏惠王与泗上十二诸侯会于逢泽，朝觐周显王，僭称"夏王"
343	中山成公七年 魏惠王前元二十七年 赵肃侯七年 韩昭侯二十年	中山成公相魏 屈原约于此年生于楚
342	中山成公八年 魏惠王前元二十八年 赵肃侯八年 韩昭侯二十一年	魏将庞涓二围赵都邯郸，赵肃侯向齐威王求救 秦孝公太子嬴泗率九十二戎狄，朝觐周显王
341	中山成公九年 魏惠王前元二十九年 赵肃侯九年 韩昭侯二十二年 齐威王十七年	齐将田忌、孙膑救赵，败魏马陵，杀魏将庞涓、魏太子申 中山成公罢免魏相，返归中山，任命乐羊后裔乐池为相，以防赵伐

公元前	魏属中山纪年	魏属中山史事
340	中山成公十年 魏惠王前元三十年 赵肃侯十年 韩昭侯二十三年	宋人惠施相魏,与齐偃兵 秦相公孙鞅伐魏大胜,受封商於,史称"商鞅"
339	中山成公十一年 魏惠王前元三十一年 赵肃侯十一年 韩昭侯二十四年	
338	中山成公十二年 魏惠王前元三十二年 赵肃侯十二年 韩昭侯二十五年 秦孝公二十四年(卒)	秦孝公嬴渠梁卒,太子嬴驷继位,即秦惠文王,车裂商鞅
337	中山成公十三年 魏惠王前元三十三年 赵肃侯十三年 韩昭侯二十六年 秦惠文王前元元年	韩相申不害卒,张开地相韩
336	中山成公十四年 魏惠王前元三十四年 赵肃侯十四年 韩昭侯二十七年 齐威王二十二年	魏惠王、韩昭侯至临淄,一朝齐威王 秦惠文王兴师临东周求九鼎
335	中山成公十五年 魏惠王前元三十五年 赵肃侯十五年 韩昭侯二十八年 齐威王二十三年	魏惠王、韩昭侯至临淄,二朝齐威王 杨朱约于此年死于魏

公元前	魏属中山纪年	魏属中山史事
334	中山成公十六年 魏惠王前元三十六年 魏惠王后元元年 赵肃侯十六年 韩昭侯二十九年 齐威王二十四年	魏惠王、韩昭侯至徐州,三朝齐威王,齐、魏"徐州相王" 魏惠王前元三十六年在齐地徐州称王,当年改元,后元起计元年
333	中山成公十七年 魏惠王后元二年 赵肃侯十七年 韩昭侯三十年(卒) 齐威王二十五年 楚威王七年 秦惠文王前元五年	楚威王伐齐徐州,惩其去年"徐州相王" 魏人公孙衍相秦,伐魏 赵肃侯伐魏 韩昭侯韩武卒,太子继位,即韩宣惠王
332	中山成公十八年 魏惠王后元三年 赵肃侯十八年 韩宣惠王元年	
331	中山成公十九年 魏惠王后元四年 赵肃侯十九年 韩宣惠王二年	
330	中山成公二十年 魏惠王后元五年 赵肃侯二十年 韩宣惠王三年 秦惠文王前元八年	魏人张仪至秦,魏人公孙衍离秦返魏
329	中山成公二十一年 魏惠王后元六年 赵肃侯二十一年 韩宣惠王四年	

公元前	魏属中山纪年	魏属中山史事
328	中山成公二十二年 (卒) 魏惠王后元七年 赵肃侯二十二年 韩宣惠王五年 秦惠文王前元十年 宋康王十年(王)	中山成公卒,太子继位,即中山先王 中山先王之阴姬、江姬争为王后,司马熹 助阴姬为后,初相中山 乐池罢相,与弟乐毅离开中山,往仕赵国 魏人张仪相秦 宋康王叛周称"王"
327	中山先王元年 魏惠王后元八年 赵肃侯二十三年 韩宣惠王六年 燕易王六年	赵肃侯采纳乐池之策,与燕共伐中山 中山相司马熹南败赵,北败燕
326	中山先王二年 魏惠王后元九年 赵肃侯二十四年(卒) 韩宣惠王七年	中山相司马熹伐赵,引水围鄗(河北柏 乡) 赵肃侯赵语卒,太子赵雍继位,即赵武灵 王
325	中山先王三年 魏惠王后元十年 齐威王三十三年 赵武灵王元年 韩宣惠王八年 秦惠文王前元十三年	齐、魏联合伐赵,杀赵将韩举 秦惠文王、韩宣惠王叛周称"王" 公孙龙约于此年生于赵
324	中山先王四年 魏惠王后元十一年 赵武灵王二年 韩宣惠王九年 秦惠文王更元元年	秦惠文王去年称"王",今年更元
323	中山先王五年 魏惠王后元十二年 赵武灵王三年 韩宣惠王十年 燕易王十年	魏都大梁举行"五国相王"(公孙衍发起) 魏惠王、韩宣惠王、燕易王、赵武灵王、中 山先王与会

公元前	魏属中山纪年	魏属中山史事
322	中山先王六年 魏惠王后元十三年 赵武灵王四年 韩宣惠王十一年 秦惠王更元三年	秦相张仪至魏,兼任魏相,惠施罢相至楚
321	中山先王七年 魏惠王后元十四年 赵武灵王五年 韩宣惠王十二年	赵武灵王娶韩女,即韩后
320	中山先王八年 魏惠王后元十五年 赵武灵王六年	中山先王庶子(王妃江姬所生)魏牟约于此年生于中山
319	中山先王九年 魏惠王后元十六年 (卒) 赵武灵王七年 齐威王三十九年(卒) 齐宣王元年	魏惠王魏罃卒,太子魏嗣继位,即魏襄王,翌年改元 齐威王田因齐卒,太子田辟疆继位,即齐宣王,当年改元
318	中山先王十年 魏襄王元年 赵武灵王八年 韩宣惠王十五年 楚怀王十一年	魏将公孙衍策动楚、魏、韩、赵、中山五国合纵伐秦,楚怀王任纵长,先胜后败 赵武灵王放弃"王"号,自贬为"君"
317	中山先王十一年 魏襄王二年 赵武灵王九年 齐宣王二年 燕王哙四年(禅)	齐使苏代使燕,唆使燕王哙禅位燕相子之
316	中山先王十二年 魏襄王三年 赵武灵王十年 燕王子之元年	燕王哙太子姬平攻打子之,燕国大乱

公元前	魏属中山纪年	魏属中山史事
315	中山先王十三年 魏襄王四年 赵武灵王十一年 燕王子之二年 齐宣王五年	孟冬,齐将匡章伐燕,五十五日占领燕国大部
314	中山先王十四年 魏襄王五年 赵武灵王十二年 燕王子之三年(卒)	中山相司马憙助齐伐燕,拔燕边邑列城数十中山先王铸鼎纪功,封司马憙为"蓝诸君" 乐毅献策赵武灵王伐齐存燕,召燕公子职于韩
313	中山先王十五年 魏襄王六年 赵武灵王十三年	秦相张仪使楚 荀况生于赵
312	中山先王十六年 魏襄王七年 赵武灵王十四年	
311	中山先王十七年 魏襄王八年 赵武灵王十五年 燕昭王元年	乐池护送燕公子职返燕继位,即燕昭王
310	中山先王十八年(卒) 魏襄王九年 赵武灵王十六年	中山先王卒,太子继位,即中山嗣王 赵武灵王娶吴娃,立为惠后,废黜韩后 前秦相、前魏相张仪,五月死于魏
309	中山嗣王元年 魏襄王十年 赵武灵王十七年	中山嗣王即位,司马憙连任中山相,二相中山 赵武灵王之惠后生长子赵何(赵惠文王)
308	中山嗣王二年 魏襄王十一年 赵武灵王十八年	赵武灵王之惠后生长女(魏信陵君妻)
307	中山嗣王三年 魏襄王十二年 赵武灵王十九年	赵武灵王一伐中山,至于房子(河北高邑西南),不利,归而变法,胡服骑射 赵武灵王之惠后生次子赵胜(平原君)

公元前	魏属中山纪年	魏属中山史事
306	中山嗣王四年 魏襄王十三年 赵武灵王二十年	赵武灵王二伐中山,至于宁葭(河北获鹿) 赵武灵王之惠后生幼子赵豹(平阳君)
305	中山嗣王五年 魏襄王十四年 赵武灵王二十一年	赵武灵王三伐中山,大胜 中山献四邑求和,魏襄王发兵救中山,赵武灵王罢兵
304	中山嗣王六年 魏襄王十五年 赵武灵王二十二年	赵武灵王增练骑兵
303	中山嗣王七年 魏襄王十六年 赵武灵王二十三年 韩襄王九年 齐宣王十七年 楚怀王二十六年	赵武灵王四伐中山 齐相孟尝君策动齐、韩、魏合纵伐楚第一年
302	中山嗣王八年 魏襄王十七年 赵武灵王二十四年 韩襄王十年 齐宣王十八年 楚怀王二十七年	齐相孟尝君策动齐、韩、魏合纵伐楚第二年 苏秦离齐仕燕
301	中山嗣王九年(奔齐卒) 魏襄王十八年 赵武灵王二十五年 韩襄王十一年 齐宣王十九年(卒) 楚怀王二十八年	赵武灵王五伐中山,大破之,中山嗣王出奔齐国而死 惠后卒,赵武灵王罢兵,废黜韩后所生前太子赵章,改立惠后所生长子赵何为太子 齐相孟尝君策动齐、韩、魏合纵伐楚第三年
300	中山后王元年 魏襄王十九年 赵武灵王二十六年 韩襄王十二年 齐湣王元年 秦昭王七年 楚怀王二十九年	中山后王继位,司马熹三相中山 赵武灵王六伐中山,攘地北至燕、代,西至云中、九原 齐相孟尝君策动齐、韩、魏合纵伐楚第四年 秦加入伐楚 惠施约于此年死于宋,遗著《惠子》

公元前	魏属中山纪年	魏属中山史事
299	中山后王二年 魏襄王二十年 赵武灵王二十七年 （禅） 韩襄王十三年 齐湣王二年 秦昭王八年 楚怀王三十年（留秦）	赵武灵王自号"主父"，禅位太子赵何，即赵惠文王 齐相孟尝君策动齐、韩、魏合纵伐楚第五年 秦昭王、楚怀王会于武关，被劫至秦
298	中山后王三年 魏襄王二十一年 赵惠文王元年 韩襄王十四年 齐湣王三年 秦昭王九年 楚顷襄王元年	赵武灵王七伐中山，取扶柳（河北冀县西南） 齐相孟尝君策动齐、韩、魏合纵伐秦第一年 楚怀王拘秦
297	中山后王四年 魏襄王二十二年 赵惠文王二年 韩襄王十五年 齐湣王四年 秦昭王十年 楚顷襄王二年	赵武灵王行新地，遂出代，西遇楼烦王于西河而致其兵 齐相孟尝君策动齐、韩、魏合纵伐秦第二年 楚怀王拘秦
296	中山后王五年（灭） 魏襄王二十三年 赵惠文王三年 韩襄王十六年 齐湣王五年 秦昭王十一年 楚顷襄王三年	赵武灵王八伐中山，攻破灵寿（河北平山），灭之，把中山后王魏尚贬为庶民，迁至肤施（陕西榆林东南） 齐相孟尝君策动齐、韩、魏合纵伐秦第三年 楚怀王死秦，赵、宋联军伐灭中山之后加入伐秦，攻破函谷关

附录三：魏属中山之君与魏国之君关系表

	魏属中山七君	中山君与魏君关系
开国之祖	中山文公魏斯 中山铜器铭文：皇祖文（公）	即伐灭白狄中山之魏文侯魏斯因其计入魏国君系，不计入中山君系
初封之君	中山武公魏击 中山铜器铭文：皇祖武（公）	即魏武侯魏击，魏文侯长子，曾经驻守中山三年。因其计入魏国君系，不计入中山君系
定封第1君	中山桓公魏挚 中山铜器铭文：桓祖、吾先祖桓王	魏属中山宗祖 魏文侯次子、魏武侯弟
继位第2君	中山成公魏某 中山铜器铭文：成考、吾先考成王	魏挚之子，魏文侯孙、魏武侯侄、魏惠王堂弟
继位第3君	中山先王魏𨾚 史记：魏惠王聘为魏相之"中山君"	魏挚之孙，魏文侯重孙、魏武侯侄孙、魏惠王族侄、魏襄王同辈、魏牟之父
继位第4君	中山嗣王魏奸蚉	魏挚重孙，魏文侯四世孙、魏武侯重侄孙、魏惠王族孙、魏襄王族侄、魏牟异母兄
亡国第5君	中山后王魏尚	魏挚玄孙，魏文侯五世孙、魏牟之侄

附录四：东周王、西周君、东周君世次在位对照表（1为周文王）

周王世次、在位年（公元前）	西周君世次、在位年	东周君世次、在位年
28 周考王（440—426）	28 西周桓公（439—415）	
29 周威烈王（425—402）	29 西周威公（414—367）	
30 周安王（401—376）	30 西周惠公（366—312）	30 东周惠公（366—360）
31 周烈王（375—369） 31 周显王（368—321）	31 西周武公（311—256）	31 东周昭文君（359—308）
32 周慎靓王（320—315）	32 共太子、姬咎、周最	32 东周嗣君（307—249）
33 周赧王（314—256）		

附录五：东周朝、西周国、东周国对比年表

公元前	东周王	西周国君	东周国君
440	周考王1（居王城）	西周桓公得封开国	
439	2	1	
438	3	2	
437	4	3	
436	5	4	
435	6	5	
434	7	6	
433	8	7	
432	9	8	
431	10	9	
430	11	10	
429	12	11	
428	13	12	
427	14	13	
426	15	14	
425	周威烈王1	15	
424	2	16	
423	3魏斯（魏文侯）僭号称"侯"	17	
422	4	18	
421	5	19	
420	6	20	
419	7	21	
418	8	22	
417	9	23	
416	10	24	
415	11	25	

公元前	东周王	西周国君	东周国君
414	12	西周威公1 晋太史屠黍来奔，预言晋将亡	
413	13	2	
412	14	3	
411	15	4屠黍预言白狄中山将亡	
410	16	5	
409	17	6	
408	18	7屠黍预言西周国将亡,威公礼贤	
407	19	8	
406	20	9	
405	21	10	
404	22	11	
403	23册封三晋为诸侯	12	
402	24	13	
401	周安王1	14	
400	2	15	
399	3	16	
398	4	17	
397	5	18	
396	6	19	
395	7	20	
394	8	21	
393	9	22	
392	10	23	
391	11	24	
390	12	25	

公元前	东周王	西周国君	东周国君
389	13	26	
388	14	27	
387	15	28	
386	16	29	
385	17	30	
384	18	31	
383	19	32	
382	20 册封田齐太公田和为诸侯	33	
381	21	34	
380	22	35	
379	23	36	
378	24	37	
377	25	38	
376	26	39	
375	周烈王1	40	
374	2	41	
373	3	42	
372	4	43	
371	5	44	
370	6 田齐桓公遣使来朝	45	
369	7	46	
368	周显王1 赵成侯、韩懿侯攻周	47	
367	2 周分为二,此后寄居东周国	48 死后二子争立,九月不得葬	东周惠公得封开国
366	3	西周惠公1	东周惠公1
365	4	2	2
364	5	3	3
363	6	4	4
362	7	5	5

公元前	东周王	西周国君	东周国君
361	8	6	6
360	9	7	7
359	10	8	昭文君1相吕仓
358	11	9	2
357	12齐威王弑姜齐幽公,姜齐绝祀	10	3
356	13	11	4
355	14	12	5
354	15	13	6
353	16齐威王败魏桂陵,叛周称"王"	14	7
352	17	15	8
351	18	16	9
350	19	17	10
349	20	18	11
348	21	19	12
347	22	20	13
346	23赵肃侯来朝	21	14
345	24	22	15
344	25魏惠王率泗上十二诸侯来朝	23	16
343	26致伯秦孝公	24	17
342	27秦孝公太子率九十二戎狄来朝	25	18
341	28	26	19
340	29	27	20
339	30	28	21
338	31	29	22
337	32	30	23

公元前	东周王	西周国君	东周国君
336	33秦惠文王兴师临东周求九鼎 周鼎运齐过宋，没于彭城泗水	31	24
335	34	32	25相杜赫
334	35齐、魏"徐州相王"	33	26
333	36	34	27礼景翠
332	37	35	28
331	38	36	29
330	39	37	30礼张仪
329	40	38	31
328	41宋康王叛周称"王"	39	32
327	42	40	33
326	43	41	34
325	44秦惠文王、韩宣惠王叛周称"王"	42	35阻秦称王
324	45	43	36
323	46魏、韩、燕、赵、中山"五国相王"	44	37赵侵祭地
322	47	45韩魏易地，西周弗利	38
321	48	46	39
320	周慎靓王1继续寄居东周国	47	40
319	2	48	41
318	3魏将公孙衍策动五国合纵伐秦	49	42杜赫使楚
317	4	50	43
316	5	51	44
315	6	52	45
314	周赧王1继续寄居东周国	53	46

公元前	东周王	西周国君	东周国君
313	2	54周最说楚怀王	47
312	3	55	48楚请道伐韩
311	4	西周武公1	49西周截流,苏秦来说
310	5	2周最善齐	50
309	6	3	51
308	7	4	52老病忧急而死
307	8被秦武王从东周国迁至西周国	5伐东周败,共太子死	东周嗣君1
306	9	6	2
305	10	7	3
304	11	8	4
303	12	9	5
302	13	10	6
301	14	11周最为齐使	7
300	15	12苏厉来说	8苏代为东周使韩
299	16	13	9
298	17齐相孟尝君策动三国合纵伐秦	14韩庆为西周谓薛公	10
297	18	15韩庆为孟尝君使秦	11
296	19赵武灵王伐灭魏属中山	16三国攻秦反,西周恐魏之藉道	12
295	20	17	13
294	21	18宫他谓西周武君	14秦假道伐韩
293	22	19秦攻西周,向魏求救	15西周宫他来奔
292	23	20	16

公元前	东周王	西周国君	东周国君
291	24	21	17
290	25	22武公朝秦,周最至魏	18
289	26	23周最入齐,秦昭王怒	19
288	27秦昭王僭称"西帝"	24周最为齐使韩	20
287	28	25	21
286	29	26	22
285	30	27	23
284	31	28	24
283	32	29	25
282	33	30	26
281	34	31 周王赧命武公使楚	27苏厉谓东周嗣君
280	35	32	28
279	36	33	29
278	37	34武公应召朝秦	30
277	38	35	31
276	39	36	32
275	40	37	33
274	41	38	34
273	42	39 马犯说魏城西周	35
272	43	40	36
271	44	41	37
270	45	42	38
269	46	43	39
268	47	44	40
267	48	45	41
266	49	46	42

公元前	东周王	西周国君	东周国君
265	50	47	43
264	51	48	44
263	52	49	45
262	53	50	46
261	54	51	47
260	55	52	48
259	56	53	49
258	57	54	50
257	58	55	51
256	59灭于秦昭王,周祚终	56灭于秦昭王	52
255			53
254			54
253			55
252			56
251			57
250			58
249			59灭于秦庄襄王

附录六：华夏首领尊号"后—王—帝"八千年大事年表

年代	君王生前尊号	君王死后尊号
上古四千年	酋长生前称"后"（大酋长为"元后"，众多小酋长为"群后"）	死称另拟,不能称"帝"
夏代	君主生前称"后",即"夏后氏"	死称另拟,不能称"帝"
商代早期（盘庚迁殷以前）	君主生前称"后"	死称用天干（诸侯用地支）
商代晚期（盘庚迁殷以后）	君主生前称"王"追称商代早期君主为"王"	死称用"帝"
周代	君主生前称"王"追称夏后为"王",遂有"三王"	死称用谥不用"帝"（诸侯同样用谥）
前288	秦昭王僭称"西帝",齐湣王僭称"东帝",月余被迫撤销	死称用谥不用"帝"
前286	苏秦策动秦昭王僭称"西帝",赵惠文王僭称"中帝",燕昭王僭称"北帝",流产	
前257	鲁仲连"义不帝秦"（帝为动词）	
战国晚期	荀况创立"帝王术"（帝为动词,使王称帝之术）	
战国晚期	荀况弟子李斯携"帝王术"仕秦	
前221	李斯相秦,秦始皇嬴政称"帝"	死称用"帝"兼用谥
前202	汉高祖刘邦称"帝"	死称用"帝"兼用谥
秦汉以后两千年	历代君主继续僭用"帝"号	死称用"帝"兼用谥
1853	太平天国洪秀全拜"帝"称"王"	
1911	辛亥革命终结"帝"制	
民国初年	王闿运、杨度携"帝王术"仕袁	
1915	袁世凯称"帝"百日,旋即失败